Les Desserts

―― デセールをつくれる人は、レストランの中で実は一番幸運な人のように思えるのです。

　楽しくて、うれしくて、幸せに満ちたディナーの終わりを強く印象的に彩るのはデセールなのですから。

　心と五感に優しく温かく語りかけ、楽しい時を大きく膨らませるのはデセールなのですから。

　でもお菓子や料理をつくることを生業とする領域では、お菓子と料理は互いにせめぎあいます。

　どちらも譲らず、意志の限りを尽くして高めあったところに、身も心も沈み込むような多様性と多重性に満ちたディナーがつくられるのです ――

私の生涯の友であるドゥニ・リュッフェルはいいます。

　「お菓子からはじめて、次に料理を学び、大成した料理人は少なくない。お菓子を十分に学んでから料理に入れば、料理はよりやさしく理解できる」

　この言葉を私は次のように理解しています。パティスリーでは、お菓子はつくられてからお客様を待ちます。いつ、どのような条件のもとで食べられるかはわかりません。精緻につくりあげられなければ、お客様の口に入るまでに最良のおいしさは損なわれてしまいます。そのため菓子づくりには厳密な考え方、仕事が必要なのです。

　これは料理にとってもまったく同じことです。お客様を迎えるまでのさまざまな下仕事を科学的な考え方のもとに緻密に積みあげ、完全な準備をしておかなければなりません。そして注文とともにつくり手は神経を最高に集中し、自分が培ってきた感覚によって短時間で料理を仕上げます。

　手仕事としてのお菓子づくりにも、料理づくりにも、科学的な考えによって物事を精緻に再現してつくり続ける訓練が必要なのです。

　いま日本の多くのパティスィエは、ほとんど主体性もなく、お菓子の配合にのみ寄りかかり、味わいへの豊かなイマジナスィオンを持つこともなく、お菓子をつくり続けています。そしてほとんどのキュイズィニエもまた、精緻への心と技術の修練を怠り、実体のない浮き草のような味わいに自信なく身を委ねています。

　本書の「時を超えた」とは、浮ついた時の流れに身を任せることなく、修練された自分の心と感覚に鋭敏に従い、ただ誠実にお菓子と料理をつくり続けることです。

　ドゥニ・リュッフェルがつくるものはけっして時代の流れに負けず、二十年、三十年の時を経ようとも常にまばゆい光を放ち続けます。彼はいいます。

　「子供の頃、母がつくってくれた本当においしい料理やお菓子、そしてそれらによって培われた家族の絆と暖かさに満ち溢れた思い出。これが私のすべてであり、ここから離れて料理やお菓子をつくることは何の意味も持たない」と。

　料理とお菓子は時代の雰囲気や流れに献ずるべきものではありません。それを食べる人に、心と身体の喜びと健康を与えるために、そして人と人を結びつけるためにあるのです。

　私の心をまとった本書のデセールが、これからみなさんが探し求め、築きあげていく、時を超えた味わいの料理に添えられることを心より願います。

2007年5月
弓田 亨

Chers lecteurs,

Je voudrais vous parler de mon ami Toru YUMITA que je connais maintenant depuis une trentaine d'années.

Nous nous sommes connues en France alors qu'il venait y faire des stages de perfectionnement en haute pâtisserie française à la maison MILLET, à Paris, dont j'animais déjà le laboratoire.

J'ai découvert alors un homme passionné, passionné par le goût, passionné par la tradition, passionné par la perfection, avide d'apprendre les tours de main des chefs pâtissiers français et leurs secrets.

Plusieurs fois ensuite il est revenu à la maison MILLET. Il faut croire qu'il s'y plaisait et qu'il y avait trouvé un savoir-faire qui l'intéressait au plus haut point. Nous avons donc vécu côte à côte pendant de nombreux mois, non seulement pendant les chauds moments de travail mais aussi pendant les rares moments de détente. C'est là que nous avons appris à nous connaître et que nous avons découvert que nous partagions la même passion et les mêmes vues sur la pâtisserie, par delà nos cultures d'origine différentes.

Quelques années après Toru YUMITA a ouvert sa première pâtisserie à Tokyo et il m'a invité dans la capitale du Japon pour y effectuer des démonstrations de pâtisserie française auxquelles il participait à mes côtés.

Ce que j'apprécie au plus haut point chez lui c'est sa volonté de partage, de partage de sa passion et de ses enthousiasmes, de partage de sa recherche pour faire évoluer le goût des produits, de partage de sa volonté de progresser et faire progresser sans jamais oublier les bases fondamentales du métier, le partage de son amour et de son respect de la tradition.

Pour Toru YUMITA le goût est essentiel. L'usage de la matière pure est une règle de base.

Il revient souvent en France pour s'imprégner toujours plus de la culture culinaire française s'imprégner du goût des saisons, s'imprégner du plus profond des traditions pâtissière et culinaires régionales. Et tout cela dans le but de faire partager ses découvertes au public japonais en particulier et à ses amis français également.

En lui j'ai découvert un homme de perfectionnisme, de grande rigueur, au caratère décidé et franc, très attaché à la pureté naturelle des produits, qui sait analyser avec acuité les problème qui peuvent apparaître à notre époque dans ce domaine et mettre en garde à temps ceux qui l'entourent dans le souci d'offrir la meilleure qualité gustative et sanitaire à ceux qui goûtent les réalisations de la cuisine et de la pâtisserie que nous produisons.

Merci à Toru YUMITA d'avoir toutes ses qualités, et quelques autres que je n'ai pas la place de développer ici, et merci de nous en faire bénéficier avec tant de talent.

Merci à Toru YUMITA d'avor en l'idée, le courage et la ténacité d'organiser ces démonstrations annuelles de pâtisserie et cuisine française à Tokyo qui se déroulent depuis maintenant plus de 20 ans.

Merci à Toru YUMITA d'avor autant compris les subtilités de la tradition gastronomique française construite au cours des siècles et merci aussi à lui de m'avoir enseigné les valeurs et les savoirs de la tradition gastronomique japonaise. Il m'a permis à moi aussi d'évoluer et il m'a ouvert à de nouveaux horizons que je n'imaginais pas.

C'est pour moi un grand plaisir de partager avec lui les recettes que nous présentons chaque année ensemble dans les démonstrations qu'il organise au Japon avec les produits qu'il a lui-même sélectionnés avec la plus grande attention et la plus grande exigence.

Le goût, c'est la ligne de conduite de mon ami Toru.

Denis RUFFEL

この本の読者へ

みなさまに私の30年来の友人・弓田亨についてお話したいと思います。

私がすでにシェフとして働いていたパリの「パティスリー・ミエ」に彼がスタージュ（研修）でやってきた時に私たちは出会いました。彼は伝統に深く支えられたフランス菓子の味わいの中に、完成された多様性と多重性を見いだし、それらを学びとるのに貪欲でした。

スタージュを終えて帰国し、5年後に大きな心の変化をともなってふたたび「ミエ」にやってきた彼と私は、数ヵ月間公私にわたって共に過ごし、生まれも文化も異なる二人のパティスィエが、フランス菓子に対して同じ情熱、同じ眼差しを持っていることを知りました。

彼は、自分が信ずるものに熱狂し、日本そしてフランスの伝統への愛と尊敬の念を持ち、人生の中でもっとも大事な価値あるものをけっして忘れずに努力し続けています。

彼の美点は、完璧主義であり、厳格であり、率直であること。私たち食の領域に携わる者にとって、常に「味わい」が一番大事なものであることを誰よりも深く理解していることです。そしてフランス人が創りあげてきた料理や菓子を天職に値すると考え、私たちの時代が抱えるフランスと日本の菓子・料理の問題点に常に鋭い眼差しを向けています。

彼は東京で20年以上、私という一人の技術者とともにフランス菓子・料理の技術講習会を開催し続けています。その努力と執拗さ、フランスの伝統的な食文化を自らの中に構築し、その味を日本の人に伝え続けていることにお礼を言いたいと思います。私自身も、彼のおかげでたゆまず進化することを学び、自分が想像していなかった未知の領域へと導いてもらったことを感謝しています。毎年技術講習会のために二人で素材を吟味し、ルセットゥを創りあげることは私にとって大きな喜びとなっています。

「時代に惑わされぬ本来の味わい」———。それが私の友・弓田亨が突き進んでいる道なのです。

ドゥニ・リュッフェル

ドゥニ・リュッフェル　Denis Ruffel
1950年生まれ。14歳でパティスリーの道に入る。パティスィエ、コンフィズール、グラシエのBM（上級資格証書）取得。現在はパリ7区の名店「パティスリー・ミエ」元シェフ。メートル・パティスィエの国際組織「ルレ・デセール」の重要なメンバーでもある。菓子・料理ともに真のフランスの味を受け継ぐ優れた技術者であり、最後の巨人ともいわれる。イル・プルー・シュル・ラ・セーヌ顧問。弓田亨は常に「彼なくしてパティスィエとしての私の人生を語ることはできない」と言い続ける。

Sommaire

本書でつくる前に 14

◆ 冷たいデセール 16
Les desserts fraîcheurs

chapitre 1 ———— 17
ブラン・マンジェ
Blanc-manger

ブラン・マンジェ 18
Blanc-manger

ローズのブラン・マンジェ 22
Blanc-manger de rose

柚子のブラン・マンジェ 24
Blanc-manger de yuzu

chapitre 2 ———— 26
プディン
Pudding

クレーム・キャラメル 27
Crème caramel

紅茶のプリン 30
Pudding au thé

パイナップルのプリン 32
Pudding à l'ananas

クレーム・ブリュレ 34
Crème Brûlée

ポ・ドゥ・クレーム・ドランジュ 36
Pot de crème d'orange

chapitre 3 ———— 38
ムース
Mousse

ショコラのムース 40
Mousse au chocolat

パッションフルーツのムース 44
Mousse à la fruit de la passion

柚子のムース 46
Mousse au yuzu

ウッフ・ア・ラ・ネージュ 48
Œuf à la neige

chapitre 4 ———— 50
バヴァロアズ
Bavaroise

シャルロットゥ・オ・ポワール 51
Charlotte aux poires

フランボワーズのバヴァロアズ 58
Bavaroise aux framboises

ディジョネーズ 66
Dijonnaise

ビュッシュ・オ・ショコラ 72
Bûche au chocolat

チュリプ・オ・ドゥー・パルファン 80
Tulipe aux deux parfums

ブレズィリアン 86
Brésilien

chapitre 5 ——— 94
果物のコンポットゥ
Compote de fruits

いちじくの白ワイン煮　95
Figues au vin blanc

洋梨の赤ワイン煮　98
Poires au vin rouge

パイナップルのコンポットゥ　100
Compote à l'ananas

ドライプルーンと
洋梨のコンポットゥ　102
Compote de pruneaux et aux poires

ドライフルーツの
コンポットゥ　104
Compote de fruits secs

◆ 氷菓　106
Les desserts glacés

chapitre 6 ——— 107
グラス　*Glace*

ヴァニーユ　108
Glace à la vanille

ショコラ　112・111
Glace au chocolat

キャラメル　112・114
Glace au caramel

キャフェ　113・116
Glace au café

マロン　113・117
Glace aux marrons

ピスターシュ　113・117
Glace aux pistaches

chapitre 7 ——— 118
ソルベ　*Sorbet*

アブリコ　119・122
Sorbet aux abricots

カシス　120・123
Sorbet aux cassis

マング　120・123
Sorbet aux mangues

ポワール　120・123
Sorbet aux poires

フランボワーズ　121・123
Sorbet aux framboises

タンバル・エリゼ　124
Timbale Élysée

chapitre 8 — 126
スフレ・グラッセ *Soufflé glacé*

オランジュ　128
Soufflé glacé à l'orange

ショコラ　132・134
Soufflé glacé au chocolat

カシス　132・136
Soufflé glacé aux cassis

パッションフルーツ　133・138
Soufflé glacé à la fruit de la passion

フランボワーズ　133・140
Soufflé glacé aux framboises

chapitre 9 — 142
アントルメ・グラッセ *Entremets glacé*

ヌガー・グラッセ　143
Nougat glacé

クグロフ・グラッセ　146
Kouglof glacé

デリス・ドゥ・ディジョン　150・152
Délice de Dijon

プロフィトゥロール・グラッセ　151・154
Profiteroles glacées

プロフィトゥロール・
オ・ショコラ　155
Profiteroles au chocolat

chapitre 10 — 156
口直しのグラニテ *Granité*

グラニテ・オ・シャンパーニュ　157
Granité au champagne

グラニテ・オ・シトゥロン　159
Granité au citron

◆ 常温のデセール　160
Les desserts chambrés

chapitre 11 — 161
タルトゥ *Tarte*

苺のタルトゥ　162・164
Tarte aux fraises

ノワゼットゥのタルトゥ　163・166
Tarte aux noisettes

りんごのタルトゥ　168
Tarte aux pommes

タルトゥ・カライブ　172
Tarte Caraïbe

シトゥロンのタルトゥ　176
Tarte aux citrons

chapitre 12 — 186
ショコラのビスキュイ *Biscuit au chocolat*

ガトー・オ・ショコラ　187
Gâteau au chocolat

ムワルー・オ・ショコラ　190・192
Moelleux au chocolat

ショコラのビスキュイ・クラン　191・194
Biscuit coulant
aux arômes de chocolat

ル・マルガッシュ　196
Le Malgache

ザッハトルテ　200
Sachertorte

◆ 温かいデセール 204
Les desserts chauds

chapitre 13 ──── 205
温製のデセール
Dessert chaud

フルーツのグラタン 206
Gratin de fruits

ポ・ドゥ・クレーム・オ・ショコラ 208
Pot de crème au chocolat

バナナのソテー 210・211
Bananes à la martiniquaise

バナナのベニェ 210・212
Beignet Créole

chapitre 14 ──── 214
スフレ・ショ
Soufflé chaud

ヴァニーユ 215
Soufflé chaud à la vanille

ショコラ 218・220
Soufflé chaud au chocolat

フランボワーズ 218・221
Soufflé chaud aux framboises

プラリネ 219・222
Soufflé chaud au praliné

キャフェ 219・223
Soufflé chaud au café

chapitre 15 ──── 224
クレープ
Crêpe

クレープ・ノルマンド 225
Crêpe Normande

フランボワーズのクレープ 228
Crêpe aux framboises

クレープ・グラス・オ・ロム 230・232
Crêpe glace au rhum

クレープ・ブルトンヌ 231・233
Crêpe Bretonne

クレープ・ドール 231・234
Crêpe d'or

◆ コーヒーとともに 小菓子 236
Les accompagnements café

chapitre 16 —— 237
小さい焼き菓子
Petit four

プティ・フィナンスィエ　238・240
Petit Financier

プティ・ガトー・
ウィークエンド　239・242
Petit gâteau week-end

chapitre 17 —— 244
マカロン
Macaron

マカロン・リス・
オ・フランボワーズ　245・246
Macaron lisse aux framboises

マカロン・リス・オ・ショコラ　245・248
Macaron lisse au chocolat

マカロン・リス・オ・キャフェ　245・250
Macaron lisse au café

マカロン・ドゥ・ナンスィ　252・254
Macaron de Nancy

マカロン・オ・ノア　253・256
Macaron aux noix

chapitre 18 —— 258
プティ・ショコラ
Petit chocolat

トゥリュフ・オ・カルバドス　259・260
Truffe au calvados

トゥリュフ・オ・キュラソー　259・264
Truffe au curaçao

エギュイエットゥ・ドランジュ　259・265
Aiguillette d'orange

アマンドゥ・オ・ショコラ　266
Amandes au chocolat

◆ 秋から冬、クリスマス 270
*Les desserts de la rentrée
et des fêtes de fin d'année*

chapitre 19 ——— 271
心温もる菓子
Gâteau chalereux

シュトゥルーデル 272
Strudel

マンデル・シュトレン 276
Mandel Stollen

ビルヴェッカ 280
Bireweck

ビュッシュ・オ・シャンパーニュ 282
Bûche au champagne

◆ エキュモワールで混ぜる 91
◆ ムラング・イタリエンヌ 92
◆ パートゥ・シュクレ 180
◆ クレーム・ダマンドゥ 184

本書で使っている主な素材 292
イル・プルー・シュル・ラ・セーヌ 296

デセールの印象を
豊かにするデコラスィオン 286

ショコラのソース 286
クレーム・シャンティイ・
オ・ショコラ・ブラン 287
フランボワーズのクリ 288
クレーム・アングレーズ 288
シガール 289
ビスキュイ・ア・ラ・キュイエール 290

* 本書中の以下のデセールは、ドゥニ・リュッフェル氏のルセットゥを日本でつくるために配合などを調整したものです。

P72 「ビュッシュ・オ・ショコラ」
P80 「チュリプ・オ・ドゥー・パルファン」
P86 「ブレズィリアン」
P112 「グラス・オ・キャラメル」
P146 「クグロフ・グラッセ」
P157 「グラニテ・オ・シャンパーニュ」
P172 「タルトゥ・カライブ」

本書でつくる前に

―― 材料について

＊「バター」は無塩の発酵バターを使います。バターは品質と温度管理がすべて。室温に放置して柔らかくなったものはけっして使わないでください。保存は5℃以下の冷蔵庫か冷凍庫（使いやすい大きさに切っておく）にて。冷凍庫に入れた場合は、使う前日に冷蔵庫に移しておきます。

＊「生クリーム」は乳脂肪分40〜42％を使用。生クリームを泡立てる時はかならずボウルを氷水にあてます。メーカーや店によっては配送中、陳列中に離水劣化などを起こしていることもありますので、とくに信頼できる取引をすることが大切です。

＊「ムラング」は、基本的にすべて水様化した卵白（→P93）を使います。卵白はあらかじめボウルに入れて冷蔵庫で5〜10℃に冷やしてから泡立てます。

＊「粉類」（小麦粉、アーモンドパウダー、粉糖など）は使う直前に1回ふるいます。

＊「粉ゼラチン」は使用する30分前に20℃以下の冷水でふやかしておきます。湯煎で溶かす場合は、40〜50℃の低めの温度のお湯にあて、溶けたらすぐに使います。

＊「バニラ棒」はプティクトーで縦に裂いて中の種をこそげとり、サヤごと加えます。

＊「バニラエッセンス」は分量にスポイトを使用した場合の滴数も併記しています。

＊「30°ボーメシロップ」は、グラニュー糖70gと水54gを鍋に入れてスプーンでよく混ぜて火にかけ、沸騰しかかったらスプーンでよく混ぜてグラニュー糖を溶かし、沸騰したら火からおろして冷まします。常温で保存可能。

―― 工程について

＊焼成温度や時間、混ぜる回数などは目安です。使う器具や材料などによって状態は変わりますので、プロセスカットを参考にして判断してください。

―― 温度管理について

＊レストランでとくに注意すべきなのは、冷蔵庫の温度管理です。冷蔵庫の温度は5℃以下にします。庫内がこれより高い温度になると、生クリームは使う前に劣化し、泡立ちが悪くなったり離水したりします。また、たとえおいしいデザートをつくったとしてもその味わいは急速に失われます。開け閉めの回数が少ない冷蔵庫がひとつあると、お菓子の味は安定します。冷凍庫もなるべく−30℃に。お菓子をつくる時の室温は20℃以下が望ましいでしょう。

＊100℃計2本と200℃計1本を最低限揃えてください。日本の素材でお菓子づくりをする時には、とくに工程中の温度管理が重要です。ルセットゥに記した温度は守ってください。

＊生クリームを使ったバヴァロアズやムースは、保存状態によって味わいが大きく劣化します。けっしてワゴンに陳列したり、お客様にプレゼンテーションするために冷蔵庫から出し入れしてはいけません。日本の生クリームやそれを使ったお菓子は、一度常温に温まると、その後いくら冷やしてもおいしい味わいにはもどりません。

＊盛りつけ用の皿を冷やす場合は、冷蔵庫に30分以上入れるか、氷水に3分ほどつけて冷やします。

―― 器具などについて

＊レストランなどで1〜2台または数人分の少量のお菓子づくりをする時には、ゼラチンや安定剤、ペクチンなどは0.1g単位で正確に計量しないと安定した仕上がりになりません。小数点以下まで計量できる微量計を用意してください。

＊パータ・ボンブやクレーム・アングレーズを炊く時には、耐熱性ガラスボウル（直径16cm）を使用し（→P54「バヴァロアズ・オ・ポワール」）、火のあたりを弱くするためにセラミック製の網の上で加熱します。セラミック網だけではガラスボウルを置くとたわむので、金網とセラミック網を重ねてガスコンロに置きます。

＊本書では、天板やキャドルは家庭用のオーブンに合うサイズ（18cm角）を使い、このサイズに沿ってルセットゥを記しています。

── オーブンについて

* 本書では家庭用サイズの電子レンジオーブンとガス高速オーブンの2通りの焼成温度と時間を記しています。お菓子づくりでは総じて電子レンジオーブンよりも、ガス高速オーブンのほうがいい焼きあがりになります。レストランで多く使われているガス台下のオーブンは、庫内にファンがついているものは総じていい焼きあがりが得られます。温度設定はガス高速オーブンと同じか、10℃低いくらいでよいでしょう。

* 予熱は原則として・・・
　電子レンジオーブンの場合：
　　焼成温度＋20℃に設定して、焼成30分前から
　ガス高速オーブンの場合：
　　焼成温度＋10℃に設定して、焼成15分前から
オーブンによって熱の回りには違いがありますので、焼き加減をみて、使っているオーブンに合う予熱温度と時間を調節してください。

* ターンテーブルがないオーブンの場合は、焼成時間の半分ほどが経過したら、天板の手前と奥を入れかえます。上下2段で焼く場合は、天板の上下段も入れかえます。

── 表記について

* 本書で使用しているフランス語はそれぞれ以下の意味です。

- ingrédients（アングレディアン）── 材料
- essentiel（エソンスィエル）── ポイント
- appareil（アパレイユ）── 液体状の種（生地）
- pâte（パートゥ）── 固形状の生地
- punch（ポンシュ）── シロップ
- meringue（ムラング）── メレンゲ
- meringue ordinaire（ムラング・オルディネール）
    ── グラニュー糖を入れて泡立てたメレンゲ
- coulis（クリ）── ソース
- garniture（ガルニチュール）── 具材

── ハンドミキサーの泡立てについて

* 本書では泡立てにはハンドミキサーを使っています。1、2台分の少量のお菓子づくりでは、ハンドミキサーで泡立てると混ざりのいい強いムラングができます。

* ハンドミキサーは低・中・高速の3段階のものを使用しています。

* ハンドミキサーの泡立てに使うボウルは深めで、側面が底に対して垂直に近いものが、ビーターがボウル全体で均一に回るため、ムラなく効率よく泡立ちます。本書で「深大ボウル」と記したものは直径20cm×高さ10cm。「深小ボウル」は直径13cm×高さ9cm。「手つき中ボウル」は直径14cm×高さ8cmです。

* ハンドミキサーはボウルの側面にビーターが軽く当たってカラカラとごく軽い音をたてるくらいに、ボウルの中で大きな円を描いて回します。中心だけで回していると、気泡量の少ない不均一な泡立ちになります。また側面にガラガラと強く当てたり、底をゴロゴロこすると、ポロポロとした混ざりにくくつぶれやすい泡立ちになります。泡立て時間はストップウォッチで計ります（ルセットゥに明記）。

* ビーター2本で泡立てる
卵白60g以上、全卵や卵黄70g以上の場合は、深めで大きめなボウル（深大ボウル）を使い、ビーターを2本装着して泡立てます。ハンドミキサーはどちら向きに回してもよく、途中で回す向きを変えてもかまいません。

* ビーター1本で泡立てる
卵白60g以下、全卵や卵黄70g以下の場合は、ビーターを1本だけ装着し、小さめのボウル（深小ボウルまたは手つき中ボウル）で泡立てます。右利きの人は本体の左側にビーターをつけて時計回りに回しながら泡立てます（左利きの人は右側にビーターをつけて反時計回りに回します）。左右それぞれのビーターは外側に向かって回転するので、本体をビーターの回転と反対方向に回すことによって、よりよく泡立ちます。同じ方向に回すと、柔らかくて気泡量の少ない泡立ちになります。

冷たいデセール
Les desserts fraîcheurs

chapitre 1
ブラン・マンジェ
Blanc-manger

ようやく形を保つほどの柔らかさの中に、誰をも驚かせるような
この上ないなめらかさをたたえたブラン・マンジェ。
スペイン産の豊かな味わいのアーモンドが
信じられないほど膨らみのあるおいしさを創りだします。
ローズのブラン・マンジェはこの豊穣の極みのアーモンドで、
柚子のブラン・マンジェはアーモンドを使わずに
柚子のジュースでつくったオリジナル。
ブラン・マンジェのように柔らかさが印象を生みだすデセールは
きんと冷たく冷やして提供し、
ぼやけた印象にならないようにします。

ブラン・マンジェ　18
Blanc-manger

ローズのブラン・マンジェ　22
Blanc-manger de rose

柚子のブラン・マンジェ　24
Blanc-manger de yuzu

ブラン・マンジェ
Blanc-manger

どこまでも優しく、膨らみのある味わい。
ソース・アングレーズとともに。

ingrédients

口径 6.5cm×底径 4.5cm×高さ 4cm
プリンカップ 10 個分

◆アパレイユ
- 7g　粉ゼラチン
- 35g　冷水

- 100g　生クリーム

- 400g　牛乳
- 200g　アーモンドスライス
- 80g　グラニュー糖
- 50g　サワークリーム
- 適宜　牛乳

- 80g　グラニュー糖
- 100g　水

- 100g　牛乳
- 12滴　ビターアーモンドエッセンス
  （箸の先でたらす）

◆ソース・アングレーズ
1人分に 20g 使用する
- 112g　クレーム・アングレーズ（→P288）
- 15g　キルシュ
- 88g　牛乳

essentiel

＊ このブラン・マンジェの特徴はギリギリのゼラチン配合量で固めた優しい舌触りにあるので、ゼラチンは0.1gまで計れる微量計で正確に計量します。

＊ 柔らかいものはよく冷えていないと印象がぼやけがちです。レストランの冷蔵庫は開け閉めが多く庫内の温度が高い場合が多いので、5℃以下になっているかを確認してください。

＊ サワークリームは味わいに膨らみをだします。

＊ ビターアーモンドエッセンスはかならず加えてください。入れなくても優しい味わいは味わえますが、このお菓子本来のおいしさは生まれません。

アパレイユ

1 プリンカップを冷凍庫で冷やしておく。粉ゼラチンを冷水でふやかす。

2 生クリームは3分立て（少しもったりしてホイッパーの跡がつきはじめるくらい）に泡立て、冷蔵庫に入れておく。

＊ 生クリームを泡立てすぎると、間のぬけた泡っぽい舌触りになります。

3 鍋に牛乳を入れて沸騰させ、アーモンドスライスを加える。もう一度沸騰したら、静かに沸騰を続けるように弱火にし、さらに2分煮てアーモンドのうまみを牛乳にだす。

4 グラニュー糖とサワークリームを加えて火を強め、もう一度沸騰したら火を弱めてさらに2分煮る。

＊ はじめにグラニュー糖を加えると牛乳にアーモンドのうまみが十分にでないので、あとから加えます。

5 ボウルの上に板などを置き、目の細かいふるいを置く。ここに4をあけ、ボウルや型の底を使い、アーモンドを強く押してよく搾る。

＊ アーモンドスライスは捨てずにバットに広げて乾燥させ、テュイルなどをつくる時のアーモンドの1/3量として再利用できます。

6 5に牛乳を適宜加えて350gにする。

＊ 正確に350gに合わせないと、微妙な舌触りに違いがでます。

7 小鍋にグラニュー糖と水を入れて沸騰させ、火をとめる。1のゼラチンを加えてホイッパーで混ぜて溶かす。

8 6と7がどちらも熱いうちに、6に7を加えて混ぜる。

9 8を氷水にあて、ホイッパーでボウルの底を軽く手早くこすりながら40℃まで冷ます。

10 氷水からはずし、牛乳を一度に加える。ビターアーモンドエッセンスも加える。

＊ ここでもう一度牛乳を加えるのは、新鮮なおいしさをだすためです。

11 氷水にあててさらに15℃まで冷やす。氷水からはずし、2の生クリームに5回に分けて加える。1回加えるごとにホイッパーで30回ずつ手早く混ぜる。

＊ このあとは軽い生クリームが泡のように浮いてきてホイッパーでは混ざらなくなるため、木べらに持ちかえて上下の対流をつくるように混ぜます。アパレイユは冷えるにしたがって、ゼラチンが少しずつ固まりはじめてとろみがつくので、この粘りで軽く浮きあがろうとする生クリームをとり込みます。

12 11を氷水にあて、木べらで混ぜる。比較的ゆっくり1秒に2回の速さで、木べらでボウルの底を軽くこすりながら手前と向こう側を往復させる。

13 3〜4℃になると全体にゆるくとろみがつき、表面に浮いていた生クリームの小さい泡がほとんどなくなって全体にツヤがでてくる。

＊ あらたにできる大きめの泡は味わいに影響ありません。

14 プリンカップに8分目まで流し入れる。冷蔵庫で4〜5時間冷やし固める。カップを揺すっても流れださず、大きく動かすと少し波打つように揺れるほどの柔らかさが目安。

ソース・アングレーズ

1 P288「クレーム・アングレーズ」と同様につくり、112gとり分ける。

2 キルシュと牛乳を加えて混ぜる。

3 牛乳でのばすと粘りが少なくなり、中に入っていた気泡が表面に浮いてくるので、紙（ペーパータオルやロール紙など）をかぶせて泡を吸い寄せてとる。

＊ 表面に泡があるとソースとしてのシャープですっきりした舌触りが失われるので、かならずとり除きます。

＊ 冷蔵庫で5日間保存可能。

盛りつけ

1 プリンカップの縁を指で少しはずし、皿の上に斜めに返して置く。少しずつたわんで底まで空気が入ると、自然に皿の上にでる。

＊皿は5℃以下に冷やしておきます。

2 ソース・アングレーズを20g流す。

冷蔵庫からだして冷たいうちに提供します。5℃以下の冷蔵庫で3日間保存できます。

ローズのブラン・マンジェ
Blanc-manger de rose

アーモンドの味わいで、香りはローズ。
華やかさのあるブラン・マンジェ。

ingrédients

口径6.5cm×底径4.5cm×高さ4cm
プリンカップ10個分

◆アパレイユ
7.7g	粉ゼラチン
39g	冷水
100g	生クリーム
504g	牛乳
252g	アーモンドスライス
42g	サワークリーム
42g	ハチミツ(ラベンダー)
32g	ハチミツ(菩提樹)
適宜	牛乳
80g	グラニュー糖
100g	水
100g	牛乳
3滴	ビターアーモンドエッセンス(箸の先でたらす)
11.6g	コンパウンド・ローズ

◆ローズのソース
1人分に20g使用する
ジュレ・ヌートル
できあがりから35g使用する

50g	グラニュー糖
6g	ジャムベース(ジュレ用ペクチン)
150g	水
100g	煮だした牛乳(アパレイユからとり分ける)
100g	牛乳
1.5g	コンパウンド・ローズ
5g	ハチミツ(ラベンダー)

essentiel

* つくり方のポイントはP19「ブラン・マンジェ」参照。ローズの香りが生きるようにビターアーモンドエッセンスを減らし、砂糖などの配合も変えています。コンパウンド・ローズはバラの香りのエッセンス。

* ハチミツは百花蜜のような味の濃いものはローズの香りを消してしまいます。すっとした香りを持つ、ラベンダーや菩提樹を使います。

アパレイユ

1 プリンカップを冷凍庫で冷やしておく。粉ゼラチンを冷水でふやかす。

2 生クリームは3分立てに泡立て、冷蔵庫に入れておく。

3 鍋に牛乳を入れて沸騰させ、アーモンドスライスを加える。もう一度沸騰したら、静かに沸騰を続けるように弱火にする。

4 サワークリームを加えて火を強め、もう一度沸騰したら火を弱めてさらに2分煮る。

5 ボウルの上に板などを置き、目の細かいふるいを置く。ここに4をあけ、ボウルや型の底を使い、アーモンドを強く押してよく搾る。

6 ラベンダーと菩提樹のハチミツを加えて混ぜ、牛乳を適宜加えて450gにする。ローズのソース用に100gをとり分け、アパレイユには350g使う。

* ハチミツの優しく華やかな味わいが消えないように、けっして加熱せずに加えます。

7 小鍋にグラニュー糖と水を入れて沸騰させ、火をとめる。1のゼラチンを加えてホイッパーで混ぜて溶かす。

8 6と7がどちらも熱いうちに、6に7を加えて混ぜる。

9 あとはP20「ブラン・マンジェ」アパレイユ9～14と同様にする（コンパウンド・ローズはビターアーモンドエッセンスと一緒に加える）。

ローズのソース

essentiel

* ジュレ・ヌートルは¼量でもつくれますが、表記どおりに多めの量でつくったほうがベストの柔らかさに仕上がります。

1 ジュレ・ヌートルをつくる。グラニュー糖とジャムベースをホイッパーでよく混ぜ、小鍋に水を入れて軽く混ぜながら加える。火にかけて軽く沸騰させ、裏漉しする。

2 小鍋に1のジュレ・ヌートルを35gとり分けて入れ、ごく弱火にかけて溶かす（50～60℃）。

3 ボウルに移し、アパレイユ6からとり分けた煮だした牛乳100g、牛乳、コンパウンド・ローズ、ハチミツを順に加えてよく混ぜる。

* 必ず煮だしておいた牛乳を加えます。先にそのままの牛乳を加えると牛乳が固まり分離します。

* 牛乳を加えると固まりますが、よく混ぜながらのばしていきます。

4 氷水にあてて5℃以下に冷やす。

* 冷蔵庫で5日間保存可能。

盛りつけ

1 P21「ブラン・マンジェ」盛りつけ1と同様にし、ローズのソースを20g流す。

食べごろ、保存はP21「ブラン・マンジェ」と同様。

柚子のブラン・マンジェ
Blanc-manger de yuzu

柚子、上白糖、日本酒……。
独自のおいしさを求めた
オリジナルのブラン・マンジェ。

ingrédients

口径6.5cm×底径4.5cm×高さ4cm
プリンカップ10個分

◆アパレイユ
- 8.9g　粉ゼラチン
- 45g　冷水

- 143g　生クリーム

- 164g　柚子ジュース
- 250g　水
- 86g　プレーンヨーグルト
- 43g　グラニュー糖
- 43g　上白糖
- 14g　日本酒
- 10g　キルシュ

◆柚子のソース
1人分に20g使用する
- 38g　上白糖
- 5g　コーンスターチ
- 125g　牛乳
- 36g　水
- 5.5g　30°ボーメシロップ
- 15g　柚子ジュース
- ⅔個分　柚子の皮のすりおろし

essentiel

* つくり方のポイントはP19「ブラン・マンジェ」参照。

* 柚子にはグラニュー糖よりも甘みの強い上白糖がよく合います。

* 日本酒の香りが柚子の香りを支え、日本的感覚を与えます。フルーティなものを選びます。

* 柚子のソースは少しとろみがあるとおいしさが膨らみます。柚子の酸の影響で4～5時間でとろみがなくなるので、提供する直前につくります。

アパレイユ

1　プリンカップを冷凍庫で冷やしておく。粉ゼラチンを冷水でふやかす。

2　生クリームは3分立てに泡立て、冷蔵庫に入れておく。

3　ボウルに柚子ジュースと水を入れてホイッパーでよく混ぜ、プレーンヨーグルト、グラニュー糖、上白糖、日本酒、キルシュを順に加えて混ぜる。ヨーグルトのダマが残ったら、目の細かいふるいで裏漉しする。

4　1のゼラチンを湯煎にあてて溶かし、40℃にする。

5　3を弱火にかけてホイッパーで混ぜながら約40℃に温める。

6　4に5の⅕量を加えて混ぜ、さらに⅕量を加えてよく混ぜてゼラチンを混ざりやすい状態にしてから、5にもどしてよく混ぜる。

7　あとはP20「ブラン・マンジェ」11～14と同様にする。

柚子のソース

1　ボウルに上白糖とコーンスターチを入れ、ホイッパーでよく混ぜる。牛乳と水を少し加えて均一に混ぜ、残りを加えて混ぜる。

2　小鍋に移して弱火にかけ、焦げないようにホイッパーで鍋底を軽くこすりながら加熱する。中心が軽くフツフツしてからさらに10秒ほど加熱する。少しとろみがついてくる。

3　ボウルに移し、氷水にあててホイッパーで混ぜながら約5℃まで冷やす。

4　30°ボーメシロップを加えて混ぜ、柚子ジュース、柚子の皮のすりおろしを加えてよく混ぜる。柚子ジュースを加えるととろみがでてくる。

盛りつけ

1　P21「ブラン・マンジェ」盛りつけ1と同様にし、柚子のソースを20g流す。

食べごろ、保存はP21「ブラン・マンジェ」と同様。

chapitre 2

プディン
Pudding

クリーミーなプリンは万人に好かれるデセール。
オーソドックスだからこそ、
キャラメルの焦がし加減、アパレイユの混ぜ方、オーブンの火入れなど、
ひとつずつの工程をていねいに経て
味わいを高め、本当においしいプリンをつくります。

クレーム・キャラメル　27
Crème caramel

紅茶のプリン　30
Pudding au thé

パイナップルのプリン　32
Pudding à l'ananas

クレーム・ブリュレ　34
Crème Brûlée

ポ・ドゥ・クレーム・ドランジュ　36
Pot de crème d'orange

クレーム・キャラメル
Crème caramel

コニャックの香りがきいた大人のプリン。

クレーム・キャラメル

ingrédients

口径 6.5 cm×底径 4.5 cm×高さ 4 cm
プリンカップ 9 個分

◆キャラメル
- 22g　水 A
- 65g　グラニュー糖
- 20g　水 B

◆アパレイユ
- 440g　牛乳
- ⅖本　バニラ棒

- 244g　全卵
- 102g　グラニュー糖
- 34g　キャソナッドゥ
- 10g　ミルクパウダー

- 24g　コニャック

キャラメル

1　小鍋に水 A とグラニュー糖を入れて火にかけ、大きい泡が消えて沸騰するように急に煙が立ちはじめるまで焦がす。深く赤いキャラメル色に。

2　火をとめ、水 B を加えてスプーンで混ぜる。

＊　水を加えるとキャラメルが飛ぶので注意します。水でのばしたほうがキャラメルが固まらないので、3 であわてずに作業できます。

3　プリンカップに底が隠れる程度に入れる。

アパレイユ

essentiel

＊　なめらかな舌触りのプリンにするためには、まず卵をよくほぐし、そこに少しずつ他の材料を加えてしっかりと混ぜ、目に見えない部分で卵をしっかりとほぐしながら混ぜることが大切です。ホイッパーはボウルの底につけて直線に往復させ、泡立てないようにします。

1　鍋に牛乳を入れて火にかけ、80℃（縁のほうがフツフツする）まで加熱する。縦に裂いたバニラ棒を入れ、ふたたび縁のほうが軽くフツフツしてから 1 分煮る。

＊　牛乳は沸騰すると味わいが失われるので、80℃ほどにとどめます。

2　全卵をホイッパーで十分に溶きほぐし、グラニュー糖、キャソナッドゥを加えてなめらかになるまでよく混ぜる。ミルクパウダーも加えて同様に混ぜる。それぞれ手に重さを感じなくなるまでよくほぐす。ミルクパウダーは溶けきらなくてもいい。

3　2に1の⅓量を3回に分けて加え、卵をのばしながら、10秒に10回のゆっくりした速さで30回ずつ混ぜる。残りは混ぜながら加え、コニャックも加えて20回混ぜる。

＊　牛乳は一度に加えず、少しずつよく混ぜながら加えます。一度に加えると、たとえよく混ぜても目に見えない部分で卵と牛乳が細かく混ざらず、なめらかな舌触りになりません。

4　目の細かいふるいで裏漉しする。

5　泡をカードですくいとり、さらに紙（ペーパータオルやロール紙など）をかぶせて泡を吸い寄せてきれいにとる。

6　プリンカップに流し入れる。この時の温度は40℃前後が理想的。冷たいとオーブンの温度が下がり、焼成時間が長くなって固まりにくくなるので、ボウルを弱火にあててホイッパーで底を軽く混ぜながら40〜50℃に温める。流す時にできた大きめの泡は自然に消えるので問題ない。

＊　時間をおくと、柔らかめのキャラメルが溶けてアパレイユと混ざるので、すぐにオーブンに入れます。

7　天板に熱湯を1cmほど張り、オーブンで湯煎焼きする。
［電子レンジオーブン・ガス高速オーブン：130〜140℃で35分］
型の側面を叩いて、表面がピンと張ったように軽く揺れるのが目安。粗熱をとって冷蔵庫で冷やす。

＊　業務用の下からの熱が強いオーブンの場合は、熱湯を多めに張り、90℃ほどの温度を保つようにします。家庭用オーブンは下からの加熱がとても弱く、熱湯を張ってもすぐにぬるくなってしまうので、焼きあがりにほぼなくなる量にします。

盛りつけ

1　プリンカップの縁を指で少しはずし、皿の上に置いて皿ごと強くふってプリンをだす。

＊　皿は5℃以下に冷やしておきます。

冷蔵庫からだして冷たいうちに提供します。5℃以下の冷蔵庫で3日間保存できます。

紅茶のプリン
Pudding au thé

紅茶の香りの深さほどに
深い味わいをたたえたプリン。

ingrédients

口径6.5cm×底径4.5cm×高さ4cm
プリンカップ8個分

◆キャラメル
- 20g　水 A
- 80g　グラニュー糖
- 20g　水 B

◆アパレイユ
- 530g　牛乳
- 18g　紅茶（アールグレイ）
- 9g　紅茶（ダージリンまたは他の紅茶）
- 適宜　牛乳
- 172g　全卵
- 108g　グラニュー糖
- 30g　カルバドス

◆紅茶のソース
1人分に25g使用する
- 100g　クレーム・アングレーズ（→P288）
- 200g　牛乳
- 7g　紅茶（アールグレイ）
- 3g　紅茶（ダージリンまたは他の紅茶）
- 5g　カルバドス（またはブランデー）

essentiel

* つくり方のポイントはP28「クレーム・キャラメル」参照。

* アールグレイは紅茶にベルガモットの香りをつけたもの。アールグレイ以外の紅茶では他の素材に隠れてしまいます。紅茶の深い味わいをカルバドスの長い香りがしっかりと支えます。紅茶の香りだけでなく、深い味わいがするプリンです。

食べごろ、保存はP29「クレーム・キャラメル」と同様。

キャラメル

1 P28「クレーム・キャラメル」キャラメルと同様につくる。ただし焦がし加減は明るいキャラメル色に。焦がしすぎると紅茶の味や香りを邪魔してしまう。

アパレイユ

1 鍋に牛乳を入れて火にかけ、沸騰したら紅茶2種類を加える。火を少し弱め、ふたたびごく軽く沸騰してから1分煮だす。

＊ 沸騰させながら煮だし、味をしっかりだして印象深くします。

2 全卵をホイッパーで泡立てないように十分に溶きほぐし、グラニュー糖を加えてなめらかになるまでよく混ぜる。

3 1を漉し、スプーンで上から強く押して搾る。牛乳を適宜加えて387gにする。

＊ 正確に387gに合わせないと、プリンの硬さに違いがでてしまいます。

4 2に3の1/3量を3回に分けて加え、10秒に10回のゆっくりした速さで30回ずつ混ぜる。残りは混ぜながら加え、カルバドスも加えて20回混ぜる。

5 P29「クレーム・キャラメル」アパレイユ4〜6と同様にする。

6 天板に熱湯を1cmほど張り、オーブンで湯煎焼きする。
[電子レンジオーブン：140℃で30分→110℃に下げて10〜15分（110℃に下げた時にお湯が減っている場合は熱湯をたす）]
[ガス高速オーブン：140℃で40〜45分（30分ほどたってお湯が減っている場合は熱湯をたす）]

紅茶のソース

1 P288「クレーム・アングレーズ」と同様につくり、100gとり分ける。

2 鍋に牛乳を入れて火にかけ、沸騰したら紅茶2種類を加える。火を少し弱め、ふたたびごく軽く沸騰してから1分煮だす。

3 漉して冷まし、100gとり分ける。

4 1と3、カルバドスを混ぜる。P21「ブラン・マンジェ」ソース・アングレーズ3と同様に表面の泡をとる。冷蔵庫で冷やす。

＊ 冷蔵庫で5日間保存可能。

盛りつけ

1 P29「クレーム・キャラメル」盛りつけ1と同様にし、紅茶のソースを25g流す。

パイナップルのプリン
Pudding à l'ananas

コーンスターチのつるんとした歯触りで
夏向きのさわやかなプリン。

ingrédients

口径6.5cm×底径4.5cm×高さ4cm
プリンカップ7個分

◆ キャラメル
  17g 水 A
  50g グラニュー糖
  15g 水 B

◆ アパレイユ
  323g パイナップル
    （缶詰・ヘビーシロップ漬け）

  40g グラニュー糖
  15g コーンスターチ

  266g 全卵
  16g レモン汁
   9g コンパウンド・パイン
  20g キルシュ

◆ パイナップルのソース
1人分に15g使用する
  20g 卵黄
  20g グラニュー糖

  67g 牛乳
  17g ココナッツピューレ

  17g パイナップルジュース
   4g コンパウンド・パイン
   4g ココナッツリキュール
   8g ホワイトラム

essentiel

* とにかく夏向けのさわやかな香りあふれるプリンをイメージし、柔らかさよりも、むしろコーンスターチで硬めのつるんとした歯触りをだしてさわやかさを増しました。

* コンパウンド・パインはなければ入れずにつくってください。

食べごろ、保存はP29「クレーム・キャラメル」と同様。

キャラメル

1 P31「紅茶のプリン」キャラメルと同様につくる。焦がし加減は明るいキャラメル色にし、パイナップルのすがすがしさを邪魔しないようにする。

アパレイユ

1 パイナップルの果肉とシロップを繊維が見えなくなるまでジューサーにかけ、裏漉しする。

2 グラニュー糖とコーンスターチをホイッパーでよく混ぜる。

3 2に1の⅔量を3回に分けて混ぜながら加える。

4 3を鍋に入れて中火にかけ、デンプンが糊化しはじめる約80℃（縁のほうがフツフツしはじめて透明感が少しでる）までホイッパーで練りながら加熱する。

＊ パイナップルのたんぱく質を分解する酵素によって卵の固まりが弱くなるので、これを補強するためにコーンスターチを配合しています。コーンスターチを糊化させるのは、そのまま加えると焼成中に下に沈殿するためです。

5 ボウルに移し、1の残りを2回に分けてよく混ぜながら加える。

6 全卵を泡立てないようにホイッパーで十分に溶きほぐす。5を4回に分けて加え、泡立てないようによく混ぜる。

7 レモン汁、コンパウンド・パイン、キルシュを加える。目の細かいふるいで裏漉しする。

8 プリンカップに流し入れる。天板に熱湯を1cmほど張り、オーブンで湯煎焼きする。
［電子レンジオーブン：150℃で25分→120℃に下げて15分→スイッチを切って10分入れておく］
［ガス高速オーブン：上段に熱湯を1cm張った天板を置き、中段にプリンを並べて熱湯を張った天板を入れて130℃で30分→お湯を張っていない別の天板にプリンを移しかえ、上段の天板の熱湯をたし、120℃に下げて10分→スイッチを切って10～15分入れておく］

＊ 焼き方がたりないと柔らかくておいしくなくなります。固まりはじめてからも庫内に水蒸気が充満して圧力が高くなるとスダチができ、クチャッとした歯触りになるので、途中でスイッチを切って水蒸気を抑えます。外側にいくつかスダチができるくらいが、ちょうどいい湯煎の量と温度でしょう。焼き加減はオーブンによってかなり差がでます。

パイナップルのソース

1 ボウルに卵黄とグラニュー糖を入れ、グラニュー糖がほぼ溶けるまでホイッパーで十分に混ぜる。

2 鍋に牛乳とココナッツピューレを入れて火にかけ、軽く沸騰させる。1によく混ぜながら少しずつ加え、鍋にもどして火にかける。75℃になったらパイナップルジュースを加えて79℃まで加熱する。パイナップルジュースははじめから加えると牛乳が分離しやすくなるのでここで加える。

3 裏漉しし、氷水にあてて10℃に冷やす。ホイッパーで手早く混ぜて冷やさないと、ココナッツピューレの脂肪が粒になって固まるので、空気を入れないように手早く混ぜて冷やす。コンパウンド・パイン、ココナッツリキュール、ホワイトラムを加える。

＊ 冷蔵庫で5日間保存可能。

盛りつけ

1 P29「クレーム・キャラメル」盛りつけ1と同様にし、パイナップルのソースを15g流す。

クレーム・ブリュレ
Crème Brûlée

バニラでふくよかに膨らむ味わい。シナモンで余韻を長く。

ingrédients

直径10cm×高さ2.5cmキッシュ型8個分

◆アパレイユ
- 445g　生クリーム
- 148g　牛乳
- 1本　バニラ棒
- 1本　シナモンスティック
- 0.3g　シナモンパウダー
- 142g　卵黄
- 84g　キャソナッドゥ

◆仕上げ
- 適量　キャソナッドゥ

essentiel

＊ 好みにもよりますが、このクレーム・ブリュレはキャラメリゼして温かいうちに提供するよりも、もう一度冷蔵庫でよく冷やしたほうがおいしいと思います。

アパレイユ

1 鍋に生クリームと牛乳、縦に裂いたバニラ棒、砕いたシナモンスティック、シナモンパウダーを入れ、80℃（縁のほうがフツフツする）まで加熱する。

2 1を加熱している間に、ボウルに卵黄とキャソナッドゥを入れてキャソナッドゥがほぼ溶けるまでホイッパーで十分に混ぜる。

3 1からバニラ棒とシナモンスティックをとり除く。2に⅓量を3回に分けて加えてそれぞれよく混ぜ、残りは混ぜながら加える。

4 目の細かいふるいで漉す。泡をカードでていねいにすくいとる。泡が残っていると、キャラメリゼがきれいに仕上がらなくなる。

5 キッシュ型に9分目まで静かに流し入れる。ボウルの底にバニラが沈むので混ぜながら。

6 天板に熱湯を1cmほど張り、オーブンで湯煎焼きする。
［電子レンジオーブン：150℃で20分］
［ガス高速オーブン：140℃で20分］
型を揺すってもアパレイユが動かなくなるまで焼く。粗熱をとって冷蔵庫で冷やす。

仕上げ

1 キャソナッドゥを茶こしで全面に均一にふりかける。

2 表面をガスバーナーで明るい色にキャラメリゼする。あまり黒くならないように弱火で。

3 もう一度キャソナッドゥをふり、ガスバーナーで同様に焦がす。キャラメリゼを2度すると2時間ほどは溶けない。冷蔵庫でもう一度冷やすか、すぐに提供する。

焼成後は冷蔵庫で3日間保存できます。一晩おくと表面に水分がでてくるので、ペーパータオルで水気をふきとってからキャラメリゼします。

ポ・ドゥ・クレーム・ドランジュ
Pot de crème d'orange

オレンジジュースで炊いたさわやかなクレーム・パティシエールのデセール。
ラルースの書物を紐解いたオリジナル。

ingrédients ティーカップ 8〜9 個分

◆オレンジのクレーム・パティシエール
- 4g　粉ゼラチン
- 20g　冷水

- 60g　卵黄
- 45g　グラニュー糖
- 24g　コーンスターチ

- 450g　オレンジジュース
- 50g　オレンジキュラソー（アルコール度数40°）
- 5g　レモン汁

◆ガルニチュール
- 大1個　オレンジ
- 2個　マンゴー
- 約15個　イチゴ

◆オレンジのソース
1個に10g使用する
- 100g　オレンジジュースA

- 19g　グラニュー糖
- 0.6g　ジャムベース（ジュレ用ペクチン）

- 50g　オレンジジュースB
- 31g　水飴
- 1g　コンパウンド・オレンジ
- 6g　オレンジキュラソー（アルコール度数60°）
- 4g　レモン汁

オレンジのクレーム・パティシエール

1　粉ゼラチンを冷水でふやかす。

2　ボウルに卵黄とグラニュー糖を入れ、グラニュー糖がほぼ溶けるまで十分に混ぜ、コーンスターチを加えて強く混ぜる。

3　鍋にオレンジジュースを入れて中火にかけ、80℃（縁のほうがフツフツする）まで加熱する。

4　2に3の半量を3回に分けて加えてホイッパーで混ぜる。

5　4を鍋にもどして強めの火にかけ、デンプンが糊化しはじめる約80℃まで練りながら加熱する。縁のほうがフツフツしはじめて透明感がでたら、すぐに火をとめる。オレンジキュラソーとレモン汁を加え、1のゼラチンも加えて混ぜる。

＊　かなりの量のオレンジキュラソーが入りますが、熱いうちに加えるのでアルコール分が飛び、それほどアルコールの強さは感じません。

6　カップに入れる。粗熱をとって冷蔵庫で冷やす。

ガルニチュール

1　オレンジは薄皮をむき、マンゴーは皮をむいて2cm角に切る。イチゴは縦4等分にカットする。

オレンジのソース

1　P43「ショコラのムース」オレンジのソースと同様につくる。

盛りつけ

1　冷やしたオレンジのクレーム・パティシエールの上にガルニチュールを盛りつけ、オレンジのソースを10gかける。

冷たい状態で提供します。ガルニチュールをのせずに乾燥しないようにラップをかけて冷蔵庫で2日間保存できますが、一番おいしいのは24時間以内。

chapitre 3

ムース
Mousse

ムースは「泡」の意味。
ふわふわ、ほわほわとした舌触りで
ショコラやパッションフルーツ、柚子の香りが気泡から飛びでてきます。
ムラング・オルディネールの軽さを生かした
まるで空気を食べるかのようなデセール。
パティスリーのムースとはまったく違う、
レストランのデセールならではの醍醐味です。

ショコラのムース　40
Mousse au chocolat

パッションフルーツのムース　44
Mousse à la fruit de la passion

柚子のムース　46
Mousse au yuzu

ウッフ・ア・ラ・ネージュ　48
Œuf à la neige

―― このムースはムラングの配合がとても多く、本当に軽くふんわりしています。レストランだからこそ提供できるムースです。

　通常、ムースには保形性と衛生上の理由からムラング・イタリエンヌを使いますが、このムースにはムラング・オルディネール（卵白とグラニュー糖を泡立てるだけのムラング）を使います。ムラング・オルディネールの泡立て加減を柔らかめにすると、ムラング・イタリエンヌを使ったムースよりも軽くふんわりした、とてもファンタスティックな舌触りが得られます。

　ムラング・イタリエンヌは117℃に煮つめたシロップの熱によって卵白が半煮えの状態となって少しとろみがつき、これがゼラチンと同じような働きをしてムラングの気泡を長時間保とうとする力が生まれます。しかし、ムラング・オルディネールの気泡はすぐに消えはじめてもとの卵白液にもどってしまい、べったりとした舌触りがでてきます。これを抑えるためには、ゼラチンの入ったクレーム・アングレーズやジュースなどの液体とムラングを、目に見えない部分でとにかく細かく混ぜ込んで可能な限り浸透させ、できるだけ小さなゼラチン液の部屋にムラングの気泡を包み込んで固めます。ゼラチンが細かく浸透するほど、ゼラチンに包まれた部分がしっかりと保たれるため、べたつきやだらしのない柔らかさにはなりません。

　ゼラチンが入ったアパレイユは必要な温度まで正確に下げること。そして、生クリームとアパレイユを混ぜ終える時間と、ムラングを泡立て終えるタイミングを合わせることが大事です。生クリームとアパレイユを混ぜ終わってから1分でも間隔があけば、ゼラチンはすぐに固まりはじめ、ムラングが細かく混ざり込まなくなります。ですから、この工程はかならず2人で行なう必要があります。

　ムラング・オルディネールはしっかりとした硬さまで泡立てすぎないように注意してください。いくらか柔らかいほうが、目に見えない部分で他の素材とよく混ざります。ビーターですくいあげた時に、ムラングの角が下を向くくらいが目安です。

　ムラングの混ぜ方は、はじめはムラングがほとんど見えなくなるまで、とにかく手早く大きく混ぜます。そして完全にムラングが見えなくなったら、ゆっくりとていねいに混ぜます。

　本章のムースは以上のような考え方に沿って、すべての技術を組み立てています。本当に深くゼラチン液が浸透したムースは、歯に当たった瞬間に一瞬の歯触りを感じ、そのあとすぐにふわっとした軽さと柔らかさが続きます。一方、深く浸透していない場合には、はじめから少しだらしのない柔らかさがあり、そのあとにも同じ調子の柔らかさが続きます。人間の舌はふたつの相反するものが続いた時にこそコントラストを感じ、これが印象的な味わいとして記憶に残るのです。――

ショコラのムース
Mousse au chocolat

ふわっとしたショコラのムースに
深い香りのオレンジのソースが重なります。

ingrédients 4人分

◆ムース
- 4.4g 粉ゼラチン
- 22g 冷水
- 131g 生クリーム

クレーム・アングレーズ
- 187g 牛乳
- 60g 卵黄
- 53g グラニュー糖
- 4g ココア
- 46g スイートチョコレート
  (スーパーゲアキル・カカオ分64%)
- 30g セミスイートチョコレート
  (ベネズエラ・カカオ分70%)
- 31g オレンジキュラソー
  (アルコール度数40°)
- 1g バニラエッセンス（13滴）

ムラング・オルディネール
- 99g 卵白
- 16g グラニュー糖A
- 16g グラニュー糖B

◆オレンジのソース
1人分に25g使用する
- 100g オレンジジュースA
- 19g グラニュー糖
- 0.6g ジャムベース（ジュレ用ペクチン）
- 50g オレンジジュースB
- 31g 水飴
- 1g コンパウンド・オレンジ
- 6g オレンジキュラソー
  (アルコール度数60°)
- 4g レモン汁

◆盛りつけ
- 適量 オレンジピールのコンフィ

essentiel

＊生の卵白をそのまま食べるので、衛生上から卵白はあまり水様化が進んでいないもの（レードルですくうとかなりサラーッと流れ落ちるが、最後はトロンとはっきり太めの糸を引く程度）を使います。

ムース

1 できあがりを入れる密閉容器（16cm×11cm×高さ6.5cmくらいの大きさがちょうどいい）を冷凍庫で冷やしておく。粉ゼラチンを冷水でふやかす。

2 生クリームは7分立て（まだ十分に柔らかくツヤがあり、ゆっくりホイッパーを持ちあげると軽く角が立つ）に泡立て、冷蔵庫に入れておく。

＊生クリームを硬く泡立てると、サラサラのアパレイユの中で混ざりにくくなります。

3 クレーム・アングレーズをつくる。小鍋に牛乳を入れて80℃（縁のほうがフツフツする）まで加熱する。

4 3を加熱している間に、耐熱性ガラスボウルに卵黄とグラニュー糖を入れてグラニュー糖がほぼ溶けるまでホイッパーで十分に混ぜる。

5 4に3の1/3量を3回に分けて加え、ホイッパーで円を描いてよく混ぜる。残りは手早く混ぜながら少しずつ加える。ココアも加えて混ぜる。ココアは溶けきらなくていい。

6 金網とセラミック網をガスコンロにのせ、5を弱火で80℃まで加熱する。左手には温度計を、右手にはホイッパーを持ち、ボウルの底を軽くこするように混ぜながら加熱してとろみをつける。

7 80℃になったらすぐに火からおろし、1のゼラチンを加えてよく混ぜる。

8 細かく刻んだチョコレート2種類を加えてよく混ぜて溶かす。

9 裏漉しする。

10 氷水にあててホイッパーで混ぜながら冷ます。40℃になったら氷水からはずし、オレンジキュラソー、バニラエッセンスを加える。

＊次の11からの作業はかならず2人で行ないます。手早く連続してタイミングよく作業しなければなりません。

11 1人（a）はムラング・オルディネールをつくる。深大ボウルに入れて冷やしておいた卵白にグラニュー糖Aを入れ、ハンドミキサー（ビーター2本）の速度2番で1分→グラニュー糖Bを加えて速度3番でさらに1分泡立てる（計2分）。ビーターですくいあげた時に角が下を向く柔らかさに。

12 11の泡立てが1分30秒たったところで、もう1人（b）は10をふたたび氷水にあてて18℃まで冷やしはじめる。先にaがムラングを泡立て終わる。

13 10が18℃になったら、aがすぐに2の生クリームを加え、bはホイッパーで下からすくうようによく混ぜる。

＊とにかく手早く短時間で混ぜ、すぐに次のムラングを加えます。ここでゆっくりしていると、冷たい生クリームによってゼラチンが固まりはじめ、ムラングと混ざりにくくなります。

14 すぐにaが11のムラング・オルディネールを一度に加え、bは木べらに持ちかえて10秒に20回の速さで下からすくうように手早く混ぜる。ムースの色が全体にだいたい混ざってきたら、ムラングの泡がこれ以上つぶれないように10秒に15回のゆっくりした速さで、少しツヤがでて十分に柔らかさがでるまで50回混ぜる。

15 混ぜ終わりの状態は木べらですくうとトロッと落ちるくらい。

16 冷やしておいた密閉容器に入れ、冷蔵庫で3時間冷やし固める。

＊とても柔らかいムースなので、グラスなどの器に流し入れて冷やし固め、そのまま提供することもできます。

オレンジのソース

1 小鍋にオレンジジュースAを入れて半量の50gまで煮つめる。

2 グラニュー糖とジャムベースをホイッパーでよく混ぜる。

3 オレンジジュースBと1のオレンジジュースAを合わせる。ここに2をホイッパーで混ぜながら加える。水飴も加えて混ぜる。

4 3を火にかけて軽く沸騰させて火をとめる。アクをとり、目の細かいふるいで裏漉しする。

5 氷水にあてて約40℃に冷まし、コンパウンド・オレンジ、オレンジキュラソー、レモン汁を加えて混ぜる。さらに5℃以下に冷やす。

＊冷蔵庫で5日間保存可能。

盛りつけ

1 大きめのスプーンを50℃ほどのお湯につけ、ムースを厚くすくって盛りつける。

＊空気を食べるようなデセールです。少しの量では物たりなさが残りますので、大きくたっぷりとすくって盛りつけます。

＊皿は5℃以下に冷やしておきます。

2 オレンジのソースを25gかけ、細く切ったオレンジピールのコンフィをちらす。

冷蔵庫からだして冷たいうちに提供します。軽さがポイントのデセールは十分に冷たくないと、存在感のある舌触りにならず、間がぬけて感じられます。提供はつくったその日のみ。

パッションフルーツのムース
Mousse à la fruit de la passion

パッションフルーツとミントの鮮烈な香り。

ingrédients　4人分

◆**ムース**
- 5.3g　粉ゼラチン
- 26g　冷水

- 120g　生クリーム

クレーム・アングレーズ
- 85g　パッションフルーツピューレ A
- 85g　パッションフルーツピューレ B
- 60g　卵黄
- 47g　グラニュー糖

- 11g　マール酒
- 7g　ホワイトラム
- 27g　ウォッカ
- 1.5g　バニラエッセンス（19滴）
- 4g　レモン汁

ムラング・オルディネール
- 104g　卵白
- 15g　グラニュー糖 A
- 15g　グラニュー糖 B

- 21g　パッションフルーツピューレ C
- 7g　パッションフルーツリキュール

◆**パッションフルーツのソース**

1人分に30〜40g使用する
- 20g　グラニュー糖
- 0.6g　ジャムベース（ジュレ用ペクチン）

- 75g　パッションフルーツピューレ
- 25g　水
- 15g　水飴
- 5g　マール酒
- 3g　ホワイトラム
- 1.5g　レモン汁
- 0.2g　バニラエッセンス（3滴）

◆**盛りつけ**
- 3枚　ミントの葉

essentiel

* つくり方のポイントはP41「ショコラのムース」参照。

ムース

1 できあがりを入れる密閉容器を冷凍庫で冷やしておく。粉ゼラチンを冷水でふやかす。

2 生クリームは7分立てに泡立て、冷蔵庫に入れておく。

3 クレーム・アングレーズをつくる。パッションフルーツピューレAを半量の43gまで煮つめる。

＊ ムラングが多量に入ってパッションフルーツの味わいが希薄になるので、煮つめて濃くしておきます。

4 鍋にパッションフルーツピューレBと3の半量に煮つめたパッションフルーツピューレAを入れて火にかけ、80℃（縁のほうがフツフツする）まで加熱する。あとはP41「ショコラのムース」ムース4〜7（ココアは入らない）、9と同様にする。

5 氷水にあててホイッパーで混ぜながら冷ます。40℃になったら氷水からはずし、マール酒、ホワイトラム、ウォッカ、バニラエッセンス、レモン汁を加える。

＊ 次の6からの作業はかならず2人で行ないます。

6 1人（a）はムラング・オルディネールをつくる。深大ボウルに入れて冷やしておいた卵白にグラニュー糖Aを入れ、ハンドミキサー（ビーター2本）の速度2番で1分→グラニュー糖Bを加えて速度3番でさらに1分泡立てる（計2分）。

7 6の泡立てが1分30秒たったところで、もう1人（b）は5をふたたび氷水にあてて18℃まで冷やしはじめる。先にaがムラングを泡立て終わる。

8 5が18℃になったら、aがすぐに2の生クリームにパッションフルーツピューレC、パッションフルーツリキュールを加えて下からすくうように混ぜる。これをすぐに5に加え、bがホイッパーで同様によく混ぜる。

9 すぐにaが6のムラング・オルディネールを一度に加え、bは木べらに持ちかえて10秒に20回の速さで下からすくうように手早く混ぜる。ムースの色が全体にだいたい混ざってきたら、ムラングの泡がこれ以上つぶれないように10秒に15回のゆっくりした速さで、少しツヤがでて十分に柔らかさがでるまで50回混ぜる。

10 冷やしておいた密閉容器に入れ、冷蔵庫で3時間冷やし固める。

パッションフルーツのソース

1 グラニュー糖とジャムベースをホイッパーでよく混ぜる。

2 鍋にパッションフルーツピューレと水を入れ、1を混ぜながら加え、水飴も加える。沸騰させて火をとめ、アクをとり、目の細かいふるいで裏漉しする。氷水にあてて約40℃に冷まし、マール酒、ホワイトラム、レモン汁、バニラエッセンスを加えて混ぜる。さらに5℃以下に冷やす。

＊ 冷蔵庫で5日間保存可能。

盛りつけ

1 P43「ショコラのムース」盛りつけ1と同様にする。パッションフルーツのソースを30〜40g流し、細かく刻んだミントの葉をちらす。

＊ ミントの葉は彩りのためだけではありません。パッションフルーツとの相性がよく、ミントのしっかりと強い香りがムースの味わいを強めます。

食べごろ、保存はP43「ショコラのムース」と同様。

ingrédients 4人分

◆ムース
 4.9g 粉ゼラチン
 25g 冷水

 120g 生クリーム

 1個分 柚子の皮のすりおろし
 85g 柚子ジュース
 43g 水
 35g グラニュー糖

ムラング・オルディネール
 104g 卵白
 15g グラニュー糖A
 15g グラニュー糖B

◆ショコラのソース
1人分に10g使用する
 160g ショコラのソース（→P286）
 20g マンダリンリキュール

essentiel

＊ つくり方のポイントはP41「ショコラのムース」参照。

＊ ショコラのソースはマンダリンリキュールを加えてゆるく仕上げます。

柚子のムース
Mousse au yuzu

日本の柑橘の芳香をムースで表現。

ムース

1 できあがりを入れる密閉容器を冷凍庫で冷やしておく。粉ゼラチンを冷水でふやかす。

2 柚子の皮は表面の黄色い部分だけをすりおろす。白ワタ部分が入ると苦味がでてしまう。

3 生クリームは7分立てに泡立て、冷蔵庫に入れておく。

4 ボウルに柚子ジュース、水、グラニュー糖、2の柚子の皮のすりおろしを入れて混ぜる。冷たいと6でゼラチンが全体に混ざらないので、常温にする。

5 1のゼラチンを湯煎にあてて溶かし、約40℃にする。

6 5に4の⅓量を3回に分けて加え、ホイッパーで30回ずつ混ぜる。これを4にもどしてよく混ぜる。

7 6をごく弱火で40℃まで加熱する。

＊次の8からの作業はかならず2人で行ないます。

8 1人（a）はムラング・オルディネールをつくる。深大ボウルに入れて冷やしておいた卵白にグラニュー糖Aを入れ、ハンドミキサー（ビーター2本）の速度2番で1分→グラニュー糖Bを加えて速度3番でさらに1分泡立てる（計2分）。

9 8の泡立てと同時に、もう1人（b）は7を氷水にあててホイッパーで手早く混ぜながら10℃まで冷やしはじめる。先にaがムラングを泡立て終わる。

＊このムースではクレーム・アングレーズのとろみがないので、アパレイユを10℃まで冷やします。

10 アパレイユが10℃になったら、aがすぐに3の生クリームを加え、bはホイッパーで下からすくうようによく混ぜる。

11 すぐにaは8のムラング・オルディネールを一度に加え、bは木べらに持ちかえて10秒に20回の速さで下からすくうように手早く混ぜる。ムースの色が全体にだいたい混ざってきたら、ムラングの泡がこれ以上つぶれないように10秒に15回のゆっくりとした速さで、少しツヤがでて十分に柔らかさがでるまで50回混ぜる。

12 冷やしておいた密閉容器に入れ、冷蔵庫で3時間冷やし固める。

ショコラのソース

1 P286「ショコラのソース」と同様につくり、マンダリンリキュールを加える。

＊冷蔵庫で5日間保存可能。

盛りつけ

1 P43「ショコラのムース」盛りつけ1と同様にし、ショコラのソースを10gかける。

食べごろ、保存はP43「ショコラのムース」と同様。

ウッフ・ア・ラ・ネージュ
Œuf à la neige

ムラングを軽くゆであげたクラシカルなデセール。
シンプルにしてとても美味で、
古典の素晴らしさをあらためて実感します。
ふわふわと淡白なムラングに、
カリンと明快でほろ苦いキャラメルが
強いコントラストを奏でます。

ingrédients 4〜5人分

◆ムラング
 適量 アーモンドスライス
   （1人分に約10g）

 1.5ℓ 水
 7g 塩

ムラング・オルディネール
 108g 卵白
 18g グラニュー糖A
 4g シュクル・ヴァニエ
 9g 乾燥卵白
 70g グラニュー糖B

◆ソース・アングレーズ
1人分に60g使用する
 200g クレーム・アングレーズ
   （→P288）
 20g 牛乳

◆仕上げ
キャラメル
 50g グラニュー糖
 12g 水

essentiel

＊ ゆでたムラングをそのまま食べるので、あまり水様化していず（レードルですくうとかなりサラーッと流れ落ちるが、最後はトロンとはっきり太めの糸を引く程度）、においのでていない卵白を使います。水様化しすぎていると歯触りも弱くなります。砂糖の配合の多い気泡の強いムラングを泡立てます。

＊ ゆでてアーモンドスライスを貼りつけるところまで営業前に仕込みをし、冷蔵庫で保存しておきます。

ムラング

1 アーモンドスライスは180℃のオーブンで約8分ローストしてキツネ色にする。

2 鍋に水を入れて火にかけ、約90℃に加熱する。塩を入れる。

3 ムラング・オルディネールをつくる。深大ボウルに入れて冷やしておいた卵白にグラニュー糖A、シュクル・ヴァニエ、乾燥卵白を入れ、ハンドミキサー（ビーター2本）の速度2番で1分→3番で2分30秒→グラニュー糖Bを加えてさらに40秒泡立てる。硬めで角がピンと立つ。

4 横口レードルを水につけ、3のムラングをパレットナイフで山のように盛ってならす。

5 2のお湯に浸すとすぐにレードルからムラングがはがれて浮かびあがるので、湯温を90℃に保ちながら両面を5分ずつゆでる。

6 ペーパータオルにとりだし、水気をよく切る。時間がたつと少ししぼむ。

7 室温に冷めたら、1のアーモンドスライスを貼りつける。

ソース・アングレーズ

1 P288「クレーム・アングレーズ」と同様につくり、200gとり分ける。

2 1と牛乳を混ぜる。牛乳でのばすと粘りが少なくなり、中に入っていた気泡が表面に浮いてくるので、紙（ペーパータオルやロール紙など）をかぶせて泡を吸い寄せてとる。

＊ 表面に泡があるとソースとしてのシャープですっきりした舌触りが失われるので、かならずとり除きます。

＊ 冷蔵庫で5日間保存可能。

仕上げ

1 ムラングをベーキングシートにのせる。

2 キャラメルをつくる。小鍋にグラニュー糖と水を入れて火にかけ、小さな泡が消えて明るいキャラメル色になるまで焦がす。

3 2をすぐに1にかける。ベーキングシートにたれたキャラメルをハサミでカットし、冷蔵庫に入れてムラングの中まで少し冷やす。

＊ 冷やしすぎてもムラングのおいしさがしぼんでしまいます。

4 器（冷やさない）に盛りつけ、ソース・アングレーズを60g流す。

その日のうちに提供します。スプーンをキャラメルに軽くパンであてて割り、そこからスプーンを入れるようにすすめます。軽いムラングなので、大きめに口に入れたほうがおいしく感じられます。

chapitre 4
バヴァロアズ
Bavaroise

バヴァロアズはクレーム・アングレーズを炊き、ゼラチンを加えて冷やし、
生クリームと合わせて冷やし固めたお菓子です。
アングレーズを正確に18℃に測ってから生クリームと混ぜ合わせることが、
最高の食感、おいしさに仕上げる最大のコツです。

シャルロットゥ・オ・ポワール　51
Charlotte aux poires

フランボワーズのバヴァロアズ　58
Bavaroise aux framboises

ディジョネーズ　66
Dijonaise

ビュッシュ・オ・ショコラ　72
Bûche au chocolat

チュリプ・オ・ドゥー・パルファン　80
Tulipe aux deux parfums

ブレズィリアン　86
Brésilien

シャルロットゥ・オ・ポワール
Charlotte aux poires

どこまでもやさしく膨らみのある味わい。
あらためてこのおいしさを認識したい。

ingrédients

直径18cm×高さ4cmセルクル1台分

◆ビスキュイ・ア・ラ・キュイエール
直径18cm、直径16cmの円形、18cm角天板各1枚分
- 64g　卵黄
- 66g　グラニュー糖

ムラング・オルディネール
- 102g　卵白
- 14g　グラニュー糖A
- 20g　グラニュー糖B

- 50g　薄力粉
- 50g　強力粉

- 適量　粉糖

◆ポンシュ
- 33g　30°ボーメシロップ
- 25g　水
- 42g　ポワール・オ・ドゥ・ヴィ

◆ガルニチュール
- 3～4個　　洋梨（缶詰・半割）

◆バヴァロアズ・オ・ポワール
ムラング・イタリエンヌ
できあがりから66g使用する
- 30g　卵白
- 3g　乾燥卵白
- 5g　グラニュー糖A
- 45g　グラニュー糖B
- 15g　水

- 4.8g　粉ゼラチン
- 24g　冷水

- 121g　生クリーム

クレーム・アングレーズ
- 141g　洋梨の缶詰のシロップ
- 1/8本　バニラ棒
- 47g　卵黄
- 11g　グラニュー糖
- 8g　ミルクパウダー

- 26g　ポワール・オ・ドゥ・ヴィ

◆フランボワーズのクリ
フランボワーズのクリ（→P288）
1人分に10～13g使用する

ビスキュイ・ア・ラ・キュイエール
essentiel

＊ フランスでは薄力粉を使いますが、フランスの薄力粉はグルテンの質が日本の薄力粉よりかなり強いので、日本でつくる場合は半量を強力粉に（または全量を中力粉に）しています。薄力粉だけでつくるとフニャフニャと柔らかくなり、ビスキュイ・ア・ラ・キュイエールの特徴であるサックリした歯触りになりません。

＊ ビスキュイ・ア・ラ・キュイエールは絞り目がそのまま模様になる生地です。そのため多量の粉が入り、パートゥはかなり硬くなります。ムラングが弱いとこの硬さで気泡がつぶれやすくなるので、もっとも強いムラングが必要です。泡立て時間を長くし、グラニュー糖を2回に分けて加えて砂糖の粘りで気泡を強くします。

＊ グルテンを抑え、サックリとした歯触りと卵黄のぽっくりした味わいが素直に感じられることが、ビスキュイ・ア・ラ・キュイエールの特徴です。焼き具合は、表面にはほどよいキツネ色が、底には薄い焼き色がつくほどにしっかりと焼きます。しっかり焼けばポンシュを多量に打っても、生地のスダチがつぶれた歯触りになりません。

1　紙に直径18cm、直径16cmの円を描いてそれぞれ天板に敷く。18cm角の天板にも紙を敷く。

2　手つき中ボウルに卵黄とグラニュー糖を入れ、ハンドミキサー（ビーター1本）の速度3番で1分30秒、白くふっくらとしてビーターの跡が深くつくまで泡立てる。

＊ 卵黄とグラニュー糖は加熱すると混ざりすぎ、卵黄のぽっくりした味わいが隠れてしまうので、そのまま泡立てます。グラニュー糖の粒が残っていても焼きあがりには影響ありません。

3 ムラング・オルディネールをつくる。深大ボウルに入れて冷やしておいた卵白にグラニュー糖Aを入れ、ハンドミキサー(ビーター2本)の速度2番で1分→速度3番で2分30秒→グラニュー糖Bを加えてさらに30秒泡立てる。しっかりと硬いムラングができる。

＊ はじめから最高速で泡立てると、はじめに泡立ったところにだけ力が加わってさらにのび、泡立っていないところは最後までそのままで、結果として気泡量の少ないポロポロしたつぶれやすい泡になりがちです。中速で十分に卵白をほぐしてから最高速で泡立てれば、卵白全体に平均して力が加わり、量の多く強くて混ざりやすいムラングができます。

＊ ビスキュイの場合はムラングをここまで硬く泡立てないと、卵白にのびる力が残り、卵黄のアパレイユよりもムラングがより薄くのびて卵黄を包んでしまいます。ムラングが卵黄のアパレイユを包んだ状態で焼くと、卵黄の味や香りがしない、白く柔らかいだけの無味乾燥な味わいになってしまいます。

＊ 2回めに加えるグラニュー糖の粘りで気泡を強くします。もしグラニュー糖をはじめから一度に加えて泡立てれば、粘度が強すぎ、ムラングの気泡量は6〜7割に減って硬い歯触りに焼きあがります。

4 3に2を一度に加えてエキュモワール(→P91)で10秒に12回の速さでゆっくり混ぜる。

5 8割ほど混ざったら、合わせてふるった薄力粉と強力粉を5〜6回に分けて加える。8割混ざったら次を加えていく。

＊ すべて混ざってから次の粉を加えると、混ぜすぎてムラングの泡をつぶしてしまいます。

6 すべて加えて8割混ざったら、ボウルの内側をゴムべらで払い、さらに25〜30回混ぜる。

＊ 同じ回数でも混ざり具合は混ぜ方によって変わります。手に重さを感じるようになり、しっかりした硬さになるのが目安です。

7 6を口径10mmの丸口金をつけた絞り袋に入れ、シャポー(上にかぶせる)用、底用、側面用にそれぞれ絞りだす。

8 シャポー用は、直径18cmの円を描いた紙の円周側から直径2cm大に丸く絞りだす。グラシエール(粉糖入れ)で粉糖を表面が隠れる程度に軽くふり、5分後にもう一度同様にふる。

＊ 粉糖を2回ふるのは、見ばえの美しさと、薄く張った粉糖のシャリッとした歯触りをだすためです。

9 底用は、直径16cmの円を描いた紙に3cmほど上からたらすようにうず巻き状に絞る。8と同様に粉糖を2回ふる。

10 側面用は、紙を敷いた18cm角の天板に、口金を軽く紙につけながら1本1本すき間があかないように、口金より少し太めに絞りだす。8と同様に粉糖を2回ふる。

11 オーブンで焼く。
［電子レンジオーブン：190℃で12〜14分］
［ガス高速オーブン：180℃で12〜14分］
面積が大きいものを熱のあたりが強い上段、小さいものを下段に入れて焼く。焼成時間は絞った面積によって変わる。紙ごと網にのせて冷ます。

ポンシュ

1 材料を混ぜる。

パートゥの準備

1 側面用のビスキュイ。端を切り落とし、絞り目の線に対して直角に幅5cmに3本切る。このうち2本の裏面に、厚みの半分まで染み込むようにポンシュをたっぷりと打つ。直径18cmのセルクルにキャルトンを敷き、この2本を表面を外側に向けて立てる。残り1本はたりない部分に合わせて1cmほど長めにカットし、同様にポンシュを打ってはめる。少しきつめにしたほうがバヴァロアズがもれない。

2 底用のビスキュイ。底にぴったりと入るように切り整え、裏面に厚みの1/3まで染み込むようにポンシュを打つ。表面を下にして1のセルクルに敷く。冷凍庫に入れて冷やしておく。

＊ このお菓子はポンシュをたっぷり打ったほうがおいしいです。ただし、底用はバヴァロアズの重みでスダチがつぶれないように少なめにします。

3 シャポー用のビスキュイ。裏面に厚みの半分まで染み込むようにポンシュをたっぷりと打つ。すぐに表面を上にして冷蔵庫に入れて冷やす。

＊ 長く裏返しておくとポンシュが染み、表面の粉糖が溶けて見た目が悪くなります。

ガルニチュール

1 洋梨は縦に厚さ8mmに切り、冷やしておく。

＊ 生クリームをいためないように、すべての素材は冷蔵庫でよく冷やしておきます。

バヴァロアズ・オ・ポワール

essentiel

＊ 牛乳の代わりに洋梨の缶詰のシロップとミルクパウダーでクレーム・アングレーズを炊きます。またクレーム・アングレーズを加熱する時には、厚手のガラスボウルを使います。日本の卵は飼料の魚粉のにおいが残っているものが多く、化学的に不安定な銅ボウルで加熱するとこのにおいがでやすくなります。そこで銅と同じく熱がやさしく伝わり、硬度があってアクがでにくい厚手の耐熱性ガラスボウルを使います。

1 ムラング・イタリエンヌをつくり、66gをとり分けて0℃に冷やしておく（→P92）。

2 粉ゼラチンを冷水でふやかす。

3 生クリームは8分立て（ほぼツヤが消えかけ、ホイッパーをゆっくり持ちあげるとしっかりした角が立つ）に泡立て、冷蔵庫に入れておく。

4 クレーム・アングレーズをつくる。小鍋に洋梨の缶詰のシロップ、縦に裂いたバニラ棒を入れ、80℃（縁のほうがフツフツする）まで加熱する。

＊ 原則として牛乳や果汁などを加熱する時には、けっして沸騰させないでください。とくにフレッシュジュースの場合は、沸騰させると味も香りも極端に変わります。

5 4を加熱している間に、耐熱性ガラスボウルに卵黄とグラニュー糖を入れてグラニュー糖がほぼ溶けるまでホイッパーで十分に混ぜる。ミルクパウダーも加えて混ぜる。

＊ ここでできるだけ卵黄の粒子を小さく分散させておくと、なめらかに仕上がります。ミルクパウダーは溶けきらなくてもかまいません。

6 5に4の1/3量を3回に分けて少しずつ加えながら、ホイッパーで円を描いてよく混ぜる。残りは手早く混ぜながら少しずつ加える。

7 金網とセラミック網をガスコンロにのせ、6をごく弱火でふたたび80℃になるまで3～4分ゆっくりと加熱する。左手に温度計を持ち、右手でホイッパーを垂直に立てて持ち、ボウルの底を軽くこするように混ぜる。

＊ 卵黄に80℃のシロップを加えると50～55℃になるので、これをふたたび80℃になるまで、できるだけ粒子が小さくなるように3～4分かけて混ぜながらゆっくり加熱します。強く泡立てると空気が入りすぎ、泡っぽい食感になることがあるので注意を。

8 80℃になると卵黄にとろみがついて半煮えの状態になる。すぐに火からおろし、2のゼラチンを加えて円を描いて混ぜる。

＊ ここまでの作業はとにかく迅速に。ゼラチンを加えることによって粗熱をとり、余熱で卵黄が煮えすぎないようにします。

9 裏漉しする。

10 氷水にあて、ホイッパーで手早くボウルの底をまんべんなくこすりながら40℃まで温度を下げる。

＊ 日本の生クリームは多少の差はあってもかならず離水します。ですがゼラチンの入ったクレーム・アングレーズで細かく生クリームを包み込めば、たとえ離水しても舌には不快に感じません。できるだけ固まらないように、手早く混ぜて冷やすことが大切。

11 氷水からはずし、ポワール・オ・ドゥ・ヴィを加える（量は好みで加減してもいい）。

12 3の生クリームを氷水にあて、1のムラング・イタリエンヌを一度に加える。ホイッパーでゆっくりとボウルの底からすくい、ホイッパーの柄をボウルの縁にトントンあててホイッパーから完全に落とす。これをムラングが見えなくなるまでくり返す。

＊ この混ぜ方は素材同士をもっとも浅く混ぜ、ムラングをつぶしません。

13 11をふたたび氷水にあて、軽くホイッパーでボウルの底をまんべんなく手早くこすりながら18℃まで温度を下げる。

＊ 混ぜ方が一定でなかったり、ゆっくりすぎると、部分的に固まってゼラチンがすみずみまで浸透しなくなります。

14 13を氷水からはずし、12を3回に分けて加えて混ぜる。1回めはひとすくい加え、ボウルを手早く手前に回しながら、ボウルの左側を手早く小刻みにすくいあげるように混ぜる。

＊ ゼラチンの入ったクレーム・アングレーズを、生クリームとムラングでなるべく早くのびやすい状態にします。

15 2回めは残りのうち半量を加え、ボウルの右端から底をまっすぐに通って左側の側面をすりあげるように混ぜる。ほぼ混ざったら残りを加え、だんだんゆっくり混ぜていく。12のボウルは氷水にあてて冷やしておく。

＊ここでは下に沈んでいる重たいクレーム・アングレーズを上に引きあげるように、手首を返して混ぜます。濃い黄色から白っぽい黄色に少しずつ変化してきますので、下から上がってくるクレームが上と同じ色になったら、ほぼ混ざったということです。

16 全体の色が均一になったら、冷やしておいたボウルに移す。ホイッパーを立てて底につけながら、2秒に1回の速さで円を描いてゆっくり5回混ぜる。表面のまだらな模様がなくなったら、さらに5回ゆっくり混ぜる。できあがりはかなり柔らかく、たらすと2〜3秒は跡が残るがすぐに消えてしまう状態。

＊この混ぜ方は素材同士がもっともよく混ざりますが、それだけムラングはつぶれやすいので、本当にゆっくり混ぜます。

17 16をセルクルにはめたビスキュイの1/3の高さまで流し入れ、だいたい平らにならす。洋梨のガルニチュールの半量を全体にまんべんなく敷き詰める。

18 ビスキュイの2/3の高さまで16を流す。残りのガルニチュールを敷き詰め、残りの16をビスキュイの縁いっぱいまで流し入れ、中央が少し盛りあがるようにする。

＊ムラングが入ったバヴァロアズを冷凍してから解凍すると、中央が少し低くなるためです。

19 シャポー用のビスキュイをのせ、軽く押さえる。冷蔵庫か冷凍庫で2時間冷やし固める。

＊冷凍保存する場合はここで冷凍します。冷蔵の場合は24時間ほどで表面の粉糖が溶けて見た目が悪くなり、軽い歯触りもなくなります。

盛りつけ

1 セルクルをはずし、カットする。冷えた皿に盛りつけ、フランボワーズのクリを10〜13g流す。

1台で約10人分。食べごろの温度は7〜8℃。5℃前後まで冷やすと口に入れてもすぐに香りや味わいが感じられません。カットしたものは冷蔵庫からだして20℃以下の室温で7〜10分ほど、ホウルならば10〜15分ほどおくと温度が上がり、これほどに違うのかと思うほど香りが立ち、味わいが豊かになります。けっして暑いところにはおいてはいけません。冷凍で5日間ほどおいしい状態で保存できます。その場合は冷蔵庫に移して4〜5時間かけて解凍し、12時間以内に提供を。冷蔵した場合は波刃包丁にお湯を少しつけてカットし、冷凍した場合は出刃包丁で上から強く押し切ります。

57

フランボワーズのバヴァロアズ
Bavaroise aux framboises

フランボワーズのバヴァロアズとビスキュイ・オ・ザマンドゥでつくるアントルメ。
クレーム・シャンティイとフランボワーズのクリを添えて提供します。

ingrédients

直径18cm×高さ4cmセルクル1台分

◆ビスキュイ・オ・ザマンドゥ
直径18cm×高さ4cmセルクル1台分
- 12g　薄力粉
- 23g　コーンスターチ

- 44g　粉糖
- 42g　ローマジパン
- 38g　卵黄
- 20g　全卵

ムラング・オルディネール
- 44g　卵白
- 7g　グラニュー糖

- 14g　溶かしバター（約40℃）

◆ポンシュ
- 1.1g　粉ゼラチン
- 6g　冷水

- 100g　フランボワーズピューレ
- 50g　フランボワーズリキュール
- 10g　フランボワーズ・オ・ドゥ・ヴィ
- 40g　粉糖
- 5g　レモン汁

◆バヴァロアズ・オ・フランボワーズ
フランボワーズピューレの入った
ムラング・イタリエンヌ
できあがりから44g使用する
- 30g　卵白
- 3g　乾燥卵白
- 5g　グラニュー糖 A
- 40g　グラニュー糖 B
- 15g　フランボワーズピューレ

- 6.6g　粉ゼラチン
- 33g　冷水

- 110g　生クリーム

クレーム・アングレーズ
- 116g　フランボワーズピューレ
- 1/10本　バニラ棒
- 44g　卵黄
- 44g　グラニュー糖
- 8g　ミルクパウダー

- 50g　フランボワーズリキュール
- 17g　フランボワーズ・オ・ドゥ・ヴィ
- 3g　レモン汁
- 1g　バニラエッセンス（12滴）

- 10g　フランボワーズピューレ

◆フランボワーズのジュレ
- 27g　グラニュー糖
- 1.2g　ジャムベース（ジュレ用ペクチン）

- 80g　フランボワーズピューレ
- 35g　水飴
- 5g　フランボワーズ・オ・ドゥ・ヴィ
- 0.6g　フランボワーズエッセンス
  （なければ加えなくてもいい）
- 5g　レモン汁

◆クレーム・シャンティイ・オ・ショコラ・ブラン
クレーム・シャンティイ・オ・ショコラ・ブラン
（→P287）
1皿に20g使用する

◆フランボワーズのクリ
フランボワーズのクリ（→P288）
1皿に10〜13g使用する

ビスキュイ・オ・ザマンドゥ

1　天板に紙を敷き、直径18cmのセルクルを置く。薄力粉とコーンスターチは手でよく混ぜ合わせてからふるう。

2　深小ボウルに粉糖とローマジパンを入れ、ローマジパンに粉糖をまぶしながら1cmほどにちぎる。

3　卵黄と全卵を合わせ、2に半量弱を加え、ハンドミキサー（ビーター1本）の速度1番で粉糖が飛ばなくなるまで反時計回りに撹拌し、さらに速度3番でダマがないように混ぜる。固いものをほぐす時にはビーターの回転と同じ方向にミキサーを回したほうがよく混ざる。

＊1回めに加える卵は半量弱を厳守してください。多く入れると柔らかくなってローマジパンがほぐれない原因になります。もし入れすぎてなかなかダマが消えない場合は、ふるいとカードで裏漉しします。

4　卵の残りのうち半量を加えてさらに10秒撹拌し、ボウルの内側をゴムべらで払い、残りを加えて速度3番で時計回りに1分30秒泡立てる。白くふっくらと泡立ち、リボン状にたれた跡が1秒ほど残るように。

5　ムラング・オルディネールをつくる。手つき中ボウルに入れて冷やしておいた卵白にグラニュー糖を入れ、ハンドミキサー（ビーター1本）の速度2番で1分→速度3番で2分泡立てる。しっかりした硬めのムラングができる。

6　5に4を一度に加えてエキュモワール（→P91）で10秒に12回の速さでゆっくり混ぜる。

7　8割ほど混ざったら、1の粉を5～6回に分けて加えていく。8割混ざったら次の粉を加え、すべて加えて8割混ざったら、ボウルの内側をゴムべらで払う。

8　溶かしバターを2回に分けて加える。8割混ざったら次を加え、さらに8割混ざったら、ボウルの内側をゴムべらで払い、ゆっくりと30回混ぜる。

＊混ぜ終わった時は手に少し重さを感じ、ふっくらとした状態に。重さを感じない場合は混ざりが不十分で、焼成後の沈みが大きくなったり、ポンシュを打つとすぐに生地が崩れたりします。

9 セルクルに低いところから静かに流し入れ、ゴムべらで中央を低くする。

10 オーブンで焼く。
［電子レンジオーブン：170℃で40分］
［ガス高速オーブン：160℃で35分］
一度大きく膨らみ、表面が沈んで平らになり、十分に焼き色がつくまでしっかり焼く。網にのせて冷ます。

ポンシュ

essentiel

＊ バヴァロアズでフランボワーズやカシスと生クリームを混ぜると、生クリームから離水し、それがビスキュイに打ったポンシュと混ざるとグシャッとした舌触りになります。そのためこのポンシュは生クリームからの離水を吸収しないように、ゼラチンで少しとろみをつけます。

＊ フランボワーズピューレが手に入らない場合は、冷凍のホウルのフランボワーズを解凍し、目の細かいふるいでカードでこすって裏漉しします。この時にできるだけ皮の繊維もていねいに裏漉しし、とろみをつけることが大事です。とろみがたりないと、ポンシュもバヴァロアズも水っぽい物たりない味になります。

＊ レモン汁、リキュールの量などは使うピューレによって異なりますが、少し酸味のきいたメリハリのある味わいにすることが大切です。

1 粉ゼラチンを冷水でふやかす。

2 ボウルにフランボワーズピューレ、フランボワーズリキュール、フランボワーズ・オ・ドゥ・ヴィ、粉糖、レモン汁を入れて混ぜ、40℃ほどに温める。

3 1のゼラチンを湯煎で溶かし、2を少量加えてのばしてから、2にもどして混ぜる。

パートゥの準備

essentiel

＊ ビスキュイ・オ・ザマンドゥを直径16cmの型紙に合わせてカットしますが、直径16cmのセルクルがある場合ははじめから直径16cmで焼いてください。

1 ビスキュイ・オ・ザマンドゥを波刃包丁で厚さ1cmに2枚スライスする。型紙に合わせて直径16cmに切り整える。

2 2枚とも表裏両面から、厚みのそれぞれ1/3まで染み込むようにポンシュを打つ。ゼラチンが固まらないように、ポンシュは30～40℃ほどに保ちながら打つ。

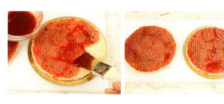

3 1枚はキャルトンにのせて直径18cmのセルクルをはめ、冷凍庫で冷やす。もう1枚はバットにのせて冷蔵庫で冷やす。

4 残りのビスキュイ・オ・ザマンドゥの焼き色がついた部分をとり除き、フードプロセッサーか目の細かいふるいでクラム状にする。

バヴァロアズ・オ・フランボワーズ
essentiel

* つくり方のポイントはP54「シャルロットゥ・オ・ポワール」バヴァロアズ・オ・ポワール参照。

1 フランボワーズピューレの入ったムラング・イタリエンヌをつくり、44gをとり分けて0℃に冷やしておく（→P92。グラニュー糖Bとフランボワーズピューレをシロップとして119℃まで加熱する。シロップの⅔量を加えたところから30秒だけ泡立てる）。

* 果汁の入ったシロップは粘度が高く、沸騰してくると水蒸気がうまく抜けずに泡を吹く場合が多いので、温度計で手早く円を描いて混ぜて泡をつぶしながら煮つめます。こうしないと温度が上がるのに時間がかかり、果汁が焦げて味わいを損ねてしまいます。また、フランボワーズの酸で卵白のたんぱく質繊維が凝固してムラングが硬くなりやすいので、通常のムラング・イタリエンヌよりもシロップを加えてからの泡立て時間を短くし、硬くならないようにゆっくりとミキサーを回しながら泡立てます。

2 粉ゼラチンを冷水でふやかす。

3 生クリームは8分立てに泡立て、冷蔵庫に入れておく。

4 クレーム・アングレーズをつくる。小鍋にフランボワーズピューレ、縦に裂いたバニラ棒を入れ、80℃（縁のほうがフツフツする）まで加熱する。

5 4を加熱している間に、耐熱性ガラスボウルに卵黄とグラニュー糖を入れてグラニュー糖がほぼ溶けるまでホイッパーで十分に混ぜる。ミルクパウダーも加えて混ぜる。

6 5に4の⅓量を3回に分けて少しずつ加えながら、ホイッパーで円を描いてよく混ぜる。残りは手早く混ぜながら少しずつ加える。

7 金網とセラミック網をガスコンロにのせ、6をごく弱火でふたたび80℃になるまで3～4分ゆっくりと加熱する。ホイッパーを垂直に立ててボウルの底を軽くこするように混ぜる。

8 80℃になったらすぐに火からおろし、2のゼラチンを加えて円を描いて混ぜる。

9 裏漉しする。

10 氷水にあて、ホイッパーで手早くボウルの底をまんべんなくこすりながら40℃まで温度を下げる。

11 氷水からはずし、フランボワーズリキュール、フランボリーズ・オ・ドゥ・ヴィ、レモン汁、バニラエッセンスを順に加える。

12 3の生クリームを氷水にあて、フランボワーズピューレを加えてホイッパーで円を描いて混ぜる。

13 12に1のムラング・イタリエンヌを一度に加える。ホイッパーでゆっくりとボウルの底からすくい、ホイッパーの柄をボウルの縁にトントンとあててホイッパーから完全に落とす。これをムラングが見えなくなるまでくり返す。

14 11をふたたび氷水にあて、軽くホイッパーでボウルの底をまんべんなく手早くこすりながら18℃まで温度を下げる。

15 14を氷水からはずし、13を3回に分けて加えて混ぜる。1回めはひとすくい加え、ボウルを手早く手前に回しながら、ボウルの左側を手早く小刻みにすくいあげるように混ぜる。2回めは残りのうち半量を加え、ボウルの右端から底をまっすぐに通って左側の側面をすりあげるように混ぜる。ほぼ混ざったら残りを加え、だんだんゆっくり混ぜていく。13のボウルは氷水にあてて冷やしておく。

16 全体の色が均一になったら、冷やしておいたボウルに移す。ホイッパーを立てて底につけながら、2秒に1回の速さで円を描いてゆっくり5回混ぜる。表面のまだらな模様がなくなったら、さらに5回ゆっくり混ぜる。

17 ビスキュイ・オ・ザマンドゥを敷いたセルクルに16の半量を流し入れ、だいたいならす。

18 もう1枚のビスキュイをのせ、残りの16を流し、パレットナイフで平らにする。冷蔵庫か冷凍庫で2時間冷やし固める。

＊冷凍保存する場合はここで冷凍します。

フランボワーズのジュレ

1 グラニュー糖とジャムベースをホイッパーでよく混ぜる。

2 小鍋にフランボワーズピューレを入れ、1をホイッパーで混ぜながら加える。

3 2に水飴の半量を加えて弱火にかける。スプーンで混ぜながら加熱し、アクがでたらとり、中央まで完全に沸騰してからさらにごく軽くフツフツと1分煮て火をとめる。

＊フランボワーズのジュレは時間がたつと離水してザラザラになりやすいので、1分間沸騰させてペクチンのとろみを強くします。ただし火が強いとすぐに硬くなるので、ごく弱く沸騰させます。

4 3に残りの水飴を加えてよく混ぜて溶かす。

＊ 水飴は加熱するとキャラメル化してジュレの色がにごりやすいので、半量は火をとめてから加えます。

5 裏漉しし、すぐに氷水にあてて軽く混ぜながら50〜60℃まで冷ます。

6 氷水からはずし、フランボワーズ・オ・ドゥ・ヴィ、フランボワーズエッセンス、レモン汁を順に加える。ふたたび氷水にあてて十分に冷やし、トロッとしてから使う。

＊ 繊維質を多く含んでどろっとしたピューレでつくったジュレは、冷えても固まらず、そのままぬれます。冷蔵庫で1週間保存可能。

2 セルクルを少し高さのある容器の上に置き、側面をガスバーナーで軽く熱し（または熱いタオルを巻く）、セルクルを下げてはずす。

3 ビスキュイ・オ・ザマンドゥのクラムを側面の下につける。

盛りつけ

1 カットして冷えた皿に盛りつけ、クレーム・シャンティイ・オ・ショコラ・ブラン20gとフランボワーズのクリ10〜13gを添える。

仕上げ

1 フランボワーズのジュレを流し、パレットナイフで平らにならす。

1台で約10人分。食べごろの温度や保存、カットはP56「シャルロットゥ・オ・ポワール」と同様。

ディジョネーズ
Dijonnaise

カシスのバヴァロアズのアントルメ。
フランボワーズのバヴァロアズ (P58) と仕立ては同じですが、
カシスとフランボワーズはまったく異なる性質の果実です。
色合いや酸味の違い以上に、味わいと雰囲気の
大きく異なるケーキに仕上がります。

ingrédients

直径18cm×高さ4cmセルクル1台分

◆ **ビスキュイ・オ・ザマンドゥ**
直径18cm×高さ4cmセルクル1台分
- 12g　薄力粉
- 23g　コーンスターチ

- 44g　粉糖
- 42g　ローマジパン
- 38g　卵黄
- 20g　全卵

ムラング・オルディネール
- 44g　卵白
- 7g　グラニュー糖

- 14g　溶かしバター（約40℃）

◆ **ポンシュ**
- 1.3g　粉ゼラチン
- 7g　冷水

- 100g　カシスピューレ
- 70g　粉糖
- 80g　カシスリキュール
- 7g　マール酒
- 4g　ホワイトラム
- 0.6g　バニラエッセンス（8滴）

◆ **バヴァロアズ・オ・カシス**
カシスピューレの入ったムラング・イタリエンヌ
できあがりから36g使用する
- 30g　卵白
- 3g　乾燥卵白
- 5g　グラニュー糖 A
- 60g　グラニュー糖 B
- 20g　カシスピューレ
- 15g　水

- 8g　粉ゼラチン
- 40g　冷水

- 148g　生クリーム

クレーム・アングレーズ
- 99g　カシスピューレ
- 20g　水
- ⅙本　バニラ棒
- 45g　卵黄
- 77g　グラニュー糖
- 9g　ミルクパウダー

- 63g　カシスリキュール
- 11g　マール酒
- 5g　ホワイトラム
- 0.4g　バニラエッセンス（6滴）

- 5g　カシスピューレ
- 4g　カシスリキュール

◆ **カシスのジュレ**
- 50g　グラニュー糖
- 1.7g　ジャムベース（ジュレ用ペクチン）

- 65g　カシスピューレ
- 10g　水
- 20g　水飴

- 3g　ホワイトラム
- 1g　マール酒
- 0.3g　バニラエッセンス（4滴）

ビスキュイ・オ・ザマンドゥ

1 P60「フランボワーズのバヴァロアズ」ビスキュイ・オ・ザマンドゥと同様につくる。

ポンシュ

essentiel

* 日本の生クリームはカシスの酸にとくに弱く、バヴァロアズから離水して、それがビスキュイに打ったポンシュと混ざるとグシャッとした舌触りになります。そのためこのポンシュは生クリームからの離水を吸収しないように、ゼラチンで少しとろみをつけます。

1 粉ゼラチンを冷水でふやかす。

2 ボウルにカシスピューレ、粉糖、カシスリキュール、マール酒、ホワイトラム、バニラエッセンスを入れて混ぜ、40℃ほどに温める。

3 1のゼラチンを湯煎で溶かし、2を少量加えてのばしてから、2にもどして混ぜる。

パートゥの準備

1 P61「フランボワーズのバヴァロアズ」パートゥの準備と同様にする。

バヴァロアズ・オ・カシス

essentiel

* つくり方のポイントはP54「シャルロットゥ・オ・ポワール」バヴァロアズ・オ・ポワール参照。

1 カシスピューレの入ったムラング・イタリエンヌをつくり、36gをとり分けて0℃に冷やしておく（→P92。グラニュー糖Bとカシスピューレ、水をシロップとして119℃まで加熱する。シロップの⅔量を加えたところから30秒だけ泡立てる。P62「フランボワーズのバヴァロアズ」バヴァロアズ・オ・フランボワーズ1のポイントを参照）。

2 粉ゼラチンを冷水でふやかす。

3 生クリームは8分立てに泡立て、冷蔵庫に入れておく。

4 クレーム・アングレーズをつくる。小鍋にカシスピューレ、水、縦に裂いたバニラ棒を入れ、80℃（縁のほうがフツフツする）まで加熱する。

5 4を加熱している間に、耐熱性ガラスボウルに卵黄とグラニュー糖を入れてグラニュー糖がほぼ溶けるまでホイッパーで十分に混ぜる。ミルクパウダーも加えて混ぜる。砂糖の割合が多いのでかなりトロリとする。

6　5に4の⅓量を3回に分けて少しずつ加えながら、ホイッパーで円を描いてよく混ぜる。残りは手早く混ぜながら少しずつ加える。

7　金網とセラミック網をガスコンロにのせ、6をごく弱火でふたたび80℃になるまで3〜4分ゆっくりと加熱する。ホイッパーを垂直に立ててボウルの底を軽くこするように混ぜる。

8　80℃になったらすぐに火からおろし、2のゼラチンを加えて円を描いて混ぜる。

9　裏漉しする。

10　氷水にあて、ホイッパーで手早くボウルの底をまんべんなくこすりながら40℃まで温度を下げる。

11　氷水からはずし、カシスリキュール、マール酒、ホワイトラム、バニラエッセンスを順に加える。

12　3の生クリームを氷水にあて、カシスピューレとカシスリキュールを加えてホイッパーで円を描いて混ぜる。

13　12に1のムラング・イタリエンヌを一度に加える。ホイッパーでゆっくりとボウルの底からすくい、ホイッパーの柄をボウルの縁にトントンとあててホイッパーから完全に落とす。これをムラングが見えなくなるまでくり返す。

14　11をふたたび氷水にあて、軽くホイッパーでボウルの底をまんべんなく手早くこすりながら18℃まで温度を下げる。

15　14を氷水からはずし、13を3回に分けて加えて混ぜる。1回めはひとすくい加え、ボウルを手早く手前に回しながら、ボウルの左側を手早く小刻みにすくいあげるように混ぜる。2回めは残りのうち半量を加え、ボウルの右端から底をまっすぐ通って左側の側面をすりあげるように混ぜる。ほぼ混ざったら残りを加え、だんだんゆっくり混ぜていく。13のボウルは氷水にあてて冷やしておく。

16　全体の色が均一になったら、冷やしておいたボウルに移す。ホイッパーを立てて底につけながら、2秒に1回の速さで円を描いてゆっくり5回混ぜる。表面のまだらな模様がなくなったら、さらに5回ゆっくり混ぜる。

17 ビスキュイ・オ・ザマンドゥを敷いたセルクルに16の半量を流し入れ、だいたいならす。

18 もう1枚のビスキュイをのせ、残りの16を流し、パレットナイフで平らにする。冷蔵庫か冷凍庫で2時間冷やし固める。

＊冷凍保存する場合はここで冷凍します。

カシスのジュレ
essentiel

＊ポイントはP63「フランボワーズのバヴァロアズ」フランボワーズのジュレ参照。

1 グラニュー糖とジャムベースをホイッパーでよく混ぜる。

2 小鍋にカシスピューレと水を入れ、1をホイッパーで混ぜながら加える。

3 2に水飴の半量を加えて弱火にかける。スプーンで混ぜながら加熱し、アクがでたらとり、中央まで完全に沸騰してからさらにごく軽くフツフツと1分煮て火をとめる。

4 3に残りの水飴を加えてよく混ぜて溶かす。

5 裏漉しし、すぐに氷水にあてて軽く混ぜながら50～60℃まで冷ます。

6 氷水からはずし、ホワイトラム、マール酒、バニラエッセンスを順に加える。ふたたび氷水にあてて十分に冷やし、トロッとしてから使う。

＊冷蔵庫で1週間保存可能。何日かすると離水したようになることがありますが、その時は軽く混ぜながら約60℃に加熱して完全に溶かし、氷水にあてて冷ましてから使います。ザラつきがでた場合は、目の細かいふるいで裏漉しします。また硬すぎる場合は、水適量を加えて柔らかくし、一度溶かして冷ましてからぬります。

仕上げ

1 カシスのジュレを流し、パレットナイフで平らにならす。

2 セルクルを少し高さのある容器の上に置き、側面をガスバーナーで軽く熱し（または熱いタオルを巻く）、セルクルを下げてはずす。

3 ビスキュイ・オ・ザマンドゥのクラムを側面の下につける。

1台で約10人分。冷えた皿に盛りつけます。食べごろの温度や保存、カットはP56「シャルロットゥ・オ・ポワール」と同様。

ビュッシュ・オ・ショコラ
Bûche au chocolat

バヴァロアズ、バターを使ったムース、ビスキュイ、仕上げのガナッシュ。
チョコレートのリッチなおいしさを存分に味わえ、
そして少しも重さを感じさせない口溶けのよさ。
ディジェスティフ（食後酒）にも合います。

ingrédients

24.5cm×8cm×高さ5.5cmトヨ型 1台分

◆ビスキュイ・オ・ショコラ
18cm角×高さ4cmキャドル1台分
- 36g コーンスターチ
- 14g ココア

- 65g 粉糖
- 63g ローマジパン
- 57g 卵黄
- 30g 全卵

ムラング・オルディネール
- 65g 卵白
- 10g グラニュー糖

- 20g 溶かしバター（約40℃）

◆ポンシュ
- 85g 30°ボーメシロップ
- 65g 水
- 20g ココア
- 0.2g バニラエッセンス（3滴）

◆バヴァロアズ・オ・ショコラ
ココアの入ったムラング・イタリエンヌ
できあがりから50g使用する
- 30g 卵白
- 3g 乾燥卵白
- 5g グラニュー糖 A
- 31g グラニュー糖 B
- 10g 水
- 3g ココア

- 1.8g 粉ゼラチン
- 9g 冷水

- 55g 生クリーム

クレーム・アングレーズ
- 74g 牛乳
- 1/10本 バニラ棒
- 20g 卵黄
- 22g グラニュー糖
- 10g ココア

- 9g スイートチョコレート
  （スーパーゲアキル・カカオ分64％）
- 0.4g バニラエッセンス（5滴）

◆ムース・オ・ショコラ
- 55g バター
- 17g 卵黄

- 27g スイートチョコレート
  （スーパーゲアキル・カカオ分64％）
- 5g パートゥ・ドゥ・カカオ
- 1g バニラエッセンス（13滴）

ココアの入ったムラング・イタリエンヌ
全量使用する
- 30g 卵白
- 3g 乾燥卵白
- 5g グラニュー糖 A
- 53g グラニュー糖 B
- 18g 水
- 4g ココア

◆ガナッシュ・ア・グラッセ
- 38g バター
- 69g 牛乳
- 17g 生クリーム
- 1/5本 バニラ棒

- 150g ガナッシュ用スイートチョコレート
  （ガナッシュ・ゲアキル・カカオ分54％）

- 19g 水飴
- 6g 水

◆仕上げ
- 適量 パイエットゥ・ショコラ（チョコスプレー）
- 適量 金箔

ビスキュイ・オ・ショコラ

1　天板に紙を敷き、キャドルを置く。コーンスターチとココアは1回だけふるう。

＊2回ふるうとココアが混ざりすぎてぼやけた味わいになるので、まだらな状態でかまわないので1回だけふるいます。

2　P60「フランボワーズのバヴァロアズ」ビスキュイ・オ・ザマンドゥ2〜8と同様にする（ココアが入ってムラングの気泡がつぶれやすくなるので、溶かしバターを入れてボウルの内側をゴムべらで払ったあとは20回だけ混ぜる）。

3　キャドルに流し入れ、ゴムべらで中央を低くする。

4　オーブンで焼く。
［電子レンジオーブン：180℃で35分］
［ガス高速オーブン：170℃で35分］
しっかり焼き色がつき、膨らんでいた表面がほぼ平らになり、触って少ししっかりした弾力が指先に感じられるまで焼く。網にのせて冷ます。

＊このビュッシュ・オ・ショコラはチョコレートの味わいがとても強いので、ビスキュイもしっかりした硬さがでるまで焼いたほうが味のバランスがよくなります。

ポンシュ

1　30°ボーメシロップと水でココアを溶く。80℃（縁のほうがフツフツする）まで温め、バニラエッセンスを加える。

パートゥの準備

1　トヨ型の内側に合わせて紙を長さ24.5cm×幅13cmに切る。

2　ビスキュイ・オ・ショコラを波刃包丁で厚さ1cmに2枚スライスする。

3　2を並べ、1の紙に合わせて1枚カットする（a）。余っている部分で底用に長さ24.5cm×幅5cmのものをカットする（b）。

4　残っているビスキュイから、中心に入れる長さ24.5cm×1.5cm角の棒状の生地を1本とる。

5　3のビスキュイaに、紙を敷いたまま厚みの1/3まで染み込むようにポンシュを打つ。紙ごとトヨ型にはめて冷凍庫に入れて冷やす。

＊ポンシュを50〜60℃に保ちながら打ちます。ポンシュが熱いとビスキュイに深く染み込み、ふっくらとした一体感がでます。冷たいとペチャッとした水っぽい舌触りになります。

6 3の底用のビスキュイbには、表裏両面からそれぞれ厚みの⅓まで染み込むようにポンシュを打つ（写真の奥）。4の棒状のビスキュイはポンシュが中心まで染み込むように、生地を返しながら四面すべてにしっかりと打つ（写真の手前）。ともに冷蔵庫で冷やしておく。残りのポンシュはあとの組立てにも使う。

バヴァロアズ・オ・ショコラ
essentiel

＊ つくり方のポイントはP54「シャルロットゥ・オ・ポワール」バヴァロアズ・オ・ポワール参照。

1 ムラング・イタリエンヌをつくり、ココアを加えて木べらで軽くまだらな状態に混ぜる。50gをとり分けて0℃に冷やしておく（→P92）。

＊ ココアをきれいに混ぜるとココアがムラングから水分を引きだし、ムラングがつぶれて弱くなります。

2 粉ゼラチンを冷水でふやかす。

3 生クリームは8分立てに泡立て、冷蔵庫に入れておく。

4 クレーム・アングレーズをつくる。鍋に牛乳と縦に裂いたバニラ棒を入れ、80℃（縁のほうがフツフツする）まで加熱する。

5 4を加熱している間に、耐熱性ガラスボウルに卵黄とグラニュー糖を入れてグラニュー糖がほぼ溶けるまでホイッパーで十分に混ぜる。

6 5に4の⅓量を3回に分けて少しずつ加えながら、ホイッパーで円を描いてよく混ぜる。残りは手早く混ぜながら少しずつ加える。

7 6にココアを加えて混ぜる。溶けきらなくていい。

8 金網とセラミック網をガスコンロにのせ、7をごく弱火でふたたび80℃になるまで3〜4分ゆっくりと加熱する。ホイッパーを垂直に立ててボウルの底を軽くこするように混ぜる。

9 80℃になったらすぐに火からおろし、2のゼラチンを加えて円を描いて混ぜる。細かく刻んだチョコレートも加えて混ぜる。

10 裏漉しする。

11 氷水にあて、ホイッパーで手早くボウルの底をまんべんなくこすりながら40℃まで温度を下げる。

12 氷水からはずし、バニラエッセンスを加える。

13 3の生クリームを氷水にあて、1のムラング・イタリエンヌを一度に加える。ホイッパーでゆっくりとボウルの底からすくい、ホイッパーの柄をボウルの縁にトントンとあててホイッパーから完全に落とす。これをムラングが見えなくなるまでくり返す。

14 12をふたたび氷水にあて、軽くホイッパーでボウルの底をまんべんなく手早くこすりながら20℃まで温度を下げる。

＊ 通常はここで18℃まで冷やしますが、このバヴァロアズはムラング・イタリエンヌの配合が多いため、柔らかくなりすぎないようにゼラチンを多めに配合しています。そのため18℃まで冷やすと硬くなりすぎて生クリームとの混ざりが悪くなるので20℃にとどめます。

15 14を氷水からはずし、13を3回に分けて加えて混ぜる。1回めはひとすくい加え、ボウルを手早く手前に回しながら、ボウルの左側を手早く小刻みにすくいあげるように混ぜる。2回めは残りのうち半量を加え、ボウルの右端から底をまっすぐに通って左側の側面をすりあげるように混ぜる。ほぼ混ざったら残りを加え、だんだんゆっくり混ぜていく。

＊ このバヴァロアズはとくにムラングが多いので、ムラングがつぶれないよう、最後は他のバヴァロアズよりも少しゆっくりめに（1秒に1回ほど）混ぜます。

16 全体の色が均一になったら、ゴムべらで底を混ぜる。

＊ 他のバヴァロアズのようにボウルを替えてホイッパーを立てて混ぜると、ムラングが余計につぶれるので、ここではボウルは替えません。

17 ビスキュイ・オ・ショコラを敷いたトヨ型に16の半量を流し入れる。棒状のビスキュイを中心に入れ、残りの16を流し、底用のビスキュイをのせる。冷凍庫で1時間冷やし固める。

ムース・オ・ショコラ
essentiel

＊ これはバターを使ったムースです。バターのムースで大切なのは、柔らかくのびやすい状態にしたバターを、人間の舌には感じられないほどに、ムラングで薄く薄くのばすことです。そのためにはバターとムラングは最後まで薄い膜状につながっていなければなりません。途中でバターやムラングがのびずに切れてしまうと分離の原因になります。

1 バターを厚さ1cmほどに薄く切ってボウルに広げ、25℃くらいのところにしばらく置いて、木べらでやっと混ぜられるくらいの硬さにしておく。けっして温度の高いところに置いて過度に柔らかくしないように。柔らかくなったら、木べらで均一に混ぜてホイッパーで混ぜられるくらいの硬めのポマード状にする。

2 1に卵黄を一度に加え、ホイッパーで円を描いて40回混ぜる。

3 細かく刻んだチョコレートとパートゥ・ドゥ・カカオを約50℃の湯煎にあてて溶かし、30℃以下に調整する。

＊ チョコレートが熱すぎるとバターがトロトロに溶け、ムラングと混ぜると分離することがあります。

4 3を2に一度に加えて円を描いて50回混ぜ、バニラエッセンスを加える。

5 ムラング・イタリエンヌをつくり、ココアを加えて木べらで軽くまだらな状態に混ぜる。バターが溶けず固まりもしない20〜30℃に調整する（→P92）。カードでだいたい9等分の印をつける。

＊ ムラング・イタリエンヌの温度が高いと、その熱でバターが溶けだして気泡がつぶれてしまいます。一方、冷たすぎるとバターが固まってムラングと混ざらないため、泡がつぶれて分離します。これらを防ぐためにムラング・イタリエンヌの温度は室温に合わせて以下を目安に調整します。
冬など室温15℃の場合→ムラング30℃
春・秋など室温20℃の場合→ムラング25℃前後
夏など室温25℃の場合→ムラング20℃（冷蔵庫に少し入れて冷やす）

6 4をごく弱火に1、2秒あてて40回ほど混ぜる。これを5〜6回くり返し、ボウルを揺すると全体が大きく動き、揺する前のホイッパーの跡が⅓ほどに低くなるまでトロトロの柔らかい状態にする。

＊ ムラングは衝撃に弱いので、混ぜるものをかなり柔らかくしておかないと気泡がつぶれてしまいます。

7 6に5のムラング・イタリエンヌを9等分した印に合わせ、7回に分けて加えていく。1、2回めはホイッパーでムラングのザラッとした感じが残る程度に軽く混ぜる。

8 3、4回めは木べらに持ちかえて下からすくうように混ぜる。ムラングがほぼ見えなくなったら、ボウルの内側をゴムべらで払い、さらに20回混ぜる。ムラングは消えてもいいので、よく混ぜてバターをのびやすい状態にする。

9 5回めは少しゆっくりめに混ぜる。ムラングが見えなくなったら、ボウルの内側をゴムべらで払い、さらに10回混ぜる。

10 6回めを加え、10秒に10回の速さでゆっくり混ぜる。

11 ほぼ混ざったら、残りすべてを一度に加え、途中でボウルの内側をゴムべらで払い、ムラングが見えなくなるまでゆっくり混ぜる。もしムラングの混ざりが悪くダマが残っても、だいたい混ざったところでやめる。

＊ ここでのよい状態はふっくらとして、口に含んでみるとフワッとした軽さが感じられることです。表面に水のようなものがキラキラと分離しているようなら、これは泡の消えた卵白でよい状態ではありません。冷やし固めるとザラつき、シャープな口溶けにはなりません。

＊ できあがったムースはすぐに絞ります。時間をあけると、室温の低いところではムースのバターが固まりはじめ、絞る時に分離する原因になります。また室温が25℃以上だと、バターが溶けてムラングが消えはじめて分離します。

12 冷やし固めたビュッシュ・オ・ショコラを型からだす。残っているポンシュを50〜60℃に温め、ビスキュイの厚みの⅓まで染み込むように打つ。

13 11を平口金をつけた絞り袋に入れ、12に厚めに絞る。

14 1分ほどおき、指で触ってみてフワフワのムースにほんの少し硬さがでたら、セロファンを斜めに持って端から端まで軽くこするようにして表面をならす。

＊ セロファンは手前は上げ、向こう側だけをムースにつけて力を入れずに手前に引きます。またセロファンの両側はあまり広げず、両手を下の台に触れるくらいに締めて動かします。1回できれいにならなかった場合は、くぼみなどにパレットナイフでムースをぬり、もう一度セロファンでならします。

15 冷蔵庫で10分、または冷凍庫で5分冷やし固める。

＊冷凍保存する場合はここで冷凍します。

ガナッシュ・ア・グラッセ

1 バターを硬めのポマード状にする（→P76ムース・オ・ショコラ1）。

2 小鍋に牛乳と生クリーム、縦に裂いたバニラ棒を入れて火にかけ、80℃（縁のほうがフツフツする）まで加熱する。バニラ棒をとりだす。

3 細かく刻んだチョコレートを約50℃の湯煎にあてて溶かし、45℃に調整する。

4 3に2の半量強を加え、ホイッパーで1秒に1回の速さで円を描いてゆっくり混ぜる。一度締まってから均一に柔らかくなるので、かたまりがだいたいなくなるまで約100回混ぜる。

＊ 仕上げ用のガナッシュなので、気泡が入らないように静かにていねいに混ぜます。1回めに加えるチョコレートの量が少ないと硬く締まって混ぜにくいので、かならず半量強を加えます。

5 2の残りを3回に分けて加え、50回ずつ混ぜて均一にする。すべて入れ終わると、それまで柔らかかった状態から急にかなりもったりとする。

6 5を42～45℃に調整する。温度が低い場合は、ごく弱火にあてて底をホイッパーで軽くこすりながら42℃まで温める。

7 水飴と水を合わせて弱火にあてて溶かし、42℃に調整する。6に一度に加えて50回混ぜる。

＊ 6と7はかならず42℃に調整してから混ぜ合わせます。

8　1のポマード状にしたバターを7に3回に分けて加え、30〜40回ずつ混ぜる。ホイッパーでたらすと跡が残り、もったりとして手に重みを感じるのがいい状態。

＊　6と7で温度を正確に合わせておかないと、水のようにサラサラした薄いガナッシュになり、上がけするとすぐに硬くなってきれいにかけにくく、またチョコレートのリッチな味わいがなくなります。

＊　すぐに使わない場合は、密閉容器に入れて冷蔵庫で1ヵ月保存できます。使う時に必要量を小さなボウルにとって40℃ほどの湯煎でゆっくり溶かし、上がけする前にホイッパーでゆっくり20回混ぜてなめらかにします。

4　2〜3分ほどおいてから、両端の紙をとり、波刃包丁をガスの火で少し温めて両端を切り揃える。

5　側面の下にパイエットゥ・ショコラをつける。上に金箔をのせる。

仕上げ

1　ビュッシュ・オ・ショコラをバットにのせた網に置く。両端は切り落とすので、ガナッシュが無駄にならないように紙を貼る。

2　ガナッシュ・ア・グラッセを弱火にかけて混ぜながら38〜40℃に調整する。

3　2をボウルを小刻みに上下させ、左右のかかり具合をみながら1にかける。ガナッシュがかからなかった部分にはパレットナイフで少量とってぬる。すぐにバットごとトントンと軽く叩いてガナッシュを少し落とし、表面をきれいにする。

7〜8等分にカットして提供。冷えた皿に盛りつけます。食べごろの温度は10〜13℃。バターのムースが入っているので、少し温度が高いほうがチョコレートのリッチな味わいや舌触りが感じられます。冷凍庫で5日間ほどおいしい状態で保存できます。その場合は冷蔵庫に移して4〜5時間かけて解凍し、12時間以内に提供を。冷蔵した場合は波刃包丁にお湯を少しつけてカットし、冷凍した場合は出刃包丁で上から強く押し切ります。

チュリプ・オ・ドゥー・パルファン
Tulipe aux deux parfums

カカオシロップ、チョコレートのバヴァロアズ、
マスカルポーネクリーム、コーヒーのバヴァロアズを
4層に重ねたグラス仕立て。

ingrédients

口径12cm×高さ7cmチューリップグラス6個分

◆ビスキュイ・ア・ラ・キュイエール
直径6cm円形約25枚分
6枚使用する
- 30g　卵黄
- 28g　グラニュー糖

ムラング・オルディネール
- 45g　卵白
- 6g　グラニュー糖 A
- 8g　グラニュー糖 B
- 23g　薄力粉
- 適量　粉糖

◆ポンシュ
- 26g　コーヒーリキュール
- 10g　30°ボーメシロップ
- 10g　牛乳

◆カカオシロップ
1個に6g使用する
- 16g　30°ボーメシロップ
- 16g　水
- 4g　ココア

◆バヴァロアズ・オ・ショコラ
1個に55g使用する
- 2g　粉ゼラチン
- 10g　冷水
- 90g　生クリーム

クレーム・アングレーズ
- 150g　牛乳
- 30g　卵黄
- 35g　グラニュー糖
- 75g　セミスイートチョコレート
（ベネズエラ・カカオ分70％）

◆マスカルポーネクリーム
1個に66g使用する
- 53g　生クリーム
- 265g　マスカルポーネチーズ
- 26g　牛乳
- 66g　30°ボーメシロップ
- 11g　レモン汁
- 5g　コニャック

◆バヴァロアズ・オ・キャフェ
1個に65g使用する
- 3.2g　粉ゼラチン
- 16g　冷水
- 80g　生クリーム

クレーム・アングレーズ
- 180g　牛乳
- 60g　コーヒー豆
- 60g　卵黄
- 40g　グラニュー糖
- 13g　インスタントコーヒー（粉末）

◆デコール
かなり多めにできる
- 1パトン　パートゥ・フイユテ（→P85）
- 適量　ぬり卵（→P169「りんごのタルトゥ」ぬり卵）
- 2g　乾燥バニラの粉末
（使用したバニラ棒を乾燥させてミルで挽く）
- 4g　シナモンパウダー
- 50g　シュクル・クリスタル

◆仕上げ
- 適量　ココア
- 適量　金箔

essentiel

＊このチューリップグラスはかなり大きいサイズです。恋人同士なら二人で食べてもいいほどでしょう。グラスを小さくするとバヴァロアズやマスカルポーネクリームのそれぞれのボリュームが少なくなり、全体の味わいも小さくなってしまいます。

ビスキュイ・ア・ラ・キュイエール
essentiel

＊この配合が最少量です。密閉容器に入れて3～5日間、または冷凍庫で1週間保存できます。冷凍した場合はビニールに入れて室温で解凍します。

1　P52「シャルロットゥ・オ・ポワール」ビスキュイ・ア・ラ・キュイエール1～6と同様につくり、口径10mmの丸口金をつけた絞り袋に入れる。直径6cmの円を描いた紙にうず巻き状に絞る。グラシエール(粉糖入れ)で粉糖を表面が隠れる程度に軽くふり、5分後にもう一度同様にふる。

2　オーブンで焼く。
［電子レンジオーブン・ガス高速オーブン：180℃で13～15分］
紙ごと網にのせて冷ます。

ポンシュ

1　材料を混ぜる。

2　ビスキュイ・ア・ラ・キュイエール6枚の両面にそれぞれ厚みの1/3まで染み込むようにポンシュを打つ。冷蔵庫で冷やしておく。

カカオシロップ

1　材料を混ぜる。

2　冷蔵庫で冷やしておいたグラスに6gずつ入れる。冷凍庫で凍らせる。

バヴァロアズ・オ・ショコラ
essentiel

＊つくり方のポイントはP54「シャルロットゥ・オ・ポワール」バヴァロアズ・オ・ポワール参照。

1　粉ゼラチンを冷水でふやかす。

2　生クリームは8分立てに泡立て、冷蔵庫に入れておく。

3　クレーム・アングレーズをつくる。小鍋に牛乳を入れて80℃(縁のほうがフツフツする)まで加熱する。

4　3を加熱している間に、耐熱性ガラスボウルに卵黄とグラニュー糖を入れてグラニュー糖がほぼ溶けるまでホイッパーで十分に混ぜる。

5　4に3の1/3量を3回に分けて少しずつ加えながら、ホイッパーで円を描いてよく混ぜる。残りは手早く混ぜながら少しずつ加える。

6　金網とセラミック網をガスコンロにのせ、5をごく弱火でふたたび80℃になるまで3～4分ゆっくりと加熱する。ホイッパーを垂直に立ててボウルの底を軽くこするように混ぜる。

7 80℃になったらすぐに火からおろし、1のゼラチンを加えて円を描いて混ぜる。細かく刻んだチョコレートも加えて混ぜる。

8 裏漉しする。

9 氷水にあて、ホイッパーで手早くボウルの底をまんべんなくこすりながら23℃まで温度を下げる。
＊ 通常はここで18℃まで冷やしますが、チョコレートのババロアズはあまり温度が低いとチョコレートが混ざりにくくなるため23℃にとどめます。

10 2の生クリームを3回に分けて加える。1回めはひとすくい加え、ボウルを手早く手前に回しながら、ボウルの左側を手早く小刻みにすくいあげるように混ぜる。2回めは残りのうち半量を加え、ボウルの右端から底をまっすぐに通って左側の側面をすりあげるように混ぜる。ほぼ混ざったら残りを加え、だんだんゆっくり混ぜていく。2のボウルは氷水にあてて冷やしておく。

11 全体の色が均一になったら、冷やしておいたボウルに移す。ホイッパーを立てて底につけながら、2秒に1回の速さで円を描いてゆっくり5回混ぜる。表面のまだらな模様がなくなったら、さらに5回ゆっくり混ぜる。

12 カカオシロップを入れたグラスに55gずつ流し入れる。

13 ポンシュを打ったビスキュイ・ア・ラ・キュイエールを表面を上にしてのせる。冷凍庫に入れる。

マスカルポーネクリーム
essentiel

＊ マスカルポーネチーズはとくに製造から時間がたっていない新鮮なものを使ってください。製造後に時間がたったものは著しく味わいが落ちます。

1 生クリームは7分立て（まだ十分に柔らかくツヤがあり、ゆっくりホイッパーを持ちあげると軽く角が立つ）に泡立て、冷蔵庫に入れておく。

2 マスカルポーネチーズに牛乳を3回に分けて加えて木べらで混ぜてのばしていく。30°ボーメシロップも3回に分けて加えて混ぜ、ある程度のびたらホイッパーに持ちかえて円を描いて混ぜる。レモン汁も加えて混ぜる。

3 1の生クリームにコニャックを加えて混ぜ、2に加えてホイッパーで下からすくうように混ぜる。

4 レモン汁の酸で固まりはじめるので、すぐにグラスに66gずつ入れる。冷凍庫に入れる。

バヴァロアズ・オ・キャフェ

1 粉ゼラチンを冷水でふやかす。

2 生クリームは8分立てに泡立て、冷蔵庫に入れておく。

3 クレーム・アングレーズをつくる。鍋に牛乳を入れて軽く沸騰させ、すぐに火をとめてコーヒー豆を入れる。フタをして30分おく。

4 3のコーヒー豆をとり除き、80℃(縁のほうがフツフツする)まで加熱する。

5 4を加熱している間に、耐熱性ガラスボウルに卵黄とグラニュー糖を入れてグラニュー糖がほぼ溶けるまでホイッパーで十分に混ぜる。

6 5に4の1/3量を3回に分けて少しずつ加えながら、ホイッパーで円を描いてよく混ぜる。残りは手早く混ぜながら少しずつ加える。

7 金網とセラミック網をガスコンロにのせ、6をごく弱火でふたたび80℃になるまで3〜4分ゆっくりと加熱する。ホイッパーを垂直に立ててボウルの底を軽くこするように混ぜる。

8 80℃になったらすぐに火からおろし、1のゼラチンとインスタントコーヒーを順に加えて混ぜる。

9 裏漉しする。

10 氷水にあて、ホイッパーで手早くボウルの底をまんべんなくこすりながら18℃まで温度を下げる。

11 あとはP83バヴァロアズ・オ・ショコラ10〜11と同様にする。

12 グラスに65gずつ入れて平らにする。

13 冷蔵庫で2時間冷やし固める。

デコール

1 パートゥ・フイユテを厚さ1mmにのす。

2 ぬり卵をぬり、乾燥バニラの粉末とシナモンパウダー、シュクル・クリスタルをふる。

3 8mm×20〜22cmに細長くカットする。

4 オーブンで焼く。
[電子レンジオーブン・ガス高速オーブン:190〜200℃で6〜7分]
芯までこんがりと深めの焼き色に焼きあげる。

仕上げ

1 表面に茶こしでココアをまんべんなくふり、金箔とデコールのパイを添える。

食べごろの温度は7〜8℃。冷蔵庫からだして20℃以下の室温に7〜10分ほどおいてから提供します。つくってから2日がおいしい。

◆パートゥ・フイユテ・ラピッドゥ（速成折りパイ）

ingrédients　1パトン（約550g）分

　　175g　強力粉
　　 75g　薄力粉
　　185g　バター

　　100g　水
　　 12g　酢
　　　5g　塩

essentiel

＊バターを折り込まずに簡単につくれる、とてもおいしいパイ生地です。日頃つくっているパートゥ・フイユテがあればそちらを使ってもかまいません。

＊パートゥは成形してからビニールに入れて冷凍庫で約1週間保存できます。

＊酢を入れるのはカビのような斑点ができるのを防ぐためですが、同時にグルテンを分解して柔らかくするため、のびがよく焼き縮みしない生地になります。

1　強力粉と薄力粉を合わせてふるってボウルに入れる。ここにバターを1cm角に切ってちらす。冷蔵庫で0〜5℃に冷やしておく。

2　水と酢、塩を混ぜ、冷蔵庫で約5℃に冷やす。

3　生地をのばす台は冷凍庫に入れるか、氷を入れたバットやビニール袋をのせてよく冷やしておく（→P182「パートゥ・シュクレ」14）。めん棒は冷凍庫、打ち粉（強力粉・分量外）は冷蔵庫でそれぞれ冷やしておく。

4　1の中央にくぼみをつくり、2を入れ、指を広げて水分がなくなるまで大きくゆっくり混ぜる。グルテンがですぎると焼き縮みしたり、硬く焼きあがったりするので、よく混ぜたりこねたりしないこと。

5　カードの丸みのあるほうで、ボウルの端から端まで10回ほど切るようにする。生地を返して同様にする。これをあと3回くり返す。

6　表面に3回たっぷり霧を吹き、カードで全体をひっくり返す。裏側も同様に霧を3回吹き、5と同様に切るようにする。あと2回くり返し、だいたいひとつにまとめる。

7　ビニールに入れ、カードで13cm角×厚さ3cmの正方形に整える。冷蔵庫で1時間やすませる。

8　冷やしておいた台に打ち粉を多めにし、7をめん棒で叩いて少し柔らかくし、縦45cm×横15cmにのばす。打ち粉はまめにする。

9　余分な粉をハケで払い、奥と手前から⅓ずつ折りたたんで3つ折りする。そのまま縦15cmにのばす。

10　90度向きを変え、めん棒で上下を押さえて生地の端がずれないようにしてから、縦45cmにのばす。

11　2回めは4つ折りにする。奥から手前を10cmほど残して折りたたみ、これに合わせて手前の残った部分を折りたたみ、さらに半分に折る。

12　ビニールに入れて冷蔵庫で1時間やすませる。

13　折りたたんだ層がみえる側を奥と手前にして置き、8〜12をくり返す。

ブレズィリアン
Brésilien

柔らかいジェノワーズ生地を合わせた、
穏やかな味わいのコーヒーのバヴァロアズ。
仕上げにナッペしたリンゴとコーヒーのジュレの酸味が
酸味の強いコーヒーを思わせる印象として残ります。

ingrédients

直径18cm×高さ4cmセルクル1台分

◆ジェノワーズ・オ・キャフェ
直径18cm×高さ4cmセルクル1台分
- 31g　薄力粉
- 31g　強力粉
- 4g　インスタントコーヒー（粉末）
- 40g　アーモンドパウダー
- 110g　全卵
- 62g　グラニュー糖
- 25g　溶かしバター（約40℃）

◆ポンシュ
- 65g　30°ボーメシロップ
- 20g　水
- 23g　ウイスキー
- 7g　ホワイトラム

◆バヴァロアズ・オ・キャフェ
- 4.4g　粉ゼラチン
- 22g　冷水
- 218g　生クリーム

クレーム・アングレーズ
- 99g　牛乳
- 20g　コーヒー豆
- 48g　卵黄
- 36g　グラニュー糖
- 9g　コーヒーエッセンス
- 14g　ウイスキー
- 4g　ホワイトラム

◆リンゴとキャフェのジュレ
- 50g　グラニュー糖
- 1.8g　ジャムベース（ジュレ用ペクチン）
- 100g　リンゴジュース
- 31g　水飴
- 6g　カルバドス（またはウイスキー）
- 4g　コーヒーエッセンス
- 3g　レモン汁

essentiel

＊ポンシュとバヴァロアズ・オ・キャフェのウイスキーはできるだけ香りの余韻が長いものを使ってください。ホワイトラムはなければ加えなくてかまいません。日本で手に入るウイスキーは香りに力と膨らみがないと思うので、それを補うために配合しています。

＊バヴァロアズ・オ・キャフェのコーヒーエッセンスがない場合は、インスタントコーヒー5gをお湯8gで溶いて代用します。同様にリンゴとキャフェのジュレもインスタントコーヒー2gをお湯3gで溶いて代用できます。

ジェノワーズ・オ・キャフェ

essentiel

＊このジェノワーズ生地の配合はフランスでの基本的な配合です。ジェノワーズは柔らかさを強調したパートゥであり、卵黄その他の素材の流動性（混ざりやすさ）によってビスキュイよりも深く混ざるため、柔らかさはでますが、味わいが弱まって焼きあがるので、フランスでは最近はあまり使われません。日本のより細かく挽かれた小麦粉を使うと、柔らかさはさらに強調されます。このようなパートゥを使うバヴァロアズは、それに合わせていくぶん穏やかな食感と味わいにしなければなりません。

1　天板に紙を敷き、セルクルを置く。薄力粉と強力粉、インスタントコーヒー、アーモンドパウダーは合わせてふるう。

2　深大ボウルに全卵を入れてホイッパーでほぐし、グラニュー糖を加えて混ぜる。弱火にかけて混ぜながら35℃まで加熱する。

3 35℃になったら火からおろし、ハンドミキサー（ビーター2本）の速度3番で4分泡立てる。

4 1の粉を5～6回に分けて加え、木べらで下からすくうように10秒に10回の速さでゆっくり混ぜる。8割混ざったら次の粉を加えていく。すべて加えて8割混ざったら、ボウルの内側をゴムべらで払う。

＊粉を木べらで混ぜる時は、けっしてあわてて混ぜないようにします。多少ダマができてもかまいません。

5 溶かしバターを2回に分けて加えて同様に混ぜる。バターがまだ少し残っているくらいでボウルの内側をゴムベラで払い、さらに30回混ぜる。

6 セルクルに流し入れ、表面をだいたい平らにならす。

＊けっしてトントンと空気抜きをしてはいけません。空気が浮いたように見えるのは、実は衝撃によって気泡をつぶしているのです。

7 オーブンで焼く。
［電子レンジオーブン：180℃で24～26分］
［ガス高速オーブン：160℃で24～25分］
表面が平らになって濃いキツネ色になるまで十分に焼く。しっかり焼くと、ポンシュを打ってもサックリと快い歯触りが得られる。網にのせて冷ます。

ポンシュ

1 材料を混ぜる。

パートゥの準備

1 ジェノワーズ・オ・キャフェを波刃包丁で厚さ1cmに2枚スライスする。直径16cmにカットした型紙に合わせて直径16cmに切り整える。

＊直径16cmのセルクルがある場合ははじめから直径16cmで焼いてください。

2 2枚とも表裏両面から、厚みのそれぞれ1/4まで染み込むようにポンシュを打つ。

＊このジェノワーズはとても目が細かく柔らかいので、けっしてポンシュを打ちすぎないようにしてください。打ちすぎると全体の食感にアクセントがなくなります。ハケで押すとスダチがつぶれます。

3 1枚はキャルトンにのせて直径18cmのセルクルをはめ、冷凍庫で冷やす。もう1枚はバットにのせて冷蔵庫で冷やす。

バヴァロアズ・オ・キャフェ
essentiel

＊ つくり方のポイントはP54「シャルロットゥ・オ・ポワール」バヴァロアズ・オ・ポワール参照。

＊ 挽いてないコーヒー豆を使うと、カラッとした暖かい香りが味わえ、またバヴァロアズにもふっくらとした膨らみがでてきます。挽いた豆を使うと、味に強さとコクがでますが、その分にごった香りと味になります。どちらがよいということではなく、どちらのイメージを求めるかです。

1 粉ゼラチンを冷水でふやかす。

2 生クリームは8分立てに泡立て、冷蔵庫に入れておく。

3 クレーム・アングレーズをつくる。鍋に牛乳を入れて軽く沸騰させ、すぐに火をとめてコーヒー豆を入れる。フタをして30分おき、コーヒーの香りと味を牛乳に移す。

4 3のコーヒー豆をとり除き、80℃（縁のほうがフツフツする）まで加熱する。

5 4を加熱している間に、耐熱性ガラスボウルに卵黄とグラニュー糖を入れてグラニュー糖がほぼ溶けるまでホイッパーで十分に混ぜる。

6 5に4の1/3量を3回に分けて少しずつ加えながら、ホイッパーで円を描いてよく混ぜる。残りは手早く混ぜながら少しずつ加える。

7 金網とセラミック網をガスコンロにのせ、6をごく弱火でふたたび80℃になるまで3〜4分ゆっくりと加熱する。ホイッパーを垂直に立ててボウルの底を軽くこするように混ぜる。

8 80℃になったらすぐに火からおろし、1のゼラチンを加えて円を描いて混ぜる。

9 裏漉しする。

10 氷水にあて、ホイッパーで手早くボウルの底をまんべんなくこすりながら40℃まで温度を下げる。

11 氷水からはずし、コーヒーエッセンス、ウイスキー、ホワイトラムを順に加える。

12 ふたたび氷水にあて、軽くホイッパーでボウルの底をまんべんなく手早くこすりながら18℃まで温度を下げる。

13 氷水からはずし、2の生クリームを3回に分けて加えて混ぜる。1回めはひとすくい加え、ボウルを手早く手前に回しながら、ボウルの左側を手早く小刻みにすくいあげるように混ぜる。2回めは残りのうち半量を加え、ボウルの右端から底をまっすぐに通って左側の側面をすりあげるように混ぜる。ほぼ混ざったら残りを加えて同様に混ぜる。2のボウルは氷水にあてて冷やしておく。

14 全体の色が均一になったら、冷やしておいたボウルに移す。ホイッパーを立てて底につけながら、円を描いて手早く10回混ぜる。

＊ ムラング・イタリエンヌが入らないので、最後まで手早く混ぜます。

15 ジェノワーズ・オ・キャフェを敷いたセルクルに14の半量を流し入れ、だいたいならす。

16 もう1枚のジェノワーズをのせ、残りの14を流し、パレットナイフで平らにする。冷蔵庫か冷凍庫で2時間冷やし固める。

＊冷凍保存する場合はここで冷凍します。

リンゴとキャフェのジュレ

1 グラニュー糖とジャムベースをホイッパーでよく混ぜる。

2 小鍋にリンゴジュースを入れ、1をホイッパーで混ぜながら加える。

3 2に水飴を加えて弱火にかける。スプーンで混ぜながら加熱し、アクがでたらとり、中央まで完全に沸騰したらすぐに火をとめる。

4 裏漉しし、すぐに氷水にあてて軽く混ぜながら50〜60℃まで冷ます。

5 氷水からはずし、カルバドス、コーヒーエッセンス、レモン汁を順に加える。

＊冷蔵庫で1週間保存可能。

仕上げ

1 リンゴとキャフェのジュレを温め（40〜60℃）、ハケで全面に薄くぬる。すぐに固まるので、もう一度たっぷりと手早くぬる。

＊冷凍したものには60℃、冷蔵したものには40℃ほどでぬります。熱いジュレを上がけすると、たとえ冷凍してある場合でもバヴァロアズの表面が溶けてジュレに混ざってきたなくなります。一度薄くぬって膜をつくってからたっぷりぬれば、バヴァロアズの表面が溶けてもジュレに混ざらずきれいに仕上がります。

2 セルクルを少し高さのある容器の上に置き、側面をガスバーナーで軽く熱し（または熱いタオルを巻く）、セルクルを下げてはずす。

1台で約10人分。冷えた皿に盛りつけます。食べごろの温度や保存、カットはP56「シャルロットゥ・オ・ポワール」と同様。

◆エキュモワールで混ぜる

essentiel

＊「エキュモワール」は本来フランスでは穴杓子のことですが、本書では硬く泡立てたムラングを混ぜるためのへら（イル・プルー・シュル・ラ・セーヌのオリジナル）を指しています。硬く泡立てたムラングの気泡をつぶさずに木べらやホイッパーで他の素材と混ぜるのはむずかしいものです。このエキュモワールは先端についた薄いへら部分と柄の部分でムラングを切るように混ぜ、硬いムラングを効率的に混ぜられる器具です。

1　エキュモワールはペンを持つようにして人さし指と親指、中指で持ち、ボウルの底に対して、へらの先端と柄の先端を結んだ線が垂直になるようにする。

2　1の角度のまま、ボウルの奥のほうに入れる。

3　ボウルの中心を通り、手前の側面までまっすぐに引く。同時に、左手でボウルを手前に1/6回転させる。へらの面は常に進行方向と平行にし、けっしてへら面でアパレイユをすくわないように。

＊ 平行に動かせば、薄いへら部分がムラングを切り分けるだけで、気泡は消えません。すくうとムラングはつぶれてしまいます。

4　へらの先端でボウルの手前の側面をなぞりながら、半分くらいの高さまでこすりあげ、アパレイユから抜いて、へらの裏面が上を向くように返す。

＊ へらを返さずにそのまま上に持ちあげると、ムラングをすくって泡をつぶしてしまいます。

5　へらの裏面が完全に見えたら、2にもどる。これを10秒に12回の速さでゆっくりとくり返す。

◆ムラング・イタリエンヌ

ingrédients できあがり約80g分

- 30g　卵白（水様化したもの→P93）
- 3g　乾燥卵白
- 5g　グラニュー糖 A
- 45g　グラニュー糖 B
- 15g　水

essentiel

* 本書ではムラング・イタリエンヌはハンドミキサーで泡立てています。卵白は最低30gからつくります。卵白60g以下の場合は手つき中ボウル（直径14cm×高さ8cm）を使い、ハンドミキサーにビーターを1本つけて泡立てます。卵白60g以上の場合は深大ボウル（直径20cm×高さ10cm）を使い、ハンドミキサーにビーターを2本つけて泡立てます。

* ハンドミキサーで泡立てる場合には、かならず乾燥卵白を加えます。ビーターは薄く鋭いので、卵白を細かく寸断します。そのため熱いシロップを加えると、量は多くてもつぶれやすい泡、いわゆるボカ立ちになってしまいます。乾燥卵白は卵白の粘度を増してボカ立ちを抑えるために加えます。

* 水を入れた容器にスプーンとハケ、200℃計を準備しておきます。

1　手つき中ボウルに水様化した卵白を入れて冷蔵庫で冷やしておく。

2　小鍋にグラニュー糖Bと水を入れ、スプーンでよく混ぜる。水をつけたハケでぬぐい、鍋の内側についたグラニュー糖を中にもどす。火にかけ、沸騰しはじめたら、もう一度スプーンでよく混ぜ、ハケで鍋の内側に飛んだグラニュー糖を中にもどす。

3　1に乾燥卵白とグラニュー糖Aを加え、ハンドミキサー（ビーター1本）の速度2番で1分→速度3番で1分30秒泡立てはじめる（計2分30秒）。

4　3の泡立てが終わる時間（10秒前後のずれはかまわない）に合わせて、2のシロップが119℃になるように火加減を調節して加熱する。

* 実際の温度は117℃ですが、温度計を鍋底につけて計る誤差を考慮して119℃まで加熱します。

5　4を3に泡立てながら太いヒモ状に手早くたらして加える。この時にビーターの回転でムラングが動いていないところにたらすと、ムラングが完全に煮えて固まって小さな粒ができやすい（味わいには影響ない）。

6　シロップを入れ終わったら、速度3番で1分泡立てる。

7　すぐにバットに広げ、用途に応じて温度を調節する。

* ムラング・イタリエンヌの温度調節は大事なポイントです。

キッチンエイドで泡立てる場合

ingrédients　できあがり約170g分

```
   60g   卵白（水様化したもの）
小さじ1   乾燥卵白
   10g   グラニュー糖 A

   90g   グラニュー糖 B
   30g   水
```

essentiel

* 最低60gの卵白で泡立てます。注意して泡立てれば、乾燥卵白は加えなくてもいい状態になります。

1　ミキサーボウルに水様化した卵白を入れて冷蔵庫で冷やしておく。

2　1に乾燥卵白とグラニュー糖Aを加え、ホイッパーで軽く混ぜてから、ホイッパーを装着して速度5番で泡立てる。

3　P92「ムラング・イタリエンヌ」2と同様にシロップを加熱する。

4　シロップの温度が110℃になったら、2を速度10番にして少し柔らかめの8分立てまで泡立てる。

5　シロップが119℃になったら、4のボウルの内側をつたわらせて加える。シロップの2/3量を加えたら、速度を少しずつ落としていく。シロップを入れ終わったら速度6番にし、ホイッパーの中のムラングが周りと同じ高さになるまで泡立てる。そのままさらに2分泡立て、ふっくらとすればいい。

ケンミックスで泡立てる場合

ingrédients　できあがり約300g分

```
   100g   卵白（水様化したもの）
小さじ1    乾燥卵白
小さじ1    グラニュー糖 A

   150g   グラニュー糖 B
    50g   水
```

essentiel

* 最低100gの卵白で泡立てます。注意して泡立てれば、乾燥卵白は加えなくてもいい状態になります。

1　つくり方は「キッチンエイドで泡立てる場合」と同様。ただし、卵白はNo4で5分ほど時間をかけて硬くふっくらと泡立てる。速度はできるだけ最高速度に上げずNo6くらいでシロップを少しずつ加えていき、すぐに速度を落とす。シロップを入れ終わった状態は柔らかめでいいので、さらにNo5で5分かけて硬くふっくらと泡立てる。速い速度で泡立てると、弱くて混ざりの悪いボカ立ちになる。

水様化卵白

essentiel

* 卵白は水様化させてから使います。フランスの卵白は割ってから数日で濃度がゆるみ、よい泡立ちが得られます。しかし日本の卵白は冷蔵庫に入れると2週間たってもどろんとしています。このような状態のまま卵白を泡立てると、繊維が細かくほぐれないので、気泡量の少ないポロポロした混ざりの悪いつぶれやすい泡になるためです。水様化すると泡が弱くなるので、卵白はボウルごと10℃に冷やして泡立てます。温度を下げると表面張力が強く働き、気泡量は少し減りますが、混ざりのよい泡になります。

* ムラング・イタリエンヌやムラング・オルディネール用の水様化卵白は、以下のように用意します。室温に数日おくよりも衛生的で無難な方法です。

1　卵白1ℓに対し、裏漉ししたキウイフルーツ10gをフードプロセッサーに入れて1分撹拌する。30秒ほどでかなり泡立った場合はそこでとめる。泡立った部分を捨てる。

2　密閉容器に入れ、室温に一晩おく（室温が20℃以上の場合は冷蔵庫に入れる）。レードルですくうとサラーッと流れ落ちるが、最後はほんの少しトロンとした細めの糸を引く程度の状態になる。

3　冷蔵庫で保存し、3日間で使い切る。あまり長くおくと水様化が進みすぎてかえって泡立ちが弱くなる。

* 焼成する生地用には、次の方法でも水様化させることができます。卵白はなるべく涼しいところ（約20℃）に置き、1日1回レードルでよく混ぜます。約2週間（20℃くらいの暖かい時季は1週間）で水様化するので、冷蔵庫に移して水様化を抑えて4〜5日で使い切ります。焼成するのでほんの少しならにおいがではじめても問題ありません。

chapitre 5

果物のコンポットゥ
Compote de fruits

食後にアルコールでほてった心身をリフレッシュしてくれる清涼感。
果物のおいしさがにじみでたシロップを
たっぷりと添えて楽しんでもらいます。
砂糖を入れるタイミングが肝心。

いちじくの白ワイン煮　95
Figues au vin blanc

洋梨の赤ワイン煮　98
Poires au vin rouge

パイナップルのコンポットゥ　100
Compote à l'ananas

ドライプルーンと洋梨のコンポットゥ　102
Compote de pruneaux et aux poires

ドライフルーツのコンポットゥ　104
Compote de fruits secs

いちじくの白ワイン煮
Figues au vin blanc

いちじくの皮の色がにじみでて
ほのかに赤く染まったシロップ。
ヴァニーユのグラスを添えて。

ingrédients 8個分

8個	イチジク
約800g	白ワイン
1本	バニラ棒
200g	グラニュー糖 A
13g	アニスシード
200g	グラニュー糖 B
16g	レモン汁

essentiel

＊イチジクがぴったりとおさまる鍋を使います。すき間が多いと白ワインを多く入れなければならず、イチジクの味わいが薄くなります。

1 イチジクは軽く水洗いしてペーパータオルなどでふいておく。アニスシードはお茶用の紙パックに2つに分けて入れておく。

＊小さい袋にたくさん詰め込むと香りが十分にでません。

2 ステンレスまたはホーロー鍋にイチジクを重ならないように入れ、イチジクの上1/3がでるくらいまで白ワインを入れる。縦に裂いたバニラ棒も入れる。

＊重ねると煮えあがりが硬くなる場合があります。

3 紙ブタ（パラフィン紙を鍋の内径に合わせて丸く切り、中央に丸く穴をあける）をし、弱火で軽く沸いた状態を保ちながら、皮が破れないように30分ほど煮る。イチジクは煮はじめるとすぐに縮み、シロップの中に完全に浸かる。火の通り方は熟れ具合で変わる。

4 途中15～20分たったら上下を返し、竹串がすっと入るようになるまで煮る。イチジクの皮の色が溶けだし、煮汁が薄く赤くなってくる。

5 グラニュー糖A、1のアニスシードを加え、グラニュー糖が溶けたら火をとめる。このまま24時間おく。

＊はじめからグラニュー糖を加えるとイチジクが縮んでしまうので、柔らかく煮てから加えます。

6 翌日、ふたたび火にかけ、沸騰直前でグラニュー糖Bを加えて軽く沸騰させる。火をとめてレモン汁を加える。

7 冷めたら密閉容器に入れ、紙ブタをしてフタをする。冷蔵庫で5～7日間味を染み込ませる。

8 よく冷えた皿にたっぷりのシロップとともに盛りつける。

5日めごろから味わいが深くなり、1週間ほどで筆舌に尽くしがたい濃密な味わいに変化します。この時から3～4日くらいが一番おいしいでしょう。シロップもおいしいのでたっぷりと。グラス・ア・ラ・ヴァニーユ（→P108）を添えるのがおすすめ。

ingrédients 4個分

4個	洋梨（1個約300gの小ぶり）
600〜650g	赤ワイン
300g	グラニュー糖
⅔個	レモン
2本	シナモンスティック
10おろし	ナツメグ（すりおろす）
15g	レモン汁
0.5g	シナモンパウダー
5おろし	ナツメグ

essentiel

＊洋梨は日本では大きいものが出回っていますが、なるべく小ぶりのものを選んでください。少し熟れかけ、ぬめりがでて味わいも深くなりはじめたけれど、まだ少し硬めでしっかりしたものがいいでしょう。味の薄い洋梨は赤ワインに負けてしまいますし、皮をむくとゴリゴリと硬いようなものは味も乏しく、火が通りにくいわりには煮崩れます。

＊赤ワインはボルドーワインのような味わいの濃いものが加熱しても香りが消えにくく、コンポットゥに向いています。ここではチリ産「モンテス」を使いました。

洋梨の赤ワイン煮
Poires au vin rouge

赤ワインで深紅に染まった洋梨。
その色ほどに深い味わいに満ちたコンポットゥ。

1　洋梨は小さければ、枝はとらずに丸ごと皮だけむく。大きければ枝ごと縦に2つにカットし、プティクトーで種と芯のザラザラした部分を深めにきれいにむきとり、枝を残したまま皮をむく。

2　1がようやく入るほどのステンレスまたはホーロー鍋に横にして入れる。洋梨の上⅓弱がでるくらいまで赤ワインを入れ、グラニュー糖、2～3㎜厚さに輪切りしたレモン、ふたつに折ったシナモンスティックを入れ、ナツメグを強くすりおろす。

3　紙ブタ(パラフィン紙を鍋の内径に合わせて丸く切り、中央に丸く穴をあける)をし、弱火にかけて煮る。すぐに洋梨は縮んで小さくなり、ワインの中に浸かる。ワインが多すぎると洋梨の味が薄くなる。

4　10分ほどクツクツと煮たら上下を返し、中心に竹串が重めに入るようになるまでさらに約10分煮る。

＊　竹串がすっと通るまで柔らかく煮ると、洋梨の歯触りや味わいが失われ、赤ワインの味わいに隠れてしまいます。煮る時間は洋梨の品種、熟れ具合、大きさ、半割か丸ごとかで異なりますが、かなり熟れて少し柔らかめなもので20分、硬めのもので30分弱が目安。

5　レモンをとり除く。洋梨をバットにとりだし、ラップをぴったりと貼りつける。冷蔵庫で十分に冷やす。

6　シロップからシナモンスティックをとり除き、レモン汁を加え、香りが飛ばないように弱火で10分前後軽く煮つめる。指で煮汁をこすってみて、しっかりとぬめりが感じられる程度になったら火をとめる。

＊　煮つめ方がたりないと物たりない味になります。かならず弱火で軽くフツフツと煮つめます。強火で沸騰させて煮つめると味わいが著しく失われます。

7　香りを立たせるためにシナモンパウダーを加え、ナツメグをすりおろし、さらに2分煮る。別の容器に移し、冷蔵庫で約5℃まで十分に冷やす。

8　よく冷えた皿に洋梨を盛りつけ、シロップを大きなスプーンで4～5杯ほど多めに流す。

煮たその日のうちがもっとも印象的な味わいです。赤ワインの色が洋梨の表面にだけ浸透し、内側はうっすらと赤色になりかかったくらいが、洋梨の味が赤ワインに埋もれません。翌日までおくと、たとえシロップと分けておいてもだらしのない味わいになります。

ingrédients 約6人分

1 個	パイナップル
約700g	水
150g	グラニュー糖 A
100g	グラニュー糖 B
90g	ハチミツ（ラベンダー）
30g	レモン汁
40g	キルシュ
10g	リカール A
20g	リカール B

パイナップルのコンポットゥ
Compote à l'ananas

パイナップルが上品なデセールに。
シロップでつくったソルベを添えて。

1 パイナップルはほんの少しトゲが残っている程度に厚く皮をむく。厚さ1.5cmの輪切りにする（10〜12枚とれる）。芯を直径3cmの丸ぬき型でぬく。

2 平たい大きなステンレスまたはホーロー鍋に3段くらいに重ね入れる。1でぬいた芯も間に入れる（芯は硬いので煮ても食べられないが、すき間を埋めることでシロップの量を控えられる）。

3 一番上のパイナップルの上1/3がでるくらいまで水を入れ、グラニュー糖Aを加える。紙ブタ（パラフィン紙を鍋の内径に合わせて丸く切り、中央に丸く穴をあける）をして火にかける。

4 沸騰したら、火をとめる。このまま24時間おく。

5 翌日、ふたたび火にかけ、グラニュー糖Bを加えて軽く沸騰させる。火をとめてハチミツを加える。

6 30〜40℃まで冷ましてから、レモン汁、キルシュ、リカールAを加える。冷蔵庫に入れる。

7 3日後にリカールBを加え、あと最低一晩冷蔵庫に入れる。

＊ もう一度リカールを加えて味わいをはっきりさせます。

煮てから5日ほどおくと味わいに深みがでます。10日間ほどおいても味は悪くなりません。シロップはアイスクリームメーカーにかけてソルベにして添えるのもおすすめです。この分量のシロップから約300gのソルベをつくれます。ソルベにはリカールを小さじ1弱かけて供してもいいでしょう。

ingrédients 約4人分

- 125g プルーン（ドライ・種なし）
- 125g 赤ワイン
- 125g 水
- 50g グラニュー糖
- 15g シュクル・ヴァニエ

- 500〜600g 洋梨（大2個）
- 110g グラニュー糖
- 130g 水
- 20g レモン汁
- 15g シュクル・ヴァニエ
- 20g ポワール・オ・ドゥ・ヴィ

essentiel

* 赤ワインはボルドーワインのような味わいの濃いものが加熱しても香りが消えにくく、コンポットゥに向いています。ここではチリ産「モンテス」を使いました。

* バニラ棒ではシロップに種が入って見ばえが悪くなるので、シュクル・ヴァニエを使います。

ドライプルーンと洋梨のコンポットゥ
Compote de pruneaux et aux poires

プルーンと洋梨を別々に煮てシロップを合わせます。
互いの持ち味がそれぞれの味わいを際立たせます。

1　ドライプルーンの赤ワイン煮をつくる。ボウルにプルーン、赤ワイン、水を入れ、室温で最低12時間漬ける。

2　1を鍋に入れ、グラニュー糖とシュクル・ヴァニエを加え、弱火でごく軽く4分煮る。冷蔵庫に3〜4時間入れて約5℃まで十分に冷やす。

3　洋梨のシロップ煮をつくる。洋梨は縦4等分にカットし、芯をとって皮をむく。

4　3がようやく入るほどのステンレスまたはホーロー鍋に横にして入れ、グラニュー糖、水、レモン汁、シュクル・ヴァニエを加える。洋梨は火にかけると縮むので、煮汁からかなりでていてもいい。

5　紙ブタ(パラフィン紙を鍋の内径に合わせて丸く切り、中央に丸く穴をあける)をして弱火にかける。途中スプーンで洋梨の上下を返し、軽く沸騰して洋梨の中心に竹串が重めに入るようになるまで15〜20分煮る。

＊竹串がすっと軽く入るほどまで煮ると、洋梨の歯触りや味わいが弱くなってしまいます。

6　40〜50℃に冷ましてから、ポワール・オ・ドゥ・ヴィを加える。冷蔵庫に3〜4時間入れて約5℃まで十分に冷やす。

7　2のドライプルーンの赤ワイン煮のシロップ1に対し、6の洋梨のシロップ煮のシロップ2の割合で合わせる。

＊2つのシロップは提供の1時間くらい前に混ぜます。混ぜてから長い時間おくと味わいがにごってしまいます。

8　よく冷えた皿にプルーン、洋梨をともに盛りつけ、7のシロップをたっぷりと流す。

プルーン、洋梨ともに煮てから3〜4時間後、その日のうちが味わいがはっきりしています。残った場合もおいしいのは翌日くらいまでが限度。少しずつ、とくに洋梨の味わいが弱くなります。

ドライフルーツのコンポットゥ
Compote de fruits secs

フレッシュの果物とは違う滋味深い味わい。

ingrédients　4〜5人分

　60g　プルーン（ドライ・種なし）
　60g　アプリコット（ドライ）
　60g　洋梨（ドライ）
　60g　白桃（ドライ）
600g　水
　　5g　レモン汁
　1本　バニラ棒
　80g　グラニュー糖
　15g　コニャック

essentiel

＊ドライの白桃が手に入らなければ、
洋梨を120gにします。

1　ボウルにドライのプルーン、アプリコット、洋梨、白桃、水、レモン汁を入れ、室温で最低12時間漬ける（もっと長く漬けてもかまわない）。

2　ステンレスまたはホーロー鍋の一番下から、煮崩れしにくいアプリコット、洋梨、白桃、プルーンの順に入れる。

3　漬け汁を入れ、縦に裂いたバニラ棒を入れる。紙ブタ（パラフィン紙を鍋の内径に合わせて丸く切り、中央に丸く穴をあける）をし、少しズラしてフタをする。弱火にかけ、ごく軽くフツフツと煮崩れないように約45分煮る。途中25分ほどたったら、上下を返す。洋梨は少しだけ煮崩れるが、味に影響はない。

4　グラニュー糖を加えて沸騰させ、少し強くフツフツと4分煮る。

5　40〜50℃まで冷ましてから、コニャックを加える。冷蔵庫で約5℃まで十分に冷やす。

10時間後から翌日までが味わいのコントラストがあっておいしいです。よく冷えた皿にシロップとともに盛りつけます。

氷 菓
Les desserts glacés

chapitre 6

グラス
Glace

はじめて渡仏した時、フランスのグラス（アイスクリーム）のおいしさに驚きました。
修業先の「パティスリー・ミエ」でいったい何回マダムの目を盗み、
できたてのグラスを味わったことか。
この鮮烈なおいしさを日本でもと考えたルセットゥです。

ヴァニーユ　108
Glace à la vanille

ショコラ　112・111
Glace au chocolat

キャラメル　112・114
Glace au caramel

キャフェ　113・116
Glace au café

マロン　113・117
Glace aux marrons

ピスターシュ　113・117
Glace aux pistaches

ヴァニーユ
Glace à la vanille

ingrédients 約4人分

クレーム・アングレーズ
- 226g 牛乳
- 86g 生クリーム
- 40g 水飴
- ⅓本 バニラ棒
- 60g 卵黄
- 60g グラニュー糖

- 1g グラニュー糖
- 0.8g 安定剤

essentiel

* 製法はバヴァロアズ(→P50)のためのクレーム・アングレーズとほぼ同じですが、バヴァロアズよりも目に見えない部分でとにかくすべての材料をより細かく混ぜることにより、舌触りと口溶けになめらかさとシャープさをだします。

* アイスクリームメーカーはビーターの回転が速いほうがよりなめらかに仕上がります。このルセットゥでは一般的に普及しているデロンギ社の家庭用製品(容量1.1ℓ)を使用していますが、回転速度は少し遅いので若干なめらかさには欠けます。

* 前もってつくって冷凍庫で保存する場合は、安定剤を加えると氷の結晶が大きくならず、味わいが長もちします。でも、できたてこそ最高においしいということも忘れないでください。できたてを提供する場合は安定剤は入れません。

1 アイスクリームメーカーの冷却器は前日から冷凍庫に入れて十分に冷やしておく。11で使うボウル2つも冷凍庫で冷やしておく。

2 クレーム・アングレーズをつくる。鍋に牛乳と生クリーム、水飴、縦に裂いたバニラ棒を入れ、80℃(縁のほうがフツフツする)まで加熱する。

3 2を加熱している間に、耐熱性ガラスボウルに卵黄とグラニュー糖を入れ、とくにていねいに白っぽくなるまでホイッパーで混ぜる(バヴァロアズよりもさらに十分に)。

4 3に2の⅓量を3回に分けて少しずつ加えながら、ホイッパーで円を描いてよく混ぜる。残りは手早く混ぜながら少しずつ加える。

5 金網とセラミック網をガスコンロにのせ、4をごく弱火でホイッパーで強く混ぜながら83℃まで加熱する。

* バヴァロアズのクレーム・アングレーズと違って泡立ってもかまわないので、強く手早く混ぜることにより、すべての材料をよく混ぜながら加熱します。また、バヴァロアズよりも煮つめる温度は83℃と高く、十分にとろみをつけます。とろみがたりないと、気泡量が少なくなり、口溶けが重くなります。

6 83℃になって十分などろっとしたとろみがついたら、すぐに裏漉しする。

7 氷水にあて、ホイッパーで強く混ぜながら40℃まで温度を下げる。

* ここでもよく混ぜないと、乳脂肪球が寄り集まって小さなザラつきができ、口溶けが悪くなります。

8 グラニュー糖と安定剤を混ぜ合わせてから、7に加える。さらに氷水にあててよく混ぜながら20℃まで温度を下げる。

＊40℃で安定剤を加えると全体に広く拡散し、なめらかさがより持続できます。

＊20℃まで冷やせば、融点の高い脂肪球がしっかりと混ざってつながっているので、あとは脂肪球の粒ができて口溶けが悪くなることはありません。

9 冷蔵庫に入れて4時間以上ねかせる。

＊ねかすことにより、それぞれの素材が次第に深く結びついてとろみが濃くなります。

10 アイスクリームメーカーにかける。白っぽくなって盛りあがってくればいい。約10分が目安だが、冷却器の冷え加減によって20分ほどかかることもある。

＊メーカーや冷却器の冷え具合によって時間は変わりますが、10～13分ほどで固まるともっともなめらかに仕上がります。冷却器が冷えすぎていて6～8分くらいで固まってしまうとなめらかな舌触りは得られません。早く固まりすぎる場合は、冷却器を使う30分ほど前に冷蔵庫に移して少し温度を上げておくなど工夫してください。

11 できあがったグラスを冷やしておいたボウルに移し、保冷剤を敷き詰めたボウルにのせる。ゴムべらで練り混ぜて均一にする。

盛りつけ

1 冷凍庫で保存して硬くなっている場合で、1人分提供する場合。提供する15分前に1人分を冷蔵庫に移し、表面を少し柔らかくする。冷凍庫で冷やしておいたマグカップに入れ、白くなめらかにふっくらとするまで大きなスプーンで力を入れて空気を入れるように練り混ぜる。

2 冷凍庫で保存して硬くなっている場合で、2人分以上提供する場合。提供する15分前に必要な量をボウルにとって冷蔵庫に移し、表面を少し柔らかくする。11と同様に練り混ぜる。

＊冷凍庫で保存して硬くなっているグラスは、よく練ると格段においしくなります。できたてを提供する場合はそのまま盛りつけます。

3 大きなスプーンをお湯につけて水気を十分に落とし、グラスをすくいとる。手のひらでスプーンの背を軽く温めて、よく冷えた皿に盛りつける。

−18℃で少し柔らかめになったくらいが食べごろ。シガール（→P289）やビスキュイ・ア・ラ・キュイエール（→P290）を添えるのもおすすめです。

ショコラ

ingrédients　約4人分

クレーム・アングレーズ
- 223g　牛乳
- 64g　生クリーム
- 38g　水飴
- 1/3個　クローヴ
- 2/3本　バニラ棒
- 28g　卵黄
- 26g　グラニュー糖
- 6g　ココア

- 47g　セミスイートチョコレート
  （アメリカオ・カカオ分72%）
- 25g　パートゥ・ドゥ・カカオ

- 2g　グラニュー糖
- 1.9g　安定剤

essentiel

* つくり方のポイントはP109「ヴァニーユ」参照。

* チョコレートは卵黄や生クリームに埋もれないよう、味わいの強いものを使います。

1　P109「ヴァニーユ」1〜4と同様にし（クローヴは牛乳などと加熱する）、ココアを加えてよく溶かす。

2　さらに「ヴァニーユ」5と同様にし、火からおろして細かく刻んだチョコレートとパートゥ・ドゥ・カカオを加えて裏漉しする。あとは「ヴァニーユ」7〜11と同様にする。

盛りつけ、食べごろはP110「ヴァニーユ」と同様。

ショコラ
Glace au chocolat
→P111

キャラメル
Glace au caramel
→P114

キャフェ
Glace au café
→P116

マロン
Glace aux marrons
→P117

ピスターシュ
Glace aux pistaches
→P117

キャラメル

ingrédients 約4人分

クラクラン
185gできるので53g使用する
- 100g　グラニュー糖
- 33g　水
- 1/10本　バニラ棒
- 100g　アーモンドダイス（16割）

キャラメルベース
- 25g　生クリーム
- 7g　水A
- 58g　グラニュー糖
- 20g　水B

クレーム・アングレーズ
- 222g　牛乳
- 117g　生クリーム
- 26g　水飴
- 1/3本　バニラ棒
- 60g　卵黄
- 44g　グラニュー糖

- 0.9g　グラニュー糖
- 0.9g　安定剤

essentiel

＊ つくり方のポイントはP109「ヴァニーユ」参照。

1 クラクランをつくる。銅ボウルにグラニュー糖、水、縦に裂いたバニラ棒を入れて火にかけ、108〜110℃まで加熱する。すぐに火をとめてアーモンドダイスを入れる。

2 木べらで混ぜると、次第にグラニュー糖が再結晶して全体が固まってくる。さらにすりつぶすように混ぜていくと、ひとつひとつ離れてくるので、木べらで同様に混ぜながらできるだけアーモンドを一粒ずつにばらす。

3 バニラ棒をとりだして弱火にかけ、底を木べらでゆっくりこすりながら煎る。グラニュー糖が溶けすぎるとアーモンドが離れにくくなるので、火は強くしないように。余熱で色がつくので、かなり濃いめの褐色の少し手前まで色づいたら火をとめ、砂糖が再結晶してパラパラになるまでさらに木べらで混ぜ続ける。

4 53gをとり分け、10でグラスに混ぜる30分前に冷凍庫に入れて冷やしておく。

＊ クラクランは常温で最長1週間まで保存できます。アーモンドは酸化しやすく市販のクラクランは酸敗香がするものが多いので、自家製することをおすすめします。

5 キャラメルベースをつくる。鍋に生クリームと水Aを入れ、弱火で70〜80℃（縁のほうがフツフツする）まで加熱する。

6 銅鍋にグラニュー糖、水Bを入れて弱火で加熱し、煙が立ってからもスプーンですくって色を確かめながらさらに焦がす。キャラメルは黄色みを帯び、次第に赤みを増し、次に黒みを帯びてくる。

＊ 焦がし加減は黒みはかなりでてきたが、少し赤みが残っているほどに。十分に深く焦がさないとカラッとした味わいになりません。

7 6に5をホイッパーで混ぜながら加える。冷えるとかなりどろっとして粘度が強くなる。

8 P109「ヴァニーユ」1〜9と同様にする。

9 アイスクリームメーカーに入れる直前に、8のクレーム・アングレーズをゴムべらに少しとり、7のキャラメルベースに1〜2回に分けて加えてのばし、これを8にもどして混ぜる。

＊ キャラメルベースはアイスクリームメーカーにかける直前に加えたほうがクレーム・アングレーズに深く入り込まず、カラッとした味わいになります。

10 アイスクリームメーカーにかける。途中、十分に硬くなり、全体が7割くらい盛りあがってきたところで4のクラクランを加える。あとは「ヴァニーユ」10〜11と同様にする。

＊ グラスが柔らかいうちにクラクランを加えると、すぐに表面の砂糖が溶けてアーモンドが湿気てしまいます。

盛りつけ、食べごろはP110「ヴァニーユ」と同様。

キャフェ

ingrédients　約4人分

クレーム・アングレーズ
- 333g　牛乳
- 8g　コーヒー豆（キリマンジャロ）
- 8g　コーヒー豆（モカ）
- 83g　生クリーム
- 42g　水飴
- 67g　卵黄
- 67g　グラニュー糖
- 5g　インスタントコーヒー（粉末）
- 1.5g　グラニュー糖
- 1.3g　安定剤
- 4g　コーヒーエッセンス

essentiel

＊コーヒーエッセンスがなければ、インスタントコーヒー2gをお湯3gで溶いて代用します。

essentiel

＊つくり方のポイントはP109「ヴァニーユ」参照。

＊キリマンジャロは芯がある鋭い香りを、モカは太い膨らみのある味わいをだします。インスタントコーヒーは舌に味わいを強く感じるために加えます。すぐに溶けるように粉末状のものを使います。

1　P109「ヴァニーユ」1と同様にする。

2　鍋に牛乳を入れて軽く沸騰させ、すぐに火をとめてコーヒー豆2種類を入れる。フタをして30分蒸らして香りを移す。コーヒー豆をとり除く。

3　2に生クリームと水飴を加え、80℃（縁のほうがフツフツする）まで加熱する。「ヴァニーユ」3〜5と同様にし、火からおろしてインスタントコーヒーを加えてよく混ぜ、裏漉しする。「ヴァニーユ」7と同様にし、グラニュー糖と安定剤を混ぜ合わせてから加え、コーヒーエッセンスも加え、氷水にあててよく混ぜながら20℃まで温度を下げる。あとは「ヴァニーユ」9〜11と同様にする。

盛りつけ、食べごろはP110「ヴァニーユ」と同様。

マロン

ingrédients 約4人分

- 14g ダークラム A
- 11g ダークラム B

クレーム・アングレーズ
- 172g 牛乳
- 85g 生クリーム
- 23g 水飴
- ⅓本 バニラ棒
- 57g 卵黄
- 16g グラニュー糖

- 100g パートゥ・ドゥ・マロン

- 1g グラニュー糖
- 0.9g 安定剤

essentiel

* つくり方のポイントはP109「ヴァニーユ」参照。

* 半量に煮つめたダークラムを加えると舌に温かい味わいが感じられます。

1　ダークラムAは半量の7gになるまで煮つめる。

2　P109「ヴァニーユ」1〜5と同様にし、パートゥ・ドゥ・マロンを加えてよく混ぜて溶かし、裏漉しする。「ヴァニーユ」7と同様にし、1の半量に煮つめたダークラムA、ダークラムBを加え、「ヴァニーユ」8〜11と同様にする。

* パートゥ・ドゥ・マロンをいつ加えるかで味わいは変わります。加熱しはじめる時に加えればマロンそのものの味わいは隠れてまろやかになります。このルセットゥのように83℃に加熱してから加えれば、よりマロンの味わいがはっきりとでます。

盛りつけ、食べごろはP110「ヴァニーユ」と同様。

ピスターシュ

ingrédients 約4人分

クレーム・アングレーズ
- 226g 牛乳
- 86g 生クリーム
- 35g 水飴
- ⅓本 バニラ棒
- 60g 卵黄
- 55g グラニュー糖

- 35g パートゥ・ドゥ・ピスターシュ

- 1g グラニュー糖
- 0.8g 安定剤
- 10滴 ビターアーモンドエッセンス
  （竹串の先でたらす）
- 13g ピスタチオ

essentiel

* つくり方のポイントはP109「ヴァニーユ」参照。

1　P109「ヴァニーユ」1〜5と同様にし、パートゥ・ドゥ・ピスターシュを加えてよく混ぜて溶かし、裏漉しする。「ヴァニーユ」7と同様にし、ビターアーモンドエッセンスを加え、「ヴァニーユ」8〜11と同様にする。アイスリームメーカーにかけて全体が7割くらい盛りあがってきたところで2mm角に刻んだピスタチオを加える。

盛りつけ、食べごろはP110「ヴァニーユ」と同様。

chapitre 7

ソルベ
Sorbet

果汁やフルーツピューレとシロップを凍らせるソルベは、シンプルそのもの。
だからこそフルーツの品質がおいしさの鍵を握ります。
本書では品質にブレのないことからフランス産の冷凍ピューレを使用しています。
できたてのなめらかそのもののソルベは、それはおいしいものです。

アブリコ　119・122
Sorbet aux abricots

カシス　120・123
Sorbet aux cassis

マング　120・123
Sorbet aux mangues

ポワール　120・123
Sorbet aux poires

フランボワーズ　121・123
Sorbet aux framboises

アブリコ

Sorbet aux abricots

→P122

タンバル・エリゼ(P124)で可憐に
仕立てたアプリコットのソルベ。

カシス
Sorbet aux cassis
→ P123

マング
Sorbet aux mangues
→ P123

ポワール
Sorbet aux poires
→ P123

フランボワーズ
Sorbet aux framboises
→ P123

アブリコ

ingrédients 約4人分

- 250g　アプリコットピューレ
- 79g　水
- 60g　グラニュー糖
- 21g　粉末水飴
- 8g　ブドウ糖
- 13g　レモン汁
- 0.8g　安定剤

essentiel

＊ ソルベの基本は、おいしい果汁に砂糖のシロップを加えて混ぜながら凍らせることに尽きます。つまり果汁の良し悪しにかかっています。一般的に冷凍果汁はフレッシュ感は残りますが、味わいや香りは細くなります。加熱殺菌の冷蔵パックの果汁は味わいの太さは残りますが、新鮮さは減少します。どちらの場合もリキュールやオ・ドゥ・ヴィなどを加えて味を整えなければなりません。冷蔵パックの果汁を使う場合は、かならずレモン汁を加えてフレッシュな味わいにします。

＊ 粉末水飴は溶けやすく扱いやすいですが、手に入らない場合は普通の水飴を同量使います。

＊ ブドウ糖は甘みを太く強いものにします。粉末ブドウ糖がすぐに溶けるので便利です。

＊ 前もってつくって冷凍庫で保存する場合は、安定剤を加えると氷の結晶が大きくならず、味わいが長もちします。でも、できたてこそ最高においしいということも忘れないでください。できたてを提供する場合は安定剤は入れません。

＊ アイスクリームメーカーはビーターの回転が速いほうがよりなめらかに仕上がります。このルセットゥでは一般的に普及しているデロンギ社の家庭用製品（容量1.1ℓ）を使用していますが、回転速度は少し遅いので若干なめらかさには欠けます。

＊ 配合はフルーツのピューレによって変える必要があるでしょう。本書ではフランス・アプチュニオン社のピューレを使用しています。

1　アイスクリームメーカーの冷却器は前日から冷凍庫に入れて十分に冷やしておく。5で使うボウル2つも冷凍庫で冷やしておく。

2　グラニュー糖のうち少量と安定剤を混ぜる。

3　すべての材料をホイッパーで混ぜ合わせ、安定剤が拡散するまで約15分おく。

4　アイスクリームメーカーにかける。白っぽくなって盛りあがってくればいい。約10分が目安だが、冷却器の冷え加減によって15〜20分ほどかかることもある。

＊ 比較的冷却力の弱い家庭用の冷凍庫で冷却器を冷やす場合は、混ぜ合わせた材料をボウルごと冷凍庫に入れて、周りが固まってきたらホイッパーでよく混ぜることを3回ほどくり返し、全体が凍りはじめるまで冷やしてからアイスクリームメーカーにかけるとより短時間でなめらかに仕上がります。

5　P110「ヴァニーユ」11と同様にして練り混ぜる。

盛りつけ

1　P110「ヴァニーユ」盛りつけと同様にする。

−18℃で少し柔らかめになったくらいが食べごろ。シガール（→ P289）やビスキュイ・ア・ラ・キュイエール（→ P290）を添えるのもおすすめです。

カシス

ingrédients 約4人分

- 250g　カシスピューレ
- 156g　水
- 96g　グラニュー糖
- 22g　粉末水飴
- 11g　ブドウ糖
- 10g　レモン汁
- 1.5g　安定剤

essentiel

＊つくり方、ポイントともにP122「アブリコ」と同様。

ポワール

ingrédients 約4人分

- 250g　ポワールピューレ
- 83g　水
- 54g　グラニュー糖
- 21g　粉末水飴
- 8g　ブドウ糖
- 20g　ポワール・オ・ドゥ・ヴィ
- 8g　レモン汁
- 0.8g　安定剤

essentiel

＊つくり方、ポイントともにP122「アブリコ」と同様。

マング

ingrédients 約4人分

- 250g　マンゴーピューレ
- 87g　水
- 42g　グラニュー糖
- 20g　粉末水飴
- 8g　ブドウ糖
- 12g　レモン汁
- 1.3g　安定剤

essentiel

＊つくり方、ポイントともにP122「アブリコ」と同様。

フランボワーズ

ingrédients 約4人分

- 250g　フランボワーズピューレ
- 108g　水
- 55g　グラニュー糖
- 27g　粉末水飴
- 9g　ブドウ糖
- 6g　レモン汁
- 1.3g　安定剤

essentiel

＊つくり方、ポイントともにP122「アブリコ」と同様。

タンバル・エリゼ　*Timbale Élysée*

ingrédients

直径13cm×深さ5cm 7個分

◆パータ・チュリプ
- 99g　バター
- 71g　粉糖
- 57g　卵白
- 36g　薄力粉
- 36g　強力粉
- 0.2g　バニラエッセンス（3滴）

◆飴
- 98g　グラニュー糖
- 72g　水飴
- 43g　水
- 適量　サラダオイル

◆仕上げ
- 適量　生クリーム
- 適量　グラニュー糖
  （生クリームの分量の10%）
- 適量　バイオレットの砂糖漬け

パータ・チュリプ

1　P289「シガール」パータ・チュリプ1～6と同様にする（シャブロンには少し厚めにすり込む）。

2　焼きあがったらすぐ熱いうちに、直径13cm×深さ5cmのステンレス製ボウルなどに入れて形をつくる。30秒ほどそのままおいてボウルからはずす。

＊　このパートゥは砂糖の配合がかなり多いため、熱いうちは柔らかくても、冷めるとすぐに硬くなって割れやすいので、ボウルはオーブンに入れて熱しておき、軍手をはめて作業します。

飴

essentiel

＊　何度も混ぜているうちに砂糖が再結晶して硬くならないよう、水飴を配合しています。

1　直径9.5cmのボンブ型をベーキングシートにのせ、サラダオイルを全面にぬっておく。

＊　サラダオイルのぬり方にむらがあったり、少なすぎると、型から飴がはずれにくくなります。多くぬりすぎても、たらした飴が流れ落ちてきれいな格子状になりません。

2　銅鍋にグラニュー糖と水飴、水を入れ、弱火で160℃まで煮つめる。

3 160℃になってごく薄く色がついたら、すぐに鍋底を水に約10秒つけて粗熱をとる。底が冷めてかたまりができるので、この部分をスプーンでよく混ぜて溶かしながら、ガスコンロにもどしては水につけることをくり返し、水飴よりも少し硬いくらいにする。たらすと2秒くらいで跡が消えるのが目安。

＊ 少しだけ薄い色がついたほうが香りがよく、また作業中に砂糖が再結晶しにくくなります。

＊ テーブルなどの上に鍋を置くとすぐに飴が冷えて硬くなるので、余熱で温かいガスコンロの上で混ぜます。

4 1のボンブ型の縁に沿って、3をスプーンで少し太めにたらして丸い枠をつくる。

5 4のボンブ型をプリンカップを3個重ねた上にのせる（2cmほど浮いた状態になればいい）。4でつくった丸枠にスプーンで飴をたらし、そこから糸を引っ張るように3～5mm間隔で細くたらしながらスプーンを往復させる。全面にかかったら、90度向きを変えて同様にたらして格子状にする。

＊ 型の5mm上からたらします。飴はスプーンですくわず、混ぜた時に自然につく飴をたらすと、細くきれいにかかります。かならず丸枠に両端をつけて往復させないと、きれいなドーム型になりません。

＊ 飴はたらす時の柔らかさが大きなポイントです。途中で飴が硬くなったら、弱火にあててスプーンでよく混ぜながら加熱して柔らかくします。混ぜながら加熱しないとすぐに色がつきます。

6 ボンブ型から飴をはずし、はみだした部分をハサミで切り整える。はずれにくい場合は、さらに十分に冷ましてからはずす。

仕上げ

1 パータ・チュリプにソルベ（またはグラス）を盛り、上に飴をのせる。

2 生クリームとグラニュー糖を8分立てに泡立てる。口径7mmの星口金をつけた絞り袋に入れ、飴の上に小さく絞りだす。バイオレットの砂糖漬けを飾る。

タンバル・エリゼはクッキーの器と飴の帽子の組合せ。ソルベやグラスを華やかに仕上げるアレンジとしておすすめです。乾燥剤とともに密閉容器に入れておけば、パータ・チュリプ、飴ともに1週間保存できます。

chapitre 8

スフレ・グラッセ

Soufflé glacé

スフレ・グラッセという名前の由来は、
まるで焼きたての膨れたスフレ・ショのような容姿から。
舌の上でとろりと溶けるごくなめらかな食感は
他の氷菓とは違い、レストランでしか提供できないものです。
スフレ・グラッセそのものの味わいはおだやかなので、
ココアやジュレ、ソースで味を補って仕上げます。

オランジュ　128
Soufflé glacé à l'orange

ショコラ　132・134
Soufflé glacé au chocolat

カシス　132・136
Souffulé glacé aux cassis

パッションフルーツ　133・138
Soufflé glacé à la fruit de la passion

フランボワーズ　133・140
Souffulé glacé aux framboises

――　スフレ・グラッセとは、パルフェ・グラッセの中でもスフレ・ショ（→ P214）のように膨らんだ形につくったものを指します。といっても、氷菓のパルフェが膨れることはありません。ラムカンよりも背が高い厚紙を巻いてアパレイユを流して冷やし固めると、大きく膨れたように見えることでこの名前がついたようです。

　スフレ・グラッセの製法には、生クリームにパータ・ボンブを加えるものと、ムラング・イタリエンヌを加えて凍らせるものがあります。それぞれの味わいの特徴としては、パータ・ボンブの場合は少しトロリとしたリッチな舌触りをもたらします。ムラング・イタリエンヌの場合は軽いシャープな舌触りと口溶けになります。これらふたつのよいところを合わせようと、どちらも加える配合もあります。

　ですが、シャープな口溶けを支えるための生クリームの泡立てをまだ水分が脂肪球をかなり含んでいる状態、つまりまだツヤのある柔らかめの7分立てにすれば、ムラング・イタリエンヌを加えるまでもなく、パータ・ボンブだけでもシャープな口溶けは得られます。また、パータ・ボンブも卵黄に対して砂糖の割合が多く気泡量の少ない重めのものでなく、砂糖を少なめにして水分の多いものをよい状態で加熱してとろみをつければ、十分な気泡が得られ、軽い舌触りになります。

　本書では、パータ・ボンブだけを加えるスフレ・グラッセ4品（オランジュ、ショコラ、カシス、パッションフルーツ）と、パータ・ボンブとムラング・イタリエンヌを加えるスフレ・グラッセ1品（フランボワーズ）を紹介します。フランボワーズのスフレ・グラッセは味わいのバランスから、私なりのイメージでムラング・イタリエンヌを配合しました。

　スフレ・グラッセ（パルフェ・グラッセ）の醍醐味は、グラスの舌触りや口溶けとは異なる、舌に寄り添うような上品で豊かな味わいです。この出来を左右するのは、パータ・ボンブの煮つめ具合です。十分なとろみと気泡量で、生クリームと混ぜる時に泡がつぶれて分離しない強さをつくります。煮つめすぎるとどろっとした粘りの強いパータ・ボンブとなり、気泡量は少なくなり、口溶けも重くなります。また煮つめ具合がたりないと、気泡量が多すぎて、混ぜる時に泡がつぶれてパータ・ボンブが分離した頼りない口溶けになります。
　――

オランジュ
Soufflé glacé à l'orange

ingrédients

直径6.5cm×高さ3.5cmラムカン6個分

◆**アパレイユ**
- 270g　生クリーム
- 30g　グラニュー糖

パータ・ボンブ
- 40g　グラニュー糖
- 32g　水
- 78g　卵黄

- 14.4g　コンパウンド・オレンジ
- 36g　オレンジキュラソー
　　　（アルコール度数60°）

◆**仕上げ**
- 適量　ココア
- 適量　オレンジキュラソー
　　　（アルコール度数40°）

essentiel

* アパレイユのオレンジキュラソーは、アルコール度数60°がない場合は40°でも代用できます。仕上げのオレンジキュラソーはアルコール度数60°では強すぎるので40°を使います。

アパレイユ

1　厚紙を長さ25cm×高さ5cmに切り、ラムカンの周りに巻いてホチキスでとめる。これを冷凍庫で30分ほどよく冷やしておく。口径13mmの丸口金をつけた絞り袋も冷蔵庫で冷やしておく。

2　生クリームは7分立て（まだ十分に柔らかくツヤがあり、ゆっくりホイッパーを持ちあげると軽く角が立つ）に泡立て、グラニュー糖を加えて軽く混ぜる。冷蔵庫に入れておく。

* 生クリームを硬く泡立てると、あとから加えるアルコールによって生クリームがさらに硬く締まって離水し、できあがりの口溶けが悪くなります。グラニュー糖は泡立てたあとに加えて軽く混ぜたほうが、味わいのコントラストがでて、より印象的になります。

3　パータ・ボンブをつくる。小鍋にグラニュー糖と水を入れ、スプーンで混ぜながら軽く沸騰させる。煮つめる必要はない。

4　3を加熱している間に、耐熱性ガラスボウルに卵黄を入れてホイッパーで十分に混ぜる。

5 4に3を少しずつ加えながら、ホイッパーで円を描いて手早くよく混ぜる。

6 金網とセラミック網をガスコンロにのせ、5を中火にかける。ホイッパーで手早く上から叩くように泡立てながら加熱する。

＊火が強いと、ちょうどよい煮つめ具合で火からおろしても余熱で煮えすぎてしまいます。

7 十分にとろみがついて、ホイッパーの跡が深くつくようになったら火からおろし、同様に30秒ほど混ぜて余熱でさらにとろみをつける。どろっとしているが、十分に流れるほどの状態にする。

＊厚手のガラスボウルはまだかなりの熱を持っています。この余熱も考慮して、ちょうどよいとろみをつけるのがポイントです。

8 手つき中ボウルに裏漉しする。

9 ハンドミキサー（ビーター1本）の速度3番で2分泡立てる。白くふっくらと強い泡ができる。

10 さらに氷水にあて、速度2番で2分泡立てて20℃以下に温度を下げる。

＊凝固剤も入らず、また凍結するまでに時間がかかるので、パータ・ボンブの泡が消えて分離しやすくなります。とにかく生クリームに少しでもよく混ざるように、強い泡が必要です。また気泡量も多いほうがさわやかな軽さがでます。途中で泡立てる速度を落として冷ましながら泡立て、気泡の小さい強い泡をつくります。

11 コンパウンド・オレンジをオレンジキュラソーに加えて混ぜる。これを2の生クリームに2回に分けて加え、ホイッパーで下からすくうようにオレンジ色がほぼ見えなくなるまで軽めに混ぜる。

12 11に10のパータ・ボンブを2回に分けて加える。1回めを加えてホイッパーで下からすくうように少し手早く混ぜ、完全に混ざったら次を加えて同様に混ぜる。パータ・ボンブが見えなくなったら、ボウルの内側をゴムべらで払い、さらに下からすくうように20回混ぜる。

＊生クリームで十分にパータ・ボンブを包み込むことが大切です。これにより品のあるシャープななめらかさが得られます。

＊できあがりの状態はなめらかで少し柔らかいほうが、凍ってからの口溶けはよくなります。ここでボソッとした硬い混ざり具合になるほど、口溶けは悪くなります。

13 冷やしておいた絞り袋に12を入れ、1のラムカンに厚紙の縁まで絞り入れる。

14 パレットナイフで中央を気持ち高めにしてならす。冷凍庫で2時間冷やし固める（ショックフリーザーでは40分）。

＊ 気泡の多いパータ・ボンブは冷えるとかさが減るので、中央を少し高くしておくとちょうど平らになります。

仕上げ

1 提供する10分前に冷蔵庫に移す。

＊ 厚紙を触ってみると周りは柔らかく、中央はまだ硬めな状態が食べごろです。硬くては少しもおいしさを感じられません。

2 ココアを茶こしで表面全体が隠れるほどに軽くふる。

＊ ココアが多すぎると、ココアの食感にスフレの淡い舌触りが邪魔されてしまいます。

3 中央にプティクトーなどで直径1cmほどの穴をあけ、オレンジキュラソーをスプーンで流し入れる。

4 プリンカップなどの上にのせ、厚紙を下にずらしてはずす。

なんといっても食べごろの温度が大事です。周りはかなり溶けかかって柔らかく、中心に向かって硬くなっているくらいが、スフレ・グラッセ独特の上品なとろりとした舌触りと豊かな味わいが楽しめます。−20℃の冷凍庫で3日間、−30℃の冷凍庫で1週間保存できます。

ショコラ
Soufflé glacé au chocolat
→ P134

カシス
Soufflé glacé aux cassis
→ P136

パッションフルーツ
Soufflé glacé à la fruit de la passion
→ P138

フランボワーズ
Soufflé glacé aux framboises
→ P140

ショコラ

ingrédients

直径6.5cm×高さ3.5cmラムカン6個分

◆アパレイユ

　270g　生クリーム
　10g　グラニュー糖

ガナッシュ

　92g　牛乳
　20g　水

　46g　スイートチョコレート
　　　（スーパーゲアキル・カカオ分64%）
　32g　セミスイートチョコレート
　　　（ベネズエラ・カカオ分70%）
　30g　パートゥ・ドゥ・カカオ

パータ・ボンブ

　40g　グラニュー糖
　32g　水
　78g　卵黄

　30g　オレンジキュラソー
　　　（アルコール度数60°）
　0.8g　バニラエッセンス（10滴）

◆ショコラのソース

　40g　30°ボーメシロップ
　5g　水
　10g　ココア
　5g　オレンジキュラソー
　　　（アルコール度数60°）
　0.4g　バニラエッセンス（5滴）

essentiel

＊ チョコレートの選択が大事です。スーパーゲアキルは力強い芯のある香り、ベネズエラは太い力のある味わい。これら2種類のチョコレートを組み合わせることによって、力のあるチョコレートの味わいをつくりあげます。

＊ つくり方のポイントはP129「オランジュ」参照。

アパレイユ

1　P129「オランジュ」アパレイユ1と同様にする。

2　生クリームは7分立てに泡立て、グラニュー糖を加えて軽く混ぜる。冷蔵庫に入れておく。

3　ガナッシュをつくる。小鍋に牛乳と水を入れ、80℃（縁のほうがフツフツする）まで加熱する。

4　細かく刻んだチョコレート2種類とパートゥ・ドゥ・カカオをボウルに入れ、3を加えてホイッパーで円を描いてよく混ぜ、時々氷水につけて15℃以下に冷やす。

＊ ガナッシュが冷えても固まって混ぜにくくならないよう、水の配合を増やしています。

＊ できるだけ直前につくってください。時間をおくと脂肪分が分離し、硬い小さな粒ができます。

5　「オランジュ」アパレイユ3〜10と同様にパータ・ボンブをつくる。

6　冷やしておいたガナッシュをホイッパーで強く混ぜて柔らかくし、オレンジキュラソー、バニラエッセンスを加えて混ぜる。

7　2の生クリームに6を一度に加えて下からすくうように手早く混ぜる。かなり柔らかい場合は、強く混ぜて少しだけ硬くする。

8　「オランジュ」12〜14と同様にする。

ショコラのソース

1　材料すべてをココアのダマがなくなるまでホイッパーでよく混ぜる。

2　約10℃に冷やす。

＊常温だとサラッとしていますが、冷えるとほどよいとろみがでてきます。冷蔵庫で5日間保存可能。

仕上げ

1　「オランジュ」仕上げ1と同様にする。

2　ショコラのソース6〜7gを流し、パレットナイフで平らにならす。厚紙をはずす。

食べごろ、保存はP131「オランジュ」と同様。

カシス

ingrédients

直径6.5cm×高さ3.5cmラムカン7個分

◆**アパレイユ**
- 297g　生クリーム
- 70g　グラニュー糖

パータ・ボンブ
- 30g　カシスピューレ
- 20g　水
- 78g　卵黄

- 50g　カシスピューレ
- 30g　カシスリキュール
- 10g　レモン汁

◆**カシスのジュレ**
約23個分できる
- 50g　グラニュー糖
- 1.7g　ジャムベース（ジュレ用ペクチン）

- 65g　カシスピューレ
- 10g　水
- 20g　水飴

- 3g　ホワイトラム
- 1g　マール酒
- 0.3g　バニラエッセンス（4滴）

essentiel

＊ つくり方のポイントはP129「オランジュ」参照。

アパレイユ

1　P129「オランジュ」アパレイユ1と同様にする。

2　生クリームは7分立てよりも少しゆるめに泡立て、グラニュー糖を加えて軽く混ぜる。冷蔵庫に入れておく。

＊ カシスの酸は生クリームを締めるので、他のスフレ・グラッセよりもゆるめの7分立て弱にします。

3　「オランジュ」アパレイユ3～10と同様にパータ・ボンブをつくる（シロップはカシスピューレと水を80℃まで加熱する。果汁の香りを飛ばさないように沸騰はさせない）

4　2の生クリームにカシスピューレ、カシスリキュール、レモン汁を順に加え、ホイッパーで下からすくうように混ぜる。

5　「オランジュ」アパレイユ12～14と同様にする。

カシスのジュレ

1 P70「ディジョネーズ」カシスのジュレと同様につくる。

仕上げ

1 「オランジュ」仕上げ1と同様にする。

2 カシスのジュレ6〜7gを流し、パレットナイフで平らにならす。厚紙をはずす。

食べごろ、保存はP131「オランジュ」と同様。

パッションフルーツ

ingrédients

直径6.5cm×高さ3.5cmラムカン6〜7個分

◆アパレイユ
- 297g　生クリーム
- 63g　グラニュー糖

パータ・ボンブ
- 21g　パッションフルーツピューレA
- 39g　グラニュー糖
- 11g　水
- 78g　卵黄

- 32g　マール酒
- 27g　パッションフルーツピューレB
- 108g　パッションフルーツピューレC

◆パッションフルーツのジュレ
- 38g　グラニュー糖
- 1.5g　ジャムベース（ジュレ用ペクチン）
- 66g　パッションフルーツピューレ
- 33g　水
- 31g　水飴

essentiel

＊ つくり方のポイントはP129「オランジュ」参照。

＊ この配合ではパッションフルーツピューレを3つの違う形で加えています。メインとなる素材の味わいに深い印象がない場合には、違う形にして加えれば人間の舌は深い味わいを感じます。パータ・ボンブのシロップに加えるパッションフルーツピューレAは加熱による深い香りを、そのまま使うパッションフルーツピューレBは全体の味わいを増し、⅓量に煮つめて使うパッションフルーツピューレCは味わいを力強くし、著しく印象的な味わいが得られます。

＊ マール酒はあとを引く長い香りをパッションフルーツの香りに重ね、深い味わいをつくりだすために加えます。

アパレイユ

1　パッションフルーツピューレCを⅓量の36gまで煮つめて冷ましておく（写真右）。

2　P129「オランジュ」アパレイユ1と同様にする。

3　生クリームは7分立てよりも少しゆるめに泡立て、グラニュー糖を加えて軽く混ぜる。冷蔵庫に入れておく。

＊ パッションフルーツの酸は生クリームを締めるので、他のスフレ・グラッセよりもゆるめの7分立て弱にします。

4　「オランジュ」アパレイユ3〜10と同様にパータ・ボンブをつくる（シロップはパッションフルーツピューレAとグラニュー糖、水を軽く沸騰させる）。

5 3の生クリームに1の⅓量に煮つめたパッションフルーツピューレC、マール酒、パッションフルーツピューレBを順に加え、ホイッパーで下からすくうように混ぜる。

6 「オランジュ」アパレイユ12〜14と同様にする。

パッションフルーツのジュレ

1 グラニュー糖とジャムベースをホイッパーでよく混ぜる。

2 パッションフルーツピューレと水を合わせ、ホイッパーで混ぜながら1を加える。

3 小鍋に移して弱火にかけ、水飴を加えて混ぜる。アクがでたらていねいにとり、軽く沸騰したらすぐに火をとめる。裏漉しする。氷水にあてて冷やす。

＊冷蔵庫で1週間保存可能。

仕上げ

1 「オランジュ」仕上げ1と同様にする。

2 パッションフルーツのジュレ6〜7gを流し、パレットナイフで平らにならす。厚紙をはずす。

食べごろ、保存はP131「オランジュ」と同様。

フランボワーズ

ingrédients

直径6.5cm×高さ3.5cmラムカン7〜8個分

◆**アパレイユ**
80g　フランボワーズピューレA

ムラング・イタリエンヌ
できあがりから50g使用する
　30g　卵白
　　5g　乾燥卵白
　　3g　グラニュー糖A
　45g　グラニュー糖B
　15g　水

　15g　グラニュー糖C
　　2g　安定剤
297g　生クリーム
　63g　グラニュー糖D

パータ・ボンブ
　30g　グラニュー糖
　40g　水
　78g　卵黄

　20g　フランボワーズ・オ・ドゥ・ヴィ
　15g　フランボワーズリキュール
　30g　フランボワーズピューレB
　30g　レモン汁

◆**フランボワーズのジュレ**
約27個分できる
　27g　グラニュー糖
　1.2g　ジャムベース（ジュレ用ペクチン）

　10個　フランボワーズ（冷凍ホウル）
　65g　フランボワーズピューレ
　35g　水飴
　　5g　フランボワーズ・オ・ドゥ・ヴィ
　0.6g　フランボワーズエッセンス
　　　　（なければ加えなくてもいい）
　　5g　レモン汁

essentiel

* つくり方のポイントはP129「オランジュ」参照。

* フランボワーズの味わいにシャープで新鮮なイメージを与えるため、ムラング・イタリエンヌを配合しています。

* 生クリームに安定剤を加えるのは、フランボワーズの酸によって生クリームが離水し、口溶けが悪くなるのを防ぐためです。

アパレイユ

1　フランボワーズピューレAを半量の40gまで煮つめて冷ましておく。

2　ムラング・イタリエンヌをつくり、50gをとり分けて0℃に冷やしておく（→P92）。

3　P129「オランジュ」アパレイユ1と同様にする。

4　グラニュー糖Cと安定剤を混ぜる。これを泡立てる15分ほど前に生クリームに加えて混ぜておく。

5　生クリームは7分立てに泡立て、グラニュー糖Dを加えて軽く混ぜる。冷蔵庫に入れておく。

6　「オランジュ」アパレイユ3〜10と同様にパータ・ボンブをつくる。

7　5の生クリームに1の半量に煮つめたフランボワーズピューレA、フランボワーズ・オ・ドゥ・ヴィ、フランボワーズリキュール、フランボワーズピューレB、レモン汁を順に加え、ホイッパーで下からすくうように混ぜる。

8 「オランジュ」アパレイユ12と同様にする。

9 8に2のムラング・イタリエンヌを一度に加える。ホイッパーでゆっくりとボウルの底からすくい、ホイッパーの柄をボウルの縁にトントンとあててホイッパーから完全に落とす。これをムラングが見えなくなるまでくり返す。

10 「オランジュ」アパレイユ13〜14と同様にする。

フランボワーズのジュレ

essentiel

＊ 舌触りを楽しくするために、ホウルのフランボワーズをつぶして入れて種のプチプチした食感を生かします。

1 フランボワーズは解凍し、つぶしてフランボワーズピューレと合わせる。

2 P63「フランボワーズのバヴァロアズ」フランボワーズのジュレと同様にする（ただし裏漉しはせずに種を残す）。

仕上げ

1 「オランジュ」仕上げ1と同様にする。

2 フランボワーズのジュレ6〜7gを流し、パレットナイフで平らにならす。厚紙をはずす。

食べごろ、保存はP131「オランジュ」と同様。

chapitre 9
アントルメ・グラッセ
Entremets glacé

氷菓をアントルメに仕立てたアントルメ・グラッセは
フランスではレストランでもパティスリーでも欠かせないアイテムのひとつです。
人数の多いテーブルにはホウルのままプレゼンテーションしてから
サービスするととても喜ばれます。

ヌガー・グラッセ 143
Nougat glacé

クグロフ・グラッセ 146
Kouglof glacé

デリス・ドゥ・ディジョン 150・152
Délice de Dijon

プロフィトゥロール・グラッセ 151・154
Profiteroles glacées

ヌガー・グラッセ
Nougat glacé

とろける柔らかさの中に、軽妙な食感のニ・ダベイユと
オレンジピールやヘーゼルナッツ。
プロヴァンス地方のスペシャリテならではの
心が明るくなるような味わいの氷菓。
フランボワーズのクリを添えて。

ヌガー・グラッセ

ingrédients

上口21cm×7.5cm、底20cm×7cm、高さ5cmパウンド型1台分

◆アパレイユ
ニ・ダベイユ
- 21g　グラニュー糖
- 16g　バター
- 13g　水飴
- 13g　サワークリーム
- 11g　ハチミツ（ラベンダー）
- 21g　アーモンドスライス

- 42g　オレンジピールのコンフィ
- 32g　ヘーゼルナッツ
- 32g　ピスタチオ

- 263g　生クリーム

ムラング・イタリエンヌ
できあがりから39g使用する
- 30g　卵白
- 2g　乾燥卵白
- 3g　グラニュー糖
- 33g　ハチミツ（ラベンダー）
- 21g　水飴

パータ・ボンブ
- 53g　ハチミツ（ラベンダー）
- 42g　卵黄

- 14g　ハチミツ（ラベンダー）

◆フランボワーズのクリ
フランボワーズのクリ（→P288）
1人分に10〜13g使用する

アパレイユ

1　ニ・ダベイユをつくる。天板にアルミホイルを敷き、バター（分量外）をぬっておく。

＊ニ・ダベイユ（Nid d'abeille）は蜂の巣の意味。焼きあがりが蜂の巣に似ているためこの名前がついています。

2　銅サバイヨンボウルにアーモンドスライス以外の材料を入れて弱火にかける。スプーンで混ぜながら沸騰させ、全体が溶けたらアーモンドスライスを加えて混ぜる。色はつかなくていい。

3　1の天板に流して広げる。焼成中に自然に平らになるのでだいたいでいい。

4　オーブンで明るいキャラメル色になるまで焼く。
［電子レンジオーブン・ガス高速オーブン：180℃で11〜12分］
冷めたらアルミホイルからはずし、1.5cm角くらいに刻む。

5　オレンジピールのコンフィは皮についているシロップを軽く洗い流して水分をふきとり、1.2cm角に切る。ヘーゼルナッツは180℃のオーブンで濃いキツネ色になるまで10分ローストし、冷めてから半分に切る。ピスタチオも半分に切る。

6 パウンド型に軽く霧を吹き、内側にラップをなるべくシワが寄らないように貼りつける。ハケでまず底を貼ってから側面を貼るといい。冷凍庫で十分に冷やしておく。

7 生クリームを8分立て(ほぼツヤが消えかけ、ホイッパーをゆっくり持ちあげるとしっかりした角が立つ)に泡立て、冷蔵庫に入れておく。

8 ムラング・イタリエンヌをつくり、39gをとり分けて0℃に冷やしておく(→P92。ハチミツと水飴を合わせて119℃に加熱する)。

9 P129「オランジュ」アパレイユ3〜10と同様にパータ・ボンブをつくる(ハチミツを85℃に加熱して卵黄に加える。ハチミツの味わいが失われるのでけっして沸騰させない)。

10 7の生クリームの少量をハチミツに加えてのばし、これを生クリームにもどしてホイッパーで混ぜる。

11 10に9のパータ・ボンブを一度に加え、下からすくうように混ぜる。

12 8のムラング・イタリエンヌを一度に加える。ホイッパーでゆっくりとボウルの底からすくい、ホイッパーの柄をボウルの縁にトントンとあててホイッパーから完全に落とす。これをムラングが見えなくなるまでくり返す。

13 5のオレンジピール、ヘーゼルナッツ、ピスタチオを加えて木べらに持ちかえて下からすくうように混ぜる。4のニ・ダベイユも加えて混ぜる。

14 6のパウンド型に流し入れ、パレットナイフで平らにする。冷凍庫で2時間冷やし固める。

盛りつけ

1 型からはずし、冷凍庫でよく冷やしておいた板などの上にのせてラップをはがす。出刃包丁で上から押し切って厚さ1.5cmほどにカットする。

2 よく冷えた皿に盛りつけ、フランボワーズのクリを10〜13g添える。

1台で約12人分。食べごろは少しだけ柔らかくなりかけたころ。冷凍庫で10日間保存できます。

クグロフ・グラッセ
Kouglof glacé

クグロフ型でキャラメルのグラスと
ラム風味のパルフェを固めたアントルメ・グラッセ。

ingrédients

口径16cm×高さ7.5cmクグロフ型2台分

◆ダックワーズ・ココ
直径16cm×高さ2cmタルトリング2台分
ムラング・オルディネール
- 48g 卵白
- 2g 乾燥卵白
- 42g グラニュー糖

- 26g アーモンドパウダー
- 12g 薄力粉
- 26g グラニュー糖

- 8g ココナッツファイン
- 適量 粉糖

◆グラス・オ・キャラメル
キャラメル
- 46g 生クリーム
- 116g グラニュー糖
- 24g 水
- 20g お湯

クレーム・アングレーズ
- 300g 牛乳
- 256g 生クリーム
- 32g 水飴
- 108g 卵黄
- 72g グラニュー糖

- 8g グラニュー糖
- 2.2g 安定剤

◆パルフェ・ロム・エ・レザン
- 166g 生クリーム

- 54g ラム酒漬けレーズン

パータ・ボンブ
- 80g 30°ボーメシロップ
- 16g 水飴
- 64g 卵黄

- 16g ダークラム

◆仕上げ
- 150g 生クリーム
- 12g グラニュー糖
- 2g シュクル・ヴァニエ

- 適量 ココア
- 適量 チョコレートの飾り
- 適量 ピスタチオ

ダックワーズ・ココ

essentiel

* 直径16cmのタルトリングがない場合は、直径18cmで焼き、直径16cmの円形にカットします。

1 天板にベーキングシートを敷いてタルトリングを置く。

2 手つき中ボウルに入れて冷やしておいた卵白に乾燥卵白とグラニュー糖の半量を入れ、ハンドミキサー（ビーター1本）の速度2番で1分→3番で1分30秒→残りのグラニュー糖を加えてさらに30秒泡立てる。混ざりやすい柔らかめのムラングができる。

3 合わせてふるったアーモンドパウダーと薄力粉、グラニュー糖を5回に分けて加えてエキュモワール（→P91）で混ぜる。8割混ざったら次を加えていき、すべて加えてほぼ混ざったら、ボウルの内側をゴムべらで払い、さらに30回混ぜる。

4 1のタルトリングに入れて平らにする。

5 ココナッツファインをふる。グラシエール（粉糖入れ）で粉糖をふり、5分後にもう一度ふる。

6 オーブンで焼く。
［電子レンジオーブン：180℃で15〜20分］
［ガス高速オーブン：170℃で15〜20分］
底全体がキツネ色になるまで焼く。網にのせて冷ます。

グラス・オ・キャラメル

essentiel

＊ グラスのつくり方のポイントはP109「ヴァニーユ」参照。

1 クグロフ型に軽く霧を吹き、内側にラップをハケで貼りつける。多少シワが寄ってもかまわない。冷凍庫で十分に冷やしておく。

2 生クリームを80℃（縁のほうがフツフツする）に温める。

3 キャラメルをつくる。銅ボウルにグラニュー糖と水飴、水を入れて弱火で加熱し、煙が立ってからもスプーンですくって色を確かめながら、かなり濃いキャラメル色になるまで焦がす。黒みはかなりでてきたが、少し赤みが残っているほどになったら火をとめ、すぐにお湯を加えて色をとめる。

4 2の生クリームを加えてホイッパーでよく混ぜる。

5 クレーム・アングレーズをつくる。鍋に牛乳と生クリーム、水飴、4のキャラメルを入れて80℃まで加熱する。

6 5を加熱している間に、耐熱性ガラスボウルに卵黄とグラニュー糖を入れてほぼグラニュー糖が溶けるまでホイッパーで十分に混ぜる。

7 6に5の⅓量を3回に分けて少しずつ加えながら、ホイッパーで円を描いてよく混ぜる。残りは手早く混ぜながら少しずつ加える。

8 金網とセラミック網をガスコンロにのせ、7をごく弱火で強く混ぜながら83℃まで加熱する。

9 すぐに裏漉しし、氷水にあててホイッパーで強く混ぜながら40℃まで温度を下げる。

10 グラニュー糖と安定剤を混ぜ合わせてから、9に加える。さらに氷水にあててよく混ぜながら20℃まで温度を下げる。

11 冷蔵庫に入れて4時間以上ねかせる。

12 アイスクリームメーカーにかけ、すぐに冷やしておいたボウルに移してゴムべらでよく混ぜて均一にする。

13 1のクグロフ型に約⅔高さまで入れ、ゴムべらで全体に行きわたらせ、中央のほうをくぼませる。溶けやすいので、軍手をはめて作業する。冷凍庫で冷やし固める。

パルフェ・ロム・エ・レザン

1　生クリームを8分立て（ほぼツヤが消えかけ、ホイッパーをゆっくり持ちあげるとしっかりした角が立つ）に泡立て、冷蔵庫に入れておく。

2　ラム酒漬けレーズンは半分に切る。

3　P129「オランジュ」アパレイユ3〜10と同様にパータ・ボンブをつくる（30°ボーメシロップと水飴を合わせて軽く沸騰させ、卵黄に加える）。

4　1の生クリームに3のパータ・ボンブを3回に分けて加える。1回加えるたびにホイッパーで下からすくうように手早く混ぜ、完全に混ざったら次を加える。パータ・ボンブが見えなくなったら、ボウルの内側をゴムべらで払い、下からすくうように20回混ぜる。

5　2のレーズンとダークラムを加えて混ぜる。

6　グラス・オ・キャラメルを固めておいたクグロフ型に流し入れる。ダックワーズ・ココを上面を上にしてのせる。冷凍庫で2時間冷やし固める。

仕上げ

1　生クリームにグラニュー糖、シュクル・ヴァニエを加えて8分立てに泡立てる。

2　クグロフ・グラッセを型からはずし、ラップをはがす。

＊　型を縁までぬるま湯に3秒つけ、型をひっくり返して中央の穴を木べらの柄などで押すときれいにぬけます。ダックワーズ・ココがこわれないように注意を。

3　ココアを茶こしでまだらにふる。

4　1を口径13mmの丸口金をつけた絞り袋に入れ、中央のくぼみにこんもりと絞りだす。チョコレートを飾り、刻んだピスタチオをちらす。

1台で8〜10人分。出刃包丁をガスバーナーで温めてカットし、よく冷えた皿に盛りつけます。食べごろは少し柔らかくなりかけたころ。冷凍庫で10日間保存できます。

デリス・ドゥ・ディジョン
Délice de Dijon
→ P152

アントルメ・グラッセにはさまざまなグラスとソルベの組合せがあり、名前もいろいろ。
中でもヴァニーユのグラスとカシスのソルベでつくる「ディジョン」は有名です。
日頃から用意しているグラスとソルベをアレンジして
アントルメ・グラッセに仕立てる手法として、このルセットゥを役立ててください。
バースデーなどのお祝いの席でとても喜ばれます。

プロフィトゥロール・グラッセ
Profiteroles glacées
→ P154

プティシューにヴァニーユのグラスを詰めてプロフィトゥロール仕立てにします。
もっとも簡単につくれて、テーブルににぎわいを演出できるアントルメ・グラッセ。

デリス・ドゥ・ディジョン

ingrédients

直径18cm×高さ4cmセルクル1台分

◆ダックワーズ・ココ
直径16cm×高さ2cmタルトリング2台分
ムラング・オルディネール
    48g   卵白
   1.4g   乾燥卵白
    42g   グラニュー糖

    26g   アーモンドパウダー
    11g   薄力粉
    26g   グラニュー糖

     8g   ココナッツファイン
   適量   粉糖

◆グラス・ア・ラ・ヴァニーユ
ヴァニーユ（→P109）
約430gできるので400g使用する

◆ソルベ・オ・カシス
カシス（→P123）
約410gできるので400g使用する

◆仕上げ
  100g   生クリーム
   20g   グラニュー糖
   20g   カシスピューレ

  100g   生クリーム
         （→P67「ディジョネーズ」
         カシスのジュレ）

ダックワーズ・ココ

1　P147「クグロフ・グラッセ」ダックワーズ・ココと同様につくる。

組立て

1　セルクルの内側にケーキフィルムを貼り、キャルトンを敷き、ダックワーズ・ココを上面を上にして1枚置く。冷凍庫で冷やしておく。もう1枚のダックワーズ・ココも冷凍庫で冷やしておく。

＊　セルクルをはずす時に色がにじんで側面がきたなくならないよう、ケーキフィルムを貼ります。

2　口径13mmの丸口金をつけた絞り袋2枚を冷凍庫に入れて冷やしておく。

3　できあがったグラス・ア・ラ・ヴァニーユをボウルに入れ、保冷剤を敷き詰めたボウルにのせてゴムべらで練り混ぜて均一にする。すぐに柔らかくなるので保冷剤はかならず必要。

4　2の絞り袋に3を入れ、1のセルクルとダックワーズ・ココの間を埋めるように絞り、さらにセルクルの半分の高さまで絞り入れる。カードで平らにする。

5 もう1枚のダックワーズ・ココを上面を上にしてのせる。

6 3と同様にしてソルベ・オ・カシスを練り混ぜ、絞り袋に入れる。4と同様にセルクルとダックワーズ・ココの間に絞り、さらにセルクルの縁から5mm下まで絞り、平らにする。

仕上げ

1 生クリームとグラニュー糖を8分立て（ほぼツヤが消えかけ、ホイッパーをゆっくり持ちあげるとしっかりした角が立つ）に泡立て、カシスピューレを加えて混ぜる。

2 1をセルクルの上面にのせ、パレットナイフで平らにならす。

3 セルクルを少し高さのある容器の上に置き、側面をガスバーナーで軽く熱し、セルクルを下げてはずす。

4 生クリームを9分立てに泡立て、口径7mmの丸口金をつけた絞り袋に入れる。10ヵ所に丸く絞る。この上にカシスのジュレをコルネ（三角形に切ったパラフィン紙を角形に巻く）で小さく丸く絞る。

1台で約10人分。出刃包丁をガスバーナーで温めてカットし、よく冷えた皿に盛りつけます。食べごろは全体がかなり柔らかくなりはじめたころ。提供する15分ほど前に冷蔵庫に移しておきます。冷凍庫で7日間保存できます。

プロフィトゥロール・グラッセ

ingrédients 約4人分

◆パータ・シュー
約30個できるので8個使用する
- 70g　牛乳
- 70g　水
- 56g　バター
- 3g　グラニュー糖
- 1g　塩
- 43g　薄力粉
- 43g　強力粉
- 約170g　全卵
- 適量　ぬり卵
  （→P169「りんごのタルトゥ」ぬり卵）

◆仕上げ
- 80〜104g　グラス・ア・ラ・ヴァニーユ（→P109）
- 25〜30g　ショコラのソース（→P286）

パータ・シュー
essentiel

＊ パータ・シューはとにかく手早く、強くよく混ぜて卵を加えていきます。

＊ パートゥが硬いと荒々しく割れて焼きあがり、柔らかければ横に流れて薄いまんじゅうのようになります。

1 パートゥの柔らかさを判断するためのカードをつくる。木板などを縦6cm×幅3cmに切り、縦の中央に焼き目を入れる。

2 天板にアルミホイルを敷き、ポマード状にしたバター（分量外）をごく薄くぬる。

3 鍋に牛乳と水、バター、グラニュー糖、塩を入れて火にかける。中央まで沸騰したら、すぐに火からおろす。

＊ ここで水分が蒸発しすぎると、卵を混ぜていくうちにパートゥがまとまらなくなったり、うまく膨らまなかったりします。

4 すぐに合わせてふるった薄力粉と強力粉を一度に加え、木べらで粉が完全に見えなくなるまで強く混ぜる。

5 中火にかけ、手早く強く鍋底をこすりながら練り混ぜる。次第にパートゥが硬くまとまりはじめ、ひとつのかたまりになり、鍋底の2/3にこびりつくので、ここで火からおろす。

6 溶きほぐした全卵を1/3強加え、すりつぶすように強く練り混ぜる。全体がきれいにつながってなめらかになったら、残りの全卵を5回に分けて加えて同様に混ぜる。3回めまでは木べらですりつぶすように均一になるまで混ぜ、4回めはパートゥが鍋につくようになったら手早く強く50回混ぜる。

7 最後の全卵は硬さをみながら、3回ほどに分けて加えていく。1回加えて混ぜるたびに、木べらでざっと平らにし、1のカードを中央の線までさして、手前に5cm引く。この時にできる溝の両側が3秒で元にもどるのがちょうどいい硬さ。

8 口径10mmの丸口金をつけた絞り袋に入れ、2の天板に直径3cmに絞る。ぬり卵をハケでぬる。

9 オーブンで焼く。
［電子レンジオーブン：220℃で20～25分］
［ガス高速オーブン：200℃で20～25分］
普通のパータ・シューよりも20℃ほど高めの温度で皮を薄めに軽く焼きあげる。

＊8で絞った状態でビニールに入れて冷凍庫で1週間保存可能。天板に並べて完全に解凍し、ぬり卵をぬってから焼成します。

仕上げ

1 口径10mmの丸口金をつけた絞り袋を冷凍庫で冷やしておく。

2 プティシューの上1/3くらいを波刃包丁で切る。指で中の柔らかい生地を押して内側を広げる。カットした上部は直径3cmの丸ぬき型できれいにぬく。冷凍庫で約15分冷やす。

3 P152「デリス・ドゥ・ディジョン」組立て3と同様にしてグラス・ア・ラ・ヴァニーユを練り混ぜ、1の絞り袋に入れる。軍手をしてプティシューに10～13gずつ高く絞り入れる。上部をかぶせる。

4 よく冷えた皿に並べ、ショコラのソースをかける。

1人分で2個が目安。食べごろはグラスが少し柔らかくなりはじめたころ。冷凍庫で1週間保存できます。

プロフィトゥロール・オ・ショコラ
Profiteroles au chocolat

こちらはクレーム・シャンティイを詰めた室温のプロフィトゥロール。積みあげてサービスすると、テーブルがにぎやかな雰囲気に。

1 P154「プロフィトゥロール・グラッセ」と同様につくったプティシューの底に箸などで穴をあける。クレーム・シャンティイ・オ・ショコラ・ブラン（→P287）を口径7mmの丸口金をつけた絞り袋に入れ、温まらないように軍手をはめて絞り入れる。皿に積みあげ、ショコラのソース（→P286）をかける。

chapitre 10
口直しのグラニテ
Granité

グラニテは食事の中頃に口休めとして供するもので、
デセールのソルベとは目的が異なります。
まず冷たく爽やかなものであること。
甘みや素材の味わいもかなり控えめに仕上げます。
口直しのグラニテを経て、頭も胃もリフレッシュし、
食事の終盤への準備をするのです。

グラニテ・オ・シャンパーニュ 157
Granité au champagne

グラニテ・オ・シトゥロン 159
Granité au citron

グラニテ・オ・シャンパーニュ
Granité au champagne

アルコールが入っているので、
完全には凍らずゆるく凍結した状態。
テーブルでシャンパンを注いでサービスします。
ともにテュイルを口休めとして。

グラニテ・オ・シャンパーニュ

ingrédients　20〜25人分

250g	水
350g	グラニュー糖
50g	水飴
縦に4むき	レモンの皮
750g	シャンパン
適量	シャンパン

1 鍋に水とグラニュー糖、水飴、レモンの皮を入れて一度沸騰させ、レモンの皮の香りをだす。

2 ボウルに移し、氷水にあてて冷やす。冷凍庫でよく冷やしておく。

3 レモンの皮をとりだし、シャンパンを加えて混ぜる。炭酸が抜けるので混ぜすぎないように。

4 アイスクリームメーカーにかける。機械をとめてもグラニテがほとんど動かなくなる状態が目安。
＊みずみずしい舌触りがおいしいのですが、テーブルまで運ぶ時間を考えて少し硬めに仕上げます。
＊アイスクリームメーカーの冷却器は前日から冷凍庫に入れて十分に冷やしておきます。

5 冷蔵庫でよく冷やしておいたグラスに入れる。すぐにテーブルに運び、シャンパンを少量注いでサービスする。

テュイル

ingrédients　約100枚分

125g	グラニュー糖
19g	薄力粉
19g	強力粉
38g	オレンジジュース
50g	溶かしバター（約40℃）
5g	コンパウンド・オレンジ
0.5g	塩
63g	アーモンドダイス（16割）
13g	オレンジピールのコンフィ

essentiel

＊湿気たり、テイクアウトで割れることを気にせずにつくる、レストランのためのごく軽い歯触りのテュイルです。

＊丸めた状態で冷凍庫で10日間保存可能。凍ったまま天板に並べ、解凍してから焼成します。密閉容器に乾燥剤とともに入れれば1週間保存できます。

1 グラニュー糖と合わせてふるった薄力粉、強力粉をホイッパーで混ぜる。オレンジジュースを一度に加えて円を描いて混ぜ、溶かしバターを2回に分けて加え、他の材料も加えて同様に混ぜる。冷蔵庫に1時間入れて固める。

2 3gずつ手にとって丸め、ベーキングシートを敷いた天板に並べる。焼成中に広がるので間隔をあける。

3 オーブンで焼く（天板も予熱しておく）。
［電子レンジオーブン：180℃で7〜8分］
［ガス高速オーブン：170℃で7分］
網の目のように広がり、濃い飴色に香ばしく焼きあがる。ベーキングシートごと網にのせて冷ます。

グラニテ・オ・シトゥロン
Granité au citron

ingrédients 約8人分

⅓個分	レモンの皮のすりおろし
ひとつまみ	グラニュー糖
100g	水
60g	グラニュー糖
17g	水飴
縦に1⅓むき	レモンの皮
150g	レモン汁
100g	水
5g	キルシュ

＊ シンプルな配合です。レモンの香りとキルシュが味わいを左右します。

1 レモンの皮は表面の黄色い部分だけをすりおろす。まな板などの上でパレットナイフでグラニュー糖と少し水分がでるまですり合わせて十分に香りをだす。

2 鍋に水とグラニュー糖、水飴、レモンの皮を入れて軽く沸騰させる。

3 ボウルに移し、氷水にあてて冷やす。冷凍庫でよく冷やしておく。

4 レモンの皮をとりだし、1のレモンの皮のすりおろし、レモン汁、水、キルシュを加える。

5 アイスクリームメーカーにかける。機械をとめてもグラニテがほとんど動かなくなる状態が目安。

＊ アイスクリームメーカーの冷却器は前日から冷凍庫に入れて十分に冷やしておきます。

6 冷蔵庫でよく冷やしておいたグラスに入れる。

常温のデセール
Les desserts chambrés

chapitre 11

タルトゥ
Tarte

季節のフルーツやナッツ、ショコラのタルトゥはデセールの定番中の定番。
本章ではシトゥロンはパートゥ・ブリゼで、
他のタルトゥはパートゥ・シュクレでつくっています。
上台のパートゥ・シュクレとパートゥ・ブリゼは
タルトゥのおいしさの大部分を占めるもの。
それぞれのパートゥのルセットゥも詳細にご紹介します。

苺のタルトゥ　162・164
Tarte aux fraises

ノワゼットゥのタルトゥ　163・166
Tarte aux noisettes

りんごのタルトゥ　168
Tarte aux pommes

タルトゥ・カライブ　172
Tarte Caraibe

シトゥロンのタルトゥ　176
Tarte aux citrons

苺のタルトゥ

Tarte aux fraises

→ P164

シンプルにして至高の美味。
その秘密はポンシュとジュレ。

ノワゼットゥのタルトゥ
Tarte aux noisettes

→ P166

砂糖がけしたヘーゼルナッツをちりばめて焼きあげます。
パートゥ・シュクレもクレーム・ダマンドゥも
このタルトゥのためにアレンジしたもの。

苺のタルトゥ

ingrédients

直径18cmフラン・キャヌレ型1台分

◆**パートゥ・シュクレ**
パートゥ・シュクレ（→P180）
250g 使用する

◆**クレーム・ダマンドゥ**
クレーム・ダマンドゥ（→P184）
150g 使用する

◆**ポンシュ**
約40g　イチゴ
10g　グラニュー糖
5g　フレーズリキュール
3g　レモン汁

◆**イチゴのジュレ**
約120g　イチゴ

35g　グラニュー糖
1.5g　ジャムベース（ジュレ用ペクチン）
55g　水飴
13g　レモン汁

◆**仕上げ**
中22〜25個　イチゴ

essentiel

＊イチゴは香りと味わいの強い力のあるものが適しています。ポンシュとジュレにはイチゴをジューサーにかけたジュースを使います。裏漉しして種をとるので、2割多めの量のイチゴを用意します。

パートゥ・シュクレ

1　P180「パートゥ・シュクレ」1〜13と同様につくる。

クレーム・ダマンドゥ

1　P184「クレーム・ダマンドゥ」と同様につくる。

ポンシュ

1　イチゴをジューサーにかける。裏漉しして種をとり除き、ジュースを33gとり分けておく。

2　1と他の材料を混ぜる。

組立て・焼成

1　パートゥ・シュクレ250gを厚さ3mmにのし、ピケして型に敷き込む（→P182「パートゥ・シュクレ」14〜22）。

2　クレーム・ダマンドゥ150gを口径10mmの丸口金をつけた絞り袋に入れ、1にうず巻き状に絞る。軽く平らにする。

3　オーブンで焼く（天板も予熱しておく）。
［電子レンジオーブン：210℃で15分］
［ガス高速オーブン（網にのせて焼く）：190℃で8分→180℃に下げて4〜5分］
クレーム・ダマンドゥの表面、パートゥ・シュクレの底ともに少し黒みがかった濃い焼き色にする。

4 すぐにクレーム・ダマンドゥの上にポンシュをハケで3mmほど染み込むようにとてもたっぷりと打つ。パートゥ・シュクレには打たないように。すぐには染み込まないので、冷ましてから仕上げをする。

イチゴのジュレ

essentiel

＊ 輸入の冷凍イチゴを使う場合は繊維質が多いので、ジャムベースは1.2gでちょうどよいとろみがつきます。日本のイチゴは水分が多いので1.5g加えないとイチゴから流れ落ちてしまいます。

1 イチゴはジューサーにかける。裏漉しして種をとり除き、ジュースを100gとり分けておく。

2 グラニュー糖とジャムベースをホイッパーで混ぜ、1に混ぜながら加える。

3 小鍋に2と水飴の半量を入れて弱火にかけ、スプーンでよく混ぜながら加熱する。アクがでたらとり、中央まで完全に沸騰してからさらに1分ごく軽くフツフツと煮て火をとめる。残りの水飴を加えてよく混ぜて溶かし、レモン汁を加える。

4 裏漉しし、すぐに氷水にあてて軽く混ぜながら、トロッとするまで十分に冷やす。

＊ 冷蔵庫で5日間保存可能。スプーンでよく混ぜて均一な柔らかさにします。

＊ イチゴの果汁は繊維が多く、冷えても固まらずとろみがあるので、軽く混ぜてそのまま使えます。

仕上げ

1 イチゴのヘタを大きめに切りとる。

＊ 少しだけ切ると、イチゴの座りが悪くなります。

2 1のヘタ側から竹串を斜めにさし、イチゴのジュレに先端のほう⅔を浸す。上下に小刻みに揺らしながらジュレから引きあげる。

＊ ジュレは厚くつきすぎると甘くなります。イチゴをジュレから引きあげてから揺すっても、余分なジュレは落ちません。ジュレでジュレをひっぱるように、ジュレの中から小刻みに上下に揺らしながら引きあげると薄くつきます。

3 クレーム・ダマンドゥの上に2を並べていく。

＊ イチゴはヘタの切り加減でどちらかにかしいでいるので、外側にかしぐように並べます。イチゴの高さは揃えたほうがきれいに仕上がります。

1台で8〜10人分。出刃包丁の全体を水かお湯につけて軽く水気を切り、イチゴの上からゆっくり包丁を入れて押し切り、イチゴが切れたらそのままゆっくりとパートゥ・シュクレも押し切ります。食べごろは20℃。本当においしいのはつくった当日のみ。

ノワゼットゥのタルトゥ

ingrédients

直径18cmフラン・キャヌレ型1台分

◆ パートゥ・シュクレ
250g使用する
- 150g 薄力粉
- 150g 強力粉
- 3g ベーキングパウダー
- 2.4g シナモンパウダー
- 150g バター
- 75g 粉糖
- 54g 全卵
- 45g アーモンドパウダー
- 1.8g コンパウンド・オレンジ

◆ クレーム・ダマンドゥ
クレーム・ダマンドゥ
320g使用する
- 105g バター
- 150g 粉糖
- 90g 全卵
- 30g 卵黄
- 0.5g バニラエッセンス（7滴）
- 15g 薄力粉
- 15g 強力粉
- 105g アーモンドパウダー
- 30g 粉糖
- 108g ヘーゼルナッツ・ローストペースト
- 0.3g シナモンパウダー

◆ ガルニチュール
40g（50〜55粒）使用する
- 100g ヘーゼルナッツ
- 40g グラニュー糖
- 14g 水
- 約⅓本 バニラ棒
- ひとつまみ シナモンパウダー

◆ 組立て・焼成
- 30g 粉糖
- 0.3g シナモンパウダー

パートゥ・シュクレ
essentiel

＊ シナモンパウダーとコンパウンド・オレンジを配合して味に膨らみをだしたパートゥ・シュクレです。通常のパートゥ・シュクレを使ってもかまいません。

1 P180「パートゥ・シュクレ」1〜13と同様につくる（薄力粉、強力粉、ベーキングパウダー、シナモンパウダーは合わせてふるう。粉を加える時にコンパウンド・オレンジも加える）。シナモンが入るので薄い褐色になる。

クレーム・ダマンドゥ
essentiel

＊ このクレーム・ダマンドゥには粉を加えます。粉のデンプンはバターやアーモンドの脂肪分を吸収するので、より軽めのさわやかな味わいにすることができます。ヘーゼルナッツ・ローストペーストを配合するこのクレーム・ダマンドゥでは過度に脂っぽくならないようにしています。粉糖とヘーゼルナッツ・ローストペースト、シナモンパウダーを加えなければ他のタルトゥにも使えます。

1 P184「クレーム・ダマンドゥ」1〜3、5と同様にする。

2 合わせてふるった薄力粉と強力粉を一度に加えて混ぜ、粉が見えなくなってからさらに10回混ぜる。

3 「クレーム・ダマンドゥ」6〜8と同様にする。

4 翌日、320gをとり分け、室温に15分ほどおいて少し柔らかくし、木べらですりつぶすように混ぜて均一にする。粉糖を加えて混ぜ、ヘーゼルナッツ・ローストペーストを2回に加えて混ぜ、シナモンパウダーも加える。

ガルニチュール

1 ヘーゼルナッツを180℃のオーブンで時々混ぜながら約15分ローストし、キツネ色にする。目の粗いザルなどの上で軽くこすって皮をとる。皮は少し残ってもいい。

2 銅ボウルにグラニュー糖と水、縦に裂いたバニラ棒、シナモンパウダーを入れて火にかけ、110℃まで加熱する（温度計はボウルの底につけて計る）。

3 火をとめて1のヘーゼルナッツを加え、木べらでボウルの底をこするように混ぜる。シロップが再結晶してヘーゼルナッツが固まってくるので、1粒ずつにほぐれるまで混ぜ続ける。

組立て・焼成

1 パートゥ・シュクレ250gを厚さ2.5mmにのし、ピケして型に敷き込む（→P182「パートゥ・シュクレ」14〜22）。

2 クレーム・ダマンドゥを口径10mmの丸口金をつけた絞り袋に入れ、1にうず巻き状に絞る。軽く平らにする。

3 粉糖とシナモンパウダーを混ぜる。

4 2にガルニチュールをちらし、3を茶こしでふる。

5 オーブンで焼く（天板も予熱しておく）。
［電子レンジオーブン：170℃で30分］
［ガス高速オーブン：150〜160℃で27分］
キツネ色になり、竹串をさしてもクレーム・ダマンドゥがつかなくなるまで焼く。網にのせて冷ます。

1台で8〜10人分。食べごろの温度は20℃前後。軽く温めてもおいしい（→P171「りんごのタルトゥ」）。保存は20℃以下で3日間。これ以上暖かいところに置くと、クレーム・ダマンドゥからバターがもれだして脂っぽい舌触りになります。

りんごのタルトゥ
Tarte aux pommes

りんごの下のクレーム・ダマンドゥは
心やすらぐような包容力のある優しい味わい。
オーソドックスな一品こそ、
ていねいに仕上げたものはひと味もふた味も違います。

ingrédients

直径18cmフラン・キャヌレ型1台分

◆パートゥ・シュクレ
パートゥ・シュクレ（→P180）
250g 使用する

◆クレーム・ダマンドゥ
クレーム・ダマンドゥ（→P184）
120g 使用する

◆リンゴのコンポットゥ
多めにできるので120g使用する
- 2個 リンゴ（ゴールデン系）
- 150g 白ワイン
- 150g 水
- 5g レモン汁
- 1/4本 バニラ棒
- 1個 クローヴ
- 90g グラニュー糖
- 適量 レモン汁（リンゴの味により加える）
- 適量 グラニュー糖（リンゴの味により加える）

◆ぬり卵
- 54g 全卵
- 27g 卵黄
- 5g グラニュー糖
- 少々 塩
- 45g 牛乳

◆組立て・焼成
- 中2個 リンゴ
- 適量 溶かしバター
- 5g グラニュー糖
- 0.5g シュクル・ヴァニエ
- 適量 アプリコットのコンフィチュール（市販品または→P201「ザッハトルテ」アプリコットのコンフィチュール）

パートゥ・シュクレ

1 P180「パートゥ・シュクレ」1〜13と同様につくる。

クレーム・ダマンドゥ

1 P184「クレーム・ダマンドゥ」と同様につくる。

リンゴのコンポットゥ

essentiel

＊ フランスではリンゴそのものにすべてを完結させる豊かな味わいがありますから、特別な手立てはしなくてもおいしいタルトゥやお菓子ができます。しかし味の薄い日本のリンゴでは、さまざまな素材の力を借りて、リンゴのイメージを増幅しなければなりません。ここでは白ワイン（安いものや余ったものでかまいません）やクローヴなどを加え、しっかりとした力をもったリンゴの下味をつくりだします。このコンポットゥは煮崩して隠し味として使いますので、リンゴは切りくずや、切ってから4〜5日たって少し変色したものでもかまいません。

＊ 日本のリンゴではゴールデン系の黄色いリンゴはまだ味がありお菓子づくりに向いていると思います。紅玉は酸味は強くても味わいに乏しいので使いません。味の薄い富士や国光などはタルトゥ・タタンに使うことはあっても、このようなシンプルなタルトゥには向かないでしょう。

1 リンゴは皮をむいて芯をとり、厚さ2mmの薄切りにする。白ワイン、水、レモン汁、縦に裂いたバニラ棒、クローヴと鍋に入れ、弱火で約5分煮る。

2 リンゴが黄色く透けてきたらグラニュー糖の半量を加え、さらに弱火で30分煮る。

＊ はじめからグラニュー糖を加えると、リンゴから水分が抜けて硬くなり、柔らかく煮崩れず、リンゴから十分な味わいも引きだされなくなります。このようにしても少しも煮崩れない繊維のきわめて粗いリンゴもありますが、下に敷くコンポットゥなのでそれでもかまいません。

3 リンゴが薄い飴色になってきたら、残りのグラニュー糖を加え、木べらで混ぜて煮崩しながら弱火でさらに30分煮る。

＊ グラニュー糖は2回に分けたほうが、より効果的にリンゴからうまみを引きだせます。煮つまりそうな場合は水少々を加えます。

4 火を少し強め、木べらで鍋底をこすりながら水分を飛ばし、木べらの跡が残るようになるまで煮つめる。

5 仕上げに味をみて、必要ならばレモン汁とグラニュー糖を加えてさらに2〜3分煮る。

＊ 隠し味となるコンポットゥですから、甘み、酸味ともにかなり強めにします。

＊ 冷蔵庫で1ヵ月保存できます。

ぬり卵

essentiel

＊ 卵黄は濃い焼き色をつけ、卵白はツヤをだします。牛乳でのばし、色づきに少し時間がかかって生地が焼ける前にぬり卵だけが濃く色づかないようにしています。

1 全卵と卵黄を軽く溶きほぐし、グラニュー糖と塩を加えて泡立たないように混ぜる。ホイッパーから均一にサラーッと落ちるようになったら、牛乳を加えて均一になるまで混ぜる。裏漉しする。

＊ 砂糖や塩が少なく腐りやすいので、まとめてつくるのは2〜3日分にします。5℃以下の冷蔵庫で保存します。

組立て・焼成

1 パートゥ・シュクレ250gを厚さ3mmにのし、ピケして型に敷き込む（→P182「パートゥ・シュクレ」14〜22）。

2 クレーム・ダマンドゥ120gを口径10mmの丸口金をつけた絞り袋に入れ、1に厚さ3mm弱にうず巻き状に絞る。軽く平らにする。

3 リンゴのコンポットゥを120g入れ、だいたい平らにならす。

4 リンゴは皮をむいて半分に切って芯をとり、厚さ1.5mmに切る。中央用に厚さ3mmに切って直径3cmの菊型でぬいたものも1枚用意する。

5 4をまず型から3mmほどはみでるように、7〜8mmずつずらして重ねながら1周並べる。1周並べた最後のリンゴは最初のリンゴの下に入れ込む。

＊ リンゴは焼くと縮むので、きれいに密に並べます。4で大きいものと小さいものに分けておき、大きいものは1周めに、小さいものは2、3周めに並べるようにします。

6 2周めは1周めと反対向きに並べる。

7 2周並べ終えると中央が直径3〜4cmくらいあいているので、リンゴの切りくずを周りと同じ高さまで敷き詰めてから、2周めと反対向きにもう1周並べる。切りくずを敷くのは焼きあがりに中心がへこんで貧弱にならないようにするため。

8 中央に菊型でぬいたリンゴを置く。リンゴ1枚1枚の縁まで焼き色がきれいにつくように、ハケでぬり卵をぬる。溶かしバターをたっぷりとぬる。

＊ ここまで準備して冷蔵庫で一晩保存し、翌日に焼きあげることもできます。

9 グラニュー糖を全体に均一にふりかける。このグラニュー糖は味わいと焼き色を全体にきれいにつけるため。シュクル・ヴァニエも同様にふる。

10 オーブンで焼く（天板も予熱しておく）。
［電子レンジオーブン：210℃で35〜40分］
［ガス高速オーブン：180℃で35〜40分］
リンゴの縁にもしっかりとした濃い焼き色をつけ、パート・シュクレの側面と底にも濃い焼き色をつける。網にのせて冷ます。

＊ 焼き方のポイントは、けっして低い温度で長時間焼かないことです。リンゴの水分が過度に蒸発して焼き縮みし、生地もガリガリとした歯触りになります。

11 アプリコットのコンフィチュールを小鍋に入れて火にかけ、煮立ってから15秒ほど加熱する。

12 10の粗熱がとれたら、11をツヤだし程度にハケで軽くぬる。

＊ ぬりすぎるとアプリコットの強い味わいにリンゴが負けてしまいます。

1台で8〜10人分。食べごろの温度は冷たくても25℃まで。提供前に150℃のオーブンでホウルは15分ほど、カットしたものは10分ほど温めると、より温かみのある味わいになります。タルトゥの中心に竹串をさして10秒ほどおき、抜いて唇にあててみて竹串がしっかり温かいくらいがもっともおいしい温度帯でしょう。焼いたその日が一番おいしく、時間の経過とともに味わいは落ちていきます。焼成後2日ほどたった場合は、オーブンで温めると味わいがもどります。保存は常温で。

タルトゥ・カライブ
Tarte Caraibe

カリブ風ショコラのタルトゥ。
カカオの深みのある味わいが、
すばらしい料理が与えてくれた
胸おどる楽しい気分をさらにしっかりと深めます。
チョコレート好きにはたまりません。

ingrédients

直径18cm×高さ2cmタルトリング1台分

◆パートゥ・シュクレ
パートゥ・シュクレ（→P180）
230g 使用する

　　適量　卵黄

◆アパレイユ
　130g　生クリーム
　2/3本　バニラ棒

　61g　全卵
　14g　卵黄
　20g　キャソナッドゥ

　55g　スイートチョコレート
　　　（スーパーゲアキル・カカオ分64％）
　28g　セミスイートチョコレート
　　　（アメリカオ・カカオ分72％）
　28g　セミスイートチョコレート
　　　（ベネズエラ・カカオ分70％）

◆ガナッシュ・ア・グラッセ
約100g使用する
　50g　ガナッシュ用スイートチョコレート
　　　（ガナッシュ・ゲアキル・カカオ分54％）
　50g　上がけ用スイートチョコレート
　　　（パータ・グラッセ・ブリュンヌ）

　42g　牛乳
　20g　30°ボーメシロップ

essentiel

＊このタルトゥはチョコレートによってまったく味わいが変わってしまいます。このルセットゥではフランス・ペック社の3種類のチョコレートを使っています。スーパーゲアキルは芯のある鋭い香り、アメリカオはちょっとひねりのある深い黒いイメージの味わい、ベネズエラは男っぽい太い香りです。

パートゥ・シュクレ

1　P180「パートゥ・シュクレ」1〜18と同様にする。P178「シトゥロンのタルトゥ」パートゥ・ブリゼ12〜15と同様に敷き込む（ただしパートゥはタルトリングの縁で切り落とす）。

2　焼く10分ほど前に冷蔵庫からだし、室温にもどす。パートゥの上にベーキングシートを敷き、予熱しておいた重石を型いっぱいに入れる。オーブンで空焼きする（天板も予熱しておく）。
［電子レンジオーブン：210℃で14分］
［ガス高速オーブン：190℃で14分］
底の中央までしっかり固まり、薄いキツネ色が1/3〜2/3ほどつくまで焼く。ここで底が完全に硬くなるまで焼くと、アパレイユを入れて焼成するとガリガリの唐突な歯触りになってしまう。

3　いったんオーブンからだし、すぐに重石をだしてベーキングシートをはずす。パートゥ・シュクレの内側全体に溶いた卵黄をハケでのばすように薄くぬる。

4　オーブンにもどして2〜3分焼いて乾かす。網にのせて冷ます。卵黄をぬるのはアパレイユとパートゥ・シュクレの間に膜をつくって湿気にくくするため。

アパレイユ
essentiel

＊ アパレイユの材料の中で固まる力があるのは卵だけです。一度にすべてを混ぜると、卵が小さな粒となって散在し、固まり具合が不十分でチョコレートの脂肪分が溶けた少し脂っぽい舌触りになります。卵にその他の素材を少しずつ加えてのばしていけば、卵は網の目状に広がり、その他の素材を十分に包み込んでしっかりした焼きあがりになります。

1 小鍋に生クリームと縦に裂いたバニラ棒を入れ、約80℃（縁のほうがフツフツする）まで加熱する。火をとめ、フタをして1時間ほどおいて香りをだす。

＊ 生クリームは沸騰させると味わいが壊れます。80℃ほどに加熱して長くバニラ棒を入れておけば、沸騰させなくても香りは十分に移ります。

2 全卵と卵黄はホイッパーでほぐし、キャソナッドゥを加える。キャソナッドゥがほぼ溶けてホイッパーですくうとサラーッとなめらかに落ちるまで50回混ぜる。

3 チョコレート3種類は細かく刻んでボウルに入れ、40℃の湯煎で溶かす。

4 1のバニラ棒をとり除き、3に半量を加えてホイッパーで円を描いてよく混ぜ、完全に均一になってからさらに20回混ぜる。残り半量も加えて同様に混ぜる。

5 2に4の半量を加えて混ぜ、完全に均一になってからさらに20回混ぜる。残り半量も加えて同様に混ぜる。

組立て・焼成

1 空焼きしたパートゥ・シュクレの縁いっぱいにアパレイユを流し入れる。

2 オーブンで焼く。
［電子レンジオーブン：200℃で15分］
［ガス高速オーブン：180℃で14分］
タルトリングを強く揺すると、中央がほんの少し動く状態で、竹串をさしてもアパレイユがつかなくなるまで焼く。網にのせて冷ます。

＊ 常温20℃ほどでアパレイユはしっかり固まっていますが、ほんの少しだけ歯を噛みしめる感触を感じるくらいの焼きあがりがおいしいでしょう。あまり硬く焼くと、ただ硬いだけで舌に十分にチョコレートの味がのりません。

ガナッシュ・ア・グラッセ
essentiel

＊ 生クリームを使った冷たいお菓子でなく、20℃の常温で食べるタルトゥの上がけ用には最適のガナッシュです。水分が少ないため25℃以下であればしっかり固まりますし、上がけ用のパータ・グラッセを配合しているので分離しにくく扱いやすいです。

1　チョコレート2種類は細かく刻んでボウルに入れ、40℃の湯煎で溶かす。

2　小鍋に牛乳と30°ボーメシロップを入れ、約40℃に温める。

3　2を1に一度に加えてホイッパーで円を描いて混ぜる。上がけ用なので、空気が入らないように1秒に1回の速さでゆっくりと混ぜる。

＊ すぐに使うこともでき、密閉容器に入れて20℃以下で1ヵ月保存も可能。使う時は40℃の湯煎にあててゆっくり溶かし、ホイッパーで空気が入らないようにゆっくり20回混ぜてなめらかにします。

仕上げ

1　タルトゥが冷めたら、40℃ほどに調整したガナッシュ・ア・グラッセ約100gを表面に流し、タルトゥを斜めに回しながら全面に行きわたらせる。15分ほどすると少しずつ固まってくる。

1台で8〜10人分。提供は20℃で。保存は20℃前後で2日間。

シトゥロンのタルトゥ
Tarte aux citrons

温かくも力強いレモンの味わいが押し寄せてくるタルトゥ。
アルコールで心地よくなった心身には、
強い味わいも力のあるさわやかさに変わり、強い印象を与えます。
本章のタルトゥでは唯一、甘みの少ないパートゥ・ブリゼを使っています。

ingrédients

直径18cm×高さ2cmタルトリング1台分

◆パートゥ・ブリゼ
3台分できるので220g使用する
- 166g　薄力粉
- 166g　強力粉
- 213g　バター
- 62g　全卵
- 26g　牛乳
- 30g　グラニュー糖
- 6g　塩
- 適量　卵黄

◆アパレイユ
- 100g　全卵
- 187g　グラニュー糖
- 70g　溶かしバター（約60℃）
- 38g　レモン汁
- 1¼個分　レモンの皮のすりおろし
- 0.3g　バニラエッセンス（4滴）
- 5滴　レモンエッセンス（竹串の太いほうでたらす）

パートゥ・ブリゼ

1　薄力粉と強力粉は合わせてふるい、冷凍庫で冷やしておく。

2　バターは厚さ3mmにスライスし、冷蔵庫で冷やしておく。

3　全卵と牛乳、グラニュー糖、塩を混ぜ、冷蔵庫で冷やしておく。

4　フードプロセッサー容器、6で使うボウルも冷蔵庫で冷やしておく。

5　フードプロセッサーに1の粉と2のバターを入れ、バターが1～2mmほどの粒になるまで回す。

＊　フードプロセッサーは混ぜる力がとても強いため材料が混ざりすぎ、その生地が持つ個性的な香りや食感、味わいが消えてしまいがちなので、使う場合は注意が必要です。パートゥ・シュクレはフードプロセッサーでつくると本来のものとはまったく異なるものができてしまうので、けっして使うべきではありませんが、パートゥ・ブリゼでは生地の構造上、使うことができます。ただしバターと粉は完全に混ざらないように注意を。バターの粒が消えるまで回すと、粉にバターが混ざりすぎてリッチな味わいが失われ、パサついた食感になります。

6　5を冷やしておいたボウルに入れる。

7　3の卵液を6に5～6回に分けて加えていく。表面を平らにし、ハケで卵液を表面全体にちらしながら加え、ボウルの底から両手で粉をすくいあげて、指の間からパラパラと粉を落として軽く混ぜ合わせる。これをくり返す。

＊　ハケでちらすと水分をまんべんなく加えられます。

8 5回めくらいになってかたまりができてきても、軽くサラサラとほぐすように混ぜ続ける。卵液を全部入れて混ぜ終わったら、生地を4〜5等分して両手で強くにぎってダンゴ状にまとめる。

9 8をさらにひとつにまとめて全体を約15回大きくもむ。やっとまとまったくらいでいい。

＊ はじめから全体を強くもんでまとめるとグルテンが形成され、焼き縮みしやすく、硬い歯触りになります。グルテンは圧力をかけてもあまりできません。練ったり、こすったりすることによってできます。

10 ビニールに入れ、縁に割れめができないようにカードで平らな長方形に整える。11で切り分ける時に四角形になるようにかならず長方形にする。冷蔵庫で一晩やすませる。

＊ 一晩やすませると、水分とバターが粉に相互に浸透し、生地のつながりがしっかりしてきます。

11 翌日、10を220g切り分ける。P182「パートゥ・シュクレ」14〜18と同様にする。

12 ポマード状のバター（分量外）をたっぷりぬったタルトリングに敷き込む。まずゆったりとたるませてのせる。

13 タルトリングの底角に合わせて内側に折り、折り目を指で押して底にきっちりと合わせる。次に内側に折った生地を立て、親指で生地を下に送り込むようにしながら側面に貼りつける。

14 タルトリングの縁から1cmの高さで余分な生地をハサミで切り落とす。縁から上にでている生地を両手の人さし指と親指で強くつまんで薄くする。焼くと外側に広がるので、気持ち内側に向けて整え、もう一度ハサミで生地の高さを1cmに切りそろえる。

＊ グルテンの形成を抑える砂糖の配合が少ないためとても焼き縮みしやすいので、しっかりとタルトリングの底角まで生地を敷き込み、型よりも少し高めに生地をカットします。

15 冷蔵庫で2時間以上やすませる。

＊ できるだけ長くやすませるか冷凍保存すると、グルテンの弾性が消えて焼き縮みが少なくなります。

16 焼く10分ほど前に15を冷蔵庫からだし、室温にもどす。パートゥの上にベーキングシートを敷き、予熱しておいた重石を型いっぱいに入れる。オーブンで空焼きする（天板も予熱しておく）。
［電子レンジオーブン：210℃で14分］
［ガス高速オーブン：190℃で14分］
縁と底全体に薄い焼き色がついたら、いったんオーブンからだす。すぐに重石をだしてベーキングシートをはずし、パートゥ・ブリゼの内側全体に溶いた卵黄をハケでのばすように薄くぬる。オーブンにもどして2〜3分焼いて乾かす。網にのせて冷ます。卵黄をぬるのはアパレイユとパートゥ・ブリゼの間に膜をつくって湿気にくくするため。

アパレイユ

essentiel

＊ フランスで手にするスペイン産のレモンなどには鮮烈な香りがあります。アメリカや日本のレモンはどうしても香りが弱く、レモンエッセンスを加えないとイメージの溝は埋まりません。しかし手に入らない場合は加えなくても十分においしく焼きあがります。

＊ 全卵、レモン汁は室温にもどしておきます。

1 全卵をホイッパーでほぐし、グラニュー糖を加える。グラニュー糖がほぼ溶けてホイッパーですくうとサラーッとなめらかに落ちるまで50回混ぜる。

＊ ホイッパーをボウルの底を軽くこするように往復させて10秒に15回ほどの速さであまり泡立てないように十分に混ぜます。泡立ててしまうと、表面がまだらな焼き色になります。

2 溶かしバターを5回に分けて加え、円を描いて空気を入れないように40回ずつ十分に混ぜる。

＊ バターの温度が低いと卵とよく混ざらず、焼きあがりの表面に油が染みたようになり、舌触りも脂っぽくなります。

3 レモン汁を一度に加えて均一になるまで混ぜ、レモンの皮のすりおろし、バニラエッセンス、レモンエッセンスを一度に加えて20回混ぜる。

組立て・焼成

1 空焼きしたパートゥ・ブリゼに流し入れる。

2 オーブンで焼く。
［電子レンジオーブン：170〜180℃で25分］
［ガス高速オーブン：160℃で25分］
タルトリングを揺すってみて、ゆらゆらした状態ではなく、ピンと張りつめたようになるまで焼く。網にのせて冷ます。

＊ オーブンの温度が高すぎたり、長く焼いてしまうと、バターが分離してトロッとした舌触りが失われ、脂っぽい舌触りになることがあります。

＊ 焼きあがりの段階では竹串をさすとアパレイユがつきますが、20〜25℃の常温に冷めると、アパレイユが卵とともにやっと固まってトロッとした状態になります。このくらいが食べごろです。

1台で8〜10人分。食べごろの温度は20〜25℃。
保存は20℃以下で3日間。

◆パートゥ・シュクレ

ingrédients

直径18cmフラン・キャヌレ型3台分(約750g分)

- 250g　薄力粉
- 1.2g　ベーキングパウダー
- 150g　バター
- 94g　粉糖
- 47g　全卵
- 38g　アーモンドパウダー

essentiel

* パートゥ・シュクレはカリンとした歯触りが醍醐味です。フードプロセッサーを使うとバターが粉に混ざりすぎてもろもろとした歯触りになってしまうので、かならず手作業でつくります。

* 日本の卵やバターは味わいが希薄です。それを補い、味に膨らみをだすためにアーモンドパウダーを配合します。

1　薄力粉とベーキングパウダーは合わせてふるい、冷蔵庫で1時間以上冷やしておく。

2　バターを厚さ1cmほどに切って直径18cmのボウルに広げて入れ、室温に30分～1時間おく。

3　木べらで混ぜ、指に硬さを感じ、粉糖がようやく混ざるくらいの少し硬めのポマード状にする。

* 木べらの面が上を向くように持ち、ボウルの底を軽くこすりながらふっくらとしただ円形を描いて10秒に15回くらいの速さで混ぜます。空気を入れないように混ぜる方法です。

* バターは必要以上に柔らかくすると、焼成中に生地からもれだし、口溶けや歯触りが悪くなります。パートゥ・シュクレはある程度のバターの硬さを保ちながら、泡立てないように目に見えない部分でしっかりと混ぜていくことが大切です。バターに粉糖や全卵を加えていく工程は、小さめのボウルのほうが木べらから素材が逃げずによりよく混ぜることができます。

* 冬季になかなかバターが柔らかくならない時は、ボウルを弱火に1、2秒あてて混ぜて少し柔らかくします。ただし、混ぜていて木べらを持つ手に十分に重さが感じられるほどの柔らかさにとどめます。

* 上記のどれかが欠けると、焼成中にパートゥからバターがもれだし、ただガリガリするだけの味わいの乏しい焼きあがりになってしまいます。

4 粉糖を5回に分けて加え、3と同様に混ぜる。10回混ぜてはバターを中央に寄せて80回ほど十分に混ぜる。そのつど途中でボウルの内側をゴムべらで払う。

＊ 粉糖は生地に細かく拡散して混ぜ込まれるため、粒の大きいグラニュー糖よりもカリンとした歯触りが得られます。また湿気にも強くなります。バターに他の素材を混ぜ合わせる時は、あまり空気を入れないようにして、目に見えないところでとにかくよく混ぜることが大切です。混ぜる速さはゆっくりめで。手早く混ぜたり、強く混ぜたりすると、空気が過度にバターに入り込み、生地の密度が低くなってもろい焼きあがりになります。こういう生地はクレームやアパレイユの水分を早く吸収するため口溶けが悪くなります。

5 全卵をよくほぐして5回に分けて加え、3と同様に混ぜる。だいたい混ざると木べらに次第に重さが感じられるようになる。4～5回めはかなり混ざりにくくなるが、とにかくよく混ぜる。

6 アーモンドパウダーを一度に加え、3と同様に混ぜる。

7 直径21cmのボウルに移す。

8 1の粉の半量を一度に加え、ゆっくりと切るように4回混ぜては、底から返す。これをくり返す。

9 粉がまだ少し残っている状態になったら、今度はゆっくりとつぶすように4回混ぜては、底から返す。これをくり返し、粉が見えなくなってから、さらに15回ほど混ぜる。

10 残りの粉も加えて8、9と同様に混ぜる。生地がひとつにまとまって粉が見えなくなってから、さらに30回ほど粉が完全に見えなくなるまで混ぜる。

＊ 粉が少し残っているほうがよいとよくいわれますが、素材の混ざりが悪ければ、焼成中にかならずバターがもれだします。

11 次にカードでボウルの底の右半分を手前から返しながら、生地を15回ほど折りたたむように混ぜる。

＊ 木べらでは全体的には混ざりますが、ボウルの底のほうはまだよく混ざっていません。生地をのす時にマーブル台につきやすくなるため、ここで細かい部分もよく混ぜ込みます。

12 ビニールに入れ、カードで平らな長方形に整える。15で切り分ける時に四角形になるようにかならず長方形にする。

13 冷蔵庫で一晩やすませる。

＊ 日本のバターは熱に弱いので、混ぜ終わったらできるだけ早く冷やさなければなりません。5℃以下の冷蔵庫で15時間ほどやすませると、卵の水分やバター、粉が自然に互いに浸透します。素材同士の結びつきが強くなり、生地は均一でしっかりした硬さに変化していきます。できるだけ早く冷やしたほうが焼成中にバターがもれだしにくくなります。

14 のし台やめん棒は冷凍庫に入れて冷やしておく。また、保冷のためにのし台の下に敷くタオルも水で絞って冷凍庫で凍らせておく。

＊ レストランの厨房は室温が高い場合が多いので、のし台やめん棒もかならず冷凍庫で冷やしておき、さらに保冷のためにのし台の下には凍らせたタオルを敷きます。作業も手早くするにこしたことはありません。本書ではのし台として長さ約55cm×幅32cm×厚さ5mmのアクリル板を使用しています。この大きさならばパートゥをのすのに十分な大きさで、冷凍庫にも入ります。

15 翌日、一晩やすませた13を必要な量だけ切り分ける。のし台に角が正面にくるように置く。

16 めん棒で表裏を返して向きも変えながら（角は常に正面にする）、少し強めに叩きながらのばし、均一でのしやすい硬さにする。ただし両端は叩かずに、はじめの厚さを残しておき、中央が薄く、両側に向かってなだらかに高くなるように叩く。何度も返しながらこうして叩いていくと、やがて生地は丸くなる。手粉は強力粉（分量外）を適宜ふる。

＊ 生地はけっして手でもんで柔らかくしないでください。手でもむと生地の中に深く浸透しているバターがでてきて焼成中にもれだします。

17 直径12〜13cmほどになったら、のばす厚さの木板を両端においてのす。ここではきれいな丸形になるように生地の向きは変えるが、けっして裏返さない。

＊めん棒を転がす手は木板の上を通るようにします。板よりも内側で手を動かすと、めん棒がたわんで生地が部分的に薄くなることがあります。

18 生地の表面と台の粉をハケでよく払う。生地を裏返し、粉を払う。空焼きしない場合はここでピケする。

＊のし台に接していた面はどうしても手粉が多くつき、焼きあがりに舌や唇に不快なサラサラした感触に感じられるので、タルトゥの内側になるように裏返して敷き込みます。

19 ポマード状のバター（分量外）を薄めにぬった型に敷き込む。まず生地を少したるませてのせる。

20 型の底角に生地を少し押し込むようにして、生地を側面に合わせて立てる。親指で力を入れずに側面に貼りつける。

21 余分な生地をプティクトーで切り落とす。

22 冷蔵庫で1時間以上やすませる。

＊かならず生地をつくった翌日（長くても翌々日まで）に成形します。生地を仕込んでから15時間ほどは素材同士が強く結びついていますが、3晩もたつとバターが他の素材からでてきて、焼成中にもれだします。成形した生地はビニールに入れて冷凍庫で10日間保存でき、自然解凍してから焼成します。

23 焼く10分ほど前に冷蔵庫からだし、室温にもどす。

24 ルセットゥに応じてオーブンで焼き、網にのせて冷ます。

＊高温で比較的短時間で焼きあげることが大事です。高い温度で焼くと、薄い生地の断面であっても表面に濃いめの焼き色が薄い層となってつき、香ばしさがでます。生地の中心にいくにしたがって、香りが少しずつ異なってきます。歯触りは表面がカリッとしていて中心はホロッとした焼きあがり。味は表面はより強く、中心は素材の味わいが生きたものとなり、ひとつのパートゥの中にさまざまな香り、味わい、食感、豊かさ、膨らみなどの多様性がでてきます。たとえ同じ生地であっても、低温で焼くと全体が同じおだやかな焼き色で、香りや味、食感も平坦になります。170℃ほどの中温でしっかり水分をとり除いて焼くとよくいわれますが、これでは生地の中心まで過度に熱が入ってガリガリした硬い焼きあがりになります。

＊成形時に切り落として余った生地は、ビニールに入れて2番生地として冷蔵庫でとっておきます。新しい生地を叩いてある程度の大きさにしてから半分に切り、とっておいた2番生地をはさんで重ね、さらに少し叩いてなじませてからのします。

◆クレーム・ダマンドゥ

ingrédients　約350g分

- 100g　バター
- 80g　粉糖
- 54g　全卵
- 10g　卵黄
- 10g　サワークリーム
- 4g　ミルクパウダー
- 0.9g　バニラエッセンス（11滴）
- 120g　アーモンドパウダー

essentiel

* フランスでのクレーム・ダマンドゥの配合は次のようであったと記憶しています──バター100g、粉糖100g、卵80g、アーモンドパウダー100g──心と身体にしっかりと押しよせる温かさに満ちたおいしさでした。でも、同じ配合で日本でクレーム・ダマンドゥをつくっても、あのおいしさを再現することはできません。本書での配合は、私の頭の中にあったフランスでのおいしさの記憶やイメージを元に組み立て、サワークリームやミルクパウダー、アーモンドパウダーを配合しています。

* バターはかならず味わいが豊かな発酵バターを使います。

* バニラエッセンスは膨らみのあるしっかりした香りのあるものを使います。マダガスカル産のブルボンバニラがいいでしょう。

* 冷蔵庫で1週間保存できます。

1 バターを厚さ1cmほどに切って直径18cmのボウルに広げて入れ、室温に30分〜1時間おく。木べらで混ぜて十分ツヤのでた柔らかいポマード状にする。

* 木べらの面が上に向くように持ち、ボウルの底を軽くこすりながらふっくらとしただ円形を描いて10秒に15回くらいの速さで混ぜます。空気を入れないように混ぜる方法です。早く混ぜるとバターが白っぽく泡立ち、できあがりの味わいが損なわれます。

* 大切なのは混ぜ方です。クレーム・ダマンドゥは粉も入らずに短時間で焼きあげられ、またお菓子の大切な一部となるので、味わいはより強く個性的にします。そのためには、それぞれの素材の混ざり具合を浅めにしなければなりません。卵などは最後のほうでは多少分離するくらい浅い混ざり具合のほうが、より豊かな味わいになります。ですが、けっして泡立ててはいけません。泡立てれば強い力によってそれぞれの素材は深く混ざり合い、それぞれの個性を消し合い、全体的に平坦な味わいになってしまいます。バターが少し白くなるほどの気泡の混入はかまいませんが、それ以上にはっきりと白くなってはいけません。

* バターはずっとツヤのある柔らかい状態を保ちながら混ぜます。

2 粉糖を5回に分けて加え、1と同様に80回ずつ混ぜる。

3 全卵と卵黄を合わせて溶きほぐし、8回に分けて加えて1と同様に80回ずつ混ぜる。

＊ 卵の量がとても多く、4〜5回めになると混ざりにくくなるので、20回ほど混ぜたら、そのつど木べらとボウルの内側についたバターをゴムべらで払い、さらに50〜60回ほど混ぜてから次を加えていきます。さらに最後のほうになると少し分離してくる場合がありますがかまいません。だいたい混ざればよく、きれいに混ぜ込む必要はありません。

＊ かなり分離して混ざりが悪い場合には、ボウルの底を弱火に1、2秒あててバターを柔らかくするか、6で加えるアーモンドパウダーを軽くひとにぎり加えて水分を吸収させて混ぜます。

4 サワークリーム、ミルクパウダーを順に加え、同様に混ぜる。ミルクパウダーは混ざりきらなくていい。

5 バニラエッセンスを加えて混ぜ、ボウルの内側を払い、さらに30回混ぜる。

6 アーモンドパウダーの半量を加えて同様に50回混ぜる。

7 残りのアーモンドパウダーを加え、途中でボウルの内側を払って50回混ぜる。

8 冷蔵庫で一晩やすませる。

＊ かならず一晩やすませてから使います。つくったばかりではそれぞれの素材がよく混ざりすぎているため、焼いた時に味や香りが十分にでてきません。一晩やすませると、それぞれの素材が適度に分離してきて、各素材の個性が際立ったとても豊かな味わいに焼きあがります。

9 使う時は必要量をボウルにとり分け、室温に15分ほどおいて少し柔らかくする。木べらですりつぶすように混ぜて均一にし、絞りやすい硬さにする。

10 ルセットゥに応じて絞って焼成する。

＊ やっと火が通って固まった、バターがにじんでしっとりとしたくらいが一番おいしい焼き加減です。表面にかなり濃いめの焼き色が少しだけつくほどにします。そのためには200〜220℃の高温で短時間で焼きあげなくてはなりません。低温から中温で焼くと、表面の焼き色がつかないうちに中のほうがしっかりと焼き固まってしまい、水分が飛んでカサカサで香ばしく豊かな味わいが得られなくなります。

chapitre 12

ショコラのビスキュイ
Biscuit au chocolat

深き、チョコレートそのものの香りと味わい。
身体にすっと溶け込むようなビスキュイ。
ショコラのビスキュイのバリエーションは味わいや食感もさまざまです。
チョコレートとムラングやバターの混ぜ方が大きなポイント。

ガトー・オ・ショコラ 187
Gâteau au chocolat

ムワルー・オ・ショコラ 190・192
Moelleux au chocolat

ショコラのビスキュイ・クラン 191・194
Biscuit coulant aux arômes de chocolat

ル・マルガッシュ 196
Le Malgache

ザッハトルテ 200
Sachertorte

ガトー・オ・ショコラ
Gâteau au chocolat

フランスの家庭でもよくつくる伝統的で簡単なチョコレート菓子。
舌の上ですーっとなくなるような口溶けもおいしさのひとつです。
チョコレートの深いほろ苦い香りが、長い余韻を残します。

ガトー・オ・ショコラ

ingrédients

直径18cmジェノワーズ型1台分

◆ビスキュイ・オ・ショコラ
- 21g　薄力粉
- 69g　ココア
- 0.1g　ナツメグ（すりおろす）
- 0.1g　シナモンパウダー

- 59g　スイートチョコレート
  （スーパーゲアキル・カカオ分64%）
- 30g　セミスイートチョコレート
  （ベネズエラ・カカオ分70%）
- 70g　バター
- 13g　カカオバター

- 70g　卵黄
- 70g　グラニュー糖

- 13g　サワークリーム
- 57g　生クリーム
- 0.6g　バニラエッセンス（7滴強）

ムラング・オルディネール
- 123g　卵白
- 35g　グラニュー糖A
- 35g　グラニュー糖B

- 29g　グラニュー糖

◆クレーム・シャンティイ・オ・ショコラ・ブラン
クレーム・シャンティイ・オ・ショコラ・ブラン
（→P287）
1人分に20g使用する

◆仕上げ
- 適量　粉糖

essentiel

＊ スーパーゲアキルは芯のある鋭い香り、ベネズエラは男っぽい太い香り。2種類のチョコレートを合わせて有無をいわせぬ力強いイメージをつくります。ナツメグとシナモンはチョコレートの香りに深さをだすために加えます。

＊ このルセットゥではフランス・ベック社の粒子の細かいココアを使っています。粒子が粗いものを使う場合は62gにしてください。

ビスキュイ・オ・ショコラ

1　ジェノワーズ型の底と側面に紙を敷く。

2　薄力粉とココアは1回だけふるい、ナツメグとシナモンパウダーを合わせておく。

＊ 2回ふるうとココアが混ざりすぎてぼやけた味わいになるので、まだらな状態でかまわないので1回だけふるいます。

3　ボウルに細かく刻んだチョコレート2種類とバター、カカオバターを入れ、湯煎にかけて溶かす。約40℃（冬季は60℃）に調整する。

＊ 冷たいと生地が締まり、ムラングがつぶれ、硬い舌触りに焼きあがってしまいます。

4　ボウルに卵黄とグラニュー糖を入れ、グラニュー糖がほぼ溶けるまでホイッパーで十分に混ぜる。

5　3に4を加え、ホイッパーでだいたい均一になるまで円を描いて混ぜる。サワークリーム、生クリーム、バニラエッセンスを順に加え、同様に混ぜる。

6　5まで仕込んでから、ムラング・オルディネールをつくる。深大ボウルに卵白とグラニュー糖Aを入れ、ハンドミキサー（ビーター2本）の速度3番で1分30秒→グラニュー糖Bを加えてさらに1分30秒泡立てる。

＊ 卵白は夏季は15℃、冬季は17℃ほどにしておき、ボウルは冷やさずに使います。冷やすとアパレイユが硬くなってチョコレートがよくのびず、卵白を十分に包み込むことができないので、白っぽく薄い色に焼きあがることがあります。またチョコレートがムラングに包まれてしまうので、チョコレートの味が舌にのりません。

＊ このようなチョコレートのビスキュイでは、ムラングの気泡量は必要ありませんので、1〜2回めとも多めのグラニュー糖を加えて泡立てます。砂糖によって気泡量は抑えられますが、強い粘りのよい泡立ちが得られます。混ざりやすいムラングがよいので、あまり硬くポロポロに泡立てすぎないようにします。

7　6ができたら、すぐに2の粉を5に2回に分けて加えてホイッパーで円を描いてよく混ぜる。

＊　ムラングを混ぜる直前に加えたほうが、アパレイユが締まって硬くならずによく混ざります。

8　7に6のムラングをひとすくいずつ3回に分けて加え、ホイッパーで円を描いて強く混ぜる。

＊　アパレイユをのばして混ざりやすい柔らかさにします。ここでは泡はつぶれてもかまいません。

9　残りのムラングを加え、木べらに持ちかえて手早く混ぜる。30回ほど混ぜてムラングがほぼ見えなくなり、少しなめらかになったら、さらに70回混ぜる。きちんと混ざると、とてもなめらかになり、チョコレートの色が濃くなる。

＊　最後までホイッパーで混ぜると、ムラングの泡がつぶれすぎて重い歯触りの焼きあがりになります。木べらはボウルの中央に入れ、左に向かって木べらの面で押すように混ぜます。切るように混ぜたり、すくうように混ぜてはきちんと混ざりません。

10　グラニュー糖を加え、9と同様に30回混ぜる。最後にグラニュー糖を加えるのは甘みの補強のため。

11　1の型に入れ、ゴムべらで中央を低めにならす。

12　オーブンで焼く。
［電子レンジオーブン：170℃で50～60分］
［ガス高速オーブン（2段めに入れる）：160℃で50～60分］
焼きあがったら、すぐに型からはずして紙をとり、網にのせて冷ます。冷めたら、すぐに乾燥しないようにビニールなどに入れる。

＊　このガトー・オ・ショコラは粉の割合が少なく、焼きあがってから上面、底、中と少し縮みます。これによって中は締まった、それでいてしっとりとしてホロッとした歯触りの、チョコレートを印象的に感じさせる焼きあがりになります。

＊　紙はすぐにとります。紙をつけたままにしておくと、生地が縮むにつれて、紙に生地がくっついてはがれることがあります。

＊　4～5時間でしっとりしたおいしさがでてきます。

仕上げ

1　グラシエール（粉糖入れ）で粉糖をふる。カットして、クレーム・シャンティイ・オ・ショコラ・ブランを20g添える。

ビニールに入れて乾燥しないように保存すれば、3～4日は十分においしく食べられます。食べごろの温度は20℃ほど。

ムワルー・オ・ショコラ
Moelleux au chocolat

→P192

ムワルーは柔らかな、という意味。
他のチョコレートのビスキュイに比べると、
卵白やチョコレート、バターの脂肪分がかなり多く、
ふっくらとした柔らかい歯触りと味わい。
中で半分溶けたガナッシュが
チョコレートの味わいを力強く印象的にします。
ビスキュイは口に入れるとあっという間に溶け、
しっとりとしたガナッシュがふっくらと味わいを高めます。

ショコラのビスキュイ・クラン
Biscuit coulant aux arômes de chocolat
→ P194
焼きたての熱々にナイフを入れると、
チョコレートのソースが流れでてくる温製デセール。
クランは流れるという意味です。

ムワルー・オ・ショコラ

ingrédients

直径5.5cm×高さ3.5cmセルクル5個分

◆ガルニチュール用トゥリュフ
10個できるので5個使用する
- 40g　生クリーム
- 3g　コーンスターチ
- 3g　水飴
- 45g　ガナッシュ用スイートチョコレート
　　　（ガナッシュ・ゲアキル・カカオ分54％）
- 0.4g　バニラエッセンス（5滴）

◆ビスキュイ・ムワルー
- 56g　スイートチョコレート
　　　（スーパーゲアキル・カカオ分64％）
- 56g　セミスイートチョコレート
　　　（アメリカオ・カカオ分72％）
- 17g　バター

- 18g　卵黄
- 11g　生クリーム
- 0.2g　バニラエッセンス（3滴）

ムラング・オルディネール
- 67g　卵白
- 4g　グラニュー糖A
- 28g　グラニュー糖B

- 7g　薄力粉
- 7g　強力粉

◆仕上げ
- 適量　粉糖

ガルニチュール用トゥリュフ
essentiel

* コーンスターチはガナッシュが中心に半分ほど残り、トロッとした舌触りをもたせるために配合します。コーンスターチを加えないとガナッシュは完全にビスキュイに吸収されて、ビスキュイの中に大きな空洞ができます。

* 10個分がつくりやすい分量です。

1　銅サバイヨンボウルに生クリームとコーンスターチを入れてホイッパーで混ぜ、水飴も加える。弱火にかけ、ホイッパーで混ぜながら糊状に練る。

2　火をとめ、細かく刻んだチョコレートを加えてよく混ぜ、バニラエッセンスを加える。

3　ボウルに移し、氷水にあてながらゴムべらで混ぜて少し冷ます。すぐに温かい状態で絞れる硬さになる。

4　口径10mmの丸口金をつけた絞り袋に入れ、バットに敷いたパラフィン紙の上にあまり広げずに高さをだして約8gずつ絞る。きれいに絞れなくてもいい。冷凍庫で約1時間冷やし固める。

ビスキュイ・ムワルー
essentiel

＊つくり方のポイントはP188「ガトー・オ・ショコラ」ビスキュイ・オ・ショコラ参照。

1 セルクルにポマード状にしたバター（分量外）をぬり、長さ20cm×幅5cmのパラフィン紙を巻く。ベーキングシートを敷いた天板に並べる。

2 ボウルに細かく刻んだチョコレート2種類とバターを入れ、湯煎にかけて溶かす。約50℃（冬季は60℃）に調整する。

3 ボウルに卵黄を入れてホイッパーで十分に混ぜる。

4 2に3を加え、ホイッパーでだいたい均一になるまで円を描いて混ぜる。生クリーム、バニラエッセンスも加えて混ぜる。

5 4まで仕込んでから、ムラング・オルディネールをつくる。深大ボウルで卵白とグラニュー糖Aをハンドミキサー（ビーター2本）の速度2番で1分→速度3番で1分30秒→グラニュー糖Bを加えてさらに30秒泡立てる。

＊卵白は夏季は15℃、冬季は17℃ほどにしておき、ボウルは冷やさずに使います。

6 4に合わせてふるった薄力粉と強力粉を加えて円を描いて混ぜる。

7 6に5のムラングをひとすくいずつ2回に分けて加え、ムラングが完全に見えなくなるまで同様に強く混ぜる。

8 残りのムラングを加え、木べらに持ちかえて20回混ぜてはボウルの内側をゴムべらで払う。これをあと2回くり返し、ツヤのあるなめらかな状態になるまで混ぜる。

9 口径10mmの丸口金をつけた絞り袋に入れる。1のセルクルの⅓高さまで絞り入れ、冷凍しておいたトゥリュフを入れ、さらに9分目まで絞り入れる。

＊この段階で冷凍保存することもできます。焼成する時は室温で完全に解凍し、さらに15℃ほどにもどしてからオーブンに入れます。

10 オーブンで焼く。
［電子レンジオーブン：190℃で17〜18分］
［ガス高速オーブン：180℃で約15〜17分］
表面に薄い焼き色がつき、中央を触ると軽いがしっかりとした弾力がでるまで焼く。

＊ガナッシュが完全に凍っている時には室温に5分おいてからオーブンに入れます。ですが、ガナッシュは十分に冷たくないと、焼成中に内側で熱くなって吹きでることがありますので注意してください。

11 すぐにセルクルをはずし、紙をはがす。

提供は室温で。乾燥しないようにビニールに入れておけば3〜4日間保存できます。時間がたつと少し乾燥してきますが、脂肪分が多い生地なので十分おいしく食べられます。

ショコラのビスキュイ・クラン

ingrédients

直径5.5cm×高さ3.5cmセルクル12個分

◆ガナッシュ
- 125g　生クリーム
- 75g　スイートチョコレート
  （スーパーゲアキル・カカオ分64％）
- 25g　バター
- 5g　ブランデー

◆ビスキュイ・オ・ショコラ
- 220g　スイートチョコレート
  （スーパーゲアキル・カカオ分64％）
- 100g　バター
- 80g　卵黄

ムラング・オルディネール
- 120g　卵白
- 25g　グラニュー糖 A
- 25g　グラニュー糖 B

- 110g　粉糖
- 80g　アーモンドパウダー
- 80g　コーンスターチ

ガナッシュ

1 裏返したバットの底などにラップを敷き、木枠で12.5cm×16.5cm×高さ1cmの型をつくる。冷凍庫で冷やしておく。

2 銅サバイヨンボウルに生クリームを入れて60〜70℃に加熱し、細かく刻んだチョコレートを加えてホイッパーで混ぜる。チョコレートが溶けたら、バターを加えて混ぜる。ブランデーも加える。

3 1の型に流し、冷凍庫で約15分冷やし固める。木枠をはずし、直径4cmの丸ぬき型で12個ぬく。9個ほどぬいたら残りは寄せ集めてだいたい直径4cmにまとめればいい。冷凍庫で冷やしておく。

ビスキュイ・オ・ショコラ

essentiel

＊ P192「ムワルー・オ・ショコラ」と同じで凍ったガナッシュを入れて焼きあげますが、ムラングを少なくして生地の密度を大きくしてスダチを詰まらせ、溶けたガナッシュが生地に染み込みにくいようにし、中心が空洞にならない工夫をしているところが違います。

＊ つくり方のポイントはP188「ガトー・オ・ショコラ」ビスキュイ・オ・ショコラ参照。

1 セルクルにポマード状にしたバター（分量外）をぬり、長さ20cm×幅5cmのパラフィン紙を巻く。ベーキングシートを敷いた天板に並べる。

2 ボウルに細かく刻んだチョコレートとバターを入れ、湯煎にかけて溶かす。約50℃（冬季は60℃）に調整する。

3 ボウルに卵黄を入れてホイッパーで十分に混ぜる。

4 2に3を加え、ホイッパーでだいたい均一になるまで円を描いて混ぜる。

5 4まで仕込んでから、ムラング・オルディネールをつくる。深大ボウルに卵白とグラニュー糖Aを入れ、ハンドミキサー（ビーター2本）の速度3番で1分30秒→グラニュー糖Bを加えてさらに1分30秒泡立てる。

＊卵白は夏季は15℃、冬季は17℃ほどにしておき、ボウルは冷やさずに使います。

6 4に合わせてふるった粉糖とアーモンドパウダー、コーンスターチを2回に分けて加えて円を描いて混ぜる。硬く締まってくる。

7 6に5のムラングの1/3量を加え、木べらで切るようにムラングが完全に見えなくなるまで十分に混ぜ、アパレイユを柔らかくする。硬い生地をほぐすような感じであわてずに。残りのムラングのうち半量を加え、少しずつ生地が柔らかくなめらかになるように同様に混ぜる。

8 8割混ざったら、残りのムラングを加え、完全になめらかになるまで40回混ぜる。

9 口径10mmの丸口金をつけた絞り袋に入れる。1のセルクルの半分の高さまで絞り入れ、冷凍しておいたガナッシュを入れ、さらに9分目まで絞り入れる。

10 冷凍庫で固める。

＊この状態で5日間冷凍保存できます。

11 オーブンで焼く。
完全に凍らせた場合。冷蔵庫に2時間ほど入れて半解凍してから焼く。
［電子レンジオーブン：下に天板を1枚入れて210℃で18分］
［ガス高速オーブン：190℃で16分］
ショックフリーザーで20分冷凍し、半分凍っている状態の場合。
［電子レンジオーブン：下に天板を1枚入れて210℃で16分］
［ガス高速オーブン：190℃で16分］
ともに表面に焼き色がつき、触ってしっかりした硬さが感じられるまで焼く。

＊オーブンに入れる時、中心のガナッシュは少し凍っていなければなりません。これはガナッシュが遅れて熱くなるようにするためです。早く熱くなると膨張してビスキュイに浸透しやすくなります。

＊オーブンのテーブルが回転しない場合は、焼き時間の半分で天板の奥と手前を入れかえ、側面全体が均一にしっかり焼けるようにします。こうしないと焼きあがりに紙をはがす時に、焼きがたりない部分が破れてソースがもれてしまいます。

12 すぐにセルクルをはずして紙をはがし、温めておいた皿にのせて提供する。

＊流れでるソースが冷めないように、かならず温めた皿で提供します。

焼きたてをすぐに提供します。お客様にはまずナイフで縦ふたつに切るようにおすすめします。

ル・マルガッシュ
Le Malgache

チョコレートやバターの脂肪分が少ない、
ほろほろととても軽い歯触りのビスキュイ菓子。
ガナッシュと一体化してチョコレートの主張は十分。
マルガッシュは「マダガスカル島人」の意味です。

ingrédients

上口18cm×7cm、
底17cm×6.5cm、高さ5cmパウンド型2台分

◆ビスキュイ・サッシェ
- 60g　強力粉
- 4.5g　ベーキングパウダー
- 23g　ココア

- 90g　セミスイートチョコレート
  　　　（アメリカオ・カカオ分72％）

- 90g　バター
- 36g　グラニュー糖

- 75g　卵黄
- 1g　バニラエッセンス（12滴）

ムラング・オルディネール
- 90g　卵白
- 18g　グラニュー糖A
- 42g　グラニュー糖B

◆ガナッシュ
- 105g　生クリーム
- 10g　水
- 30g　30°ボーメシロップ
- 187g　セミスイートチョコレート
  　　　（アメリカオ・カカオ分72％）

◆組立て・仕上げ
パータ・グラッセ
- 300～400g　上がけ用スイートチョコレート
  　　　　　　（パータ・グラッセ・ブリュンヌ）
- チョコレートの30％　ピーナッツオイル

- 適量　パイエットゥ・ショコラ
  　　　（チョコレートスプレー）
- 適宜　チョコレートの飾り
  　　　（トゥリュフ・ショコラなど）

ビスキュイ・サッシェ
essentiel

＊ サッシェは「ザッハ」のフランス語読み。フランスのザッハ生地はムラングの配合が多く、ココアの配合が少ない生地です。

1 パウンド型にポマード状にしたバター（分量外）をぬり、冷蔵庫に入れてバターを固める。強力粉（分量外）を茶こしでふり、型を1回強く叩いて余分な粉を落とす。

＊ バターが溶けていると、粉が厚くついて生地の味わいを損ねます。

2 強力粉とベーキングパウダー、ココアは1回だけふるう。

＊ 2回ふるうとココアが混ざりすぎてぼやけた味わいになるので、まだらな状態でかまわないので1回だけふるいます。

3 ボウルに細かく刻んだチョコレートを入れて湯煎で溶かし、30℃以下に調整する。

4 柔らかめのポマード状にしたバター（→P184「クレーム・ダマンドゥ」1）にグラニュー糖を5回に分けて加えてホイッパーで円を描いて混ぜる。

5 溶きほぐした卵黄を5回に分けて加えて混ぜる。均一に混ざればいい。バニラエッセンスも加える。

＊ バターが硬くなってきたら、ボウルの底をごく弱火に1、2秒あてては混ぜ、常に柔らかい状態を保ちます。

6 3のチョコレートを2回に分けて加え、なめらかになるまで混ぜる。

7 ムラング・オルディネールをつくる。深大ボウルに卵白とグラニュー糖Aを入れ、ハンドミキサー（ビーター2本）の速度2番で1分→速度3番で2分→グラニュー糖Bを加えてさらに1分泡立てる。

＊卵白は夏季は15℃、冬季は17℃ほどにしておき、ボウルは冷やさずに使います。冷やすとアパレイユが硬くなってチョコレートがよくのびず、卵白を十分に包み込むことができないので、白っぽく薄い色に焼きあがることがあります。またチョコレートがムラングに包まれてしまうので、チョコレートの味が舌にのりません。

8 6の柔らかさを確認し、硬くなっていれば5と同様に温めて、十分にツヤがあり、手にあまり重さを感じなくなるまで柔らかくする。

9 8に7のムラングをひとすくい加え、ホイッパーで円を描いて強く混ぜる。8割混ざったら、残りを2回に分けて加えて木べらに持ちかえて混ぜる。木べらはボウルの中央に入れ、左に向かって木べらの面で押すように混ぜる。

10 ムラングが8割混ざったら、2の粉を5〜6回に分けて加えて9と同様に混ぜる。8割混ざったら次の粉を加える。

11 粉を入れ終わってだいたい混ざったら、ボウルの内側をゴムべらで払ってさらに50回混ぜる。ムラングが十分に混ざってなめらかな状態になる。

12 1の型に入れる。両端は火が通りやすく早く焼けるため、スプーンで少し高くする。きれいにならす必要はない。

13 オーブンで焼く。
［電子レンジオーブン：170℃で22〜23分］
［ガス高速オーブン：160℃で20分］
すぐに型からだして逆さまにしてキャルトンにのせ、網の上で完全に冷ます。

ガナッシュ

1 鍋に生クリームと水、30°ボーメシロップを入れ、80℃（縁のほうがフツフツする）まで加熱する。

2 ボウルに細かく刻んだチョコレートを入れ、1を加えてホイッパーで円を描いてなめらかになるまで混ぜる。バットに流し、20℃の室温に3時間おいて固める。時間をおくのは十分に素材を結びつけるため。

組立て・仕上げ

1 ビスキュイ・サッシェを波刃包丁で3枚にスライスする。

2 ガナッシュをごく弱火に1、2秒あてては木べらで混ぜて25℃ほどに調整し、柔らかくする。

3 1番下のビスキュイ（焼いた時の上面側）に2のガナッシュ30gをパレットナイフでぬる。

＊このガナッシュは室温でも硬くなったりダマができたりして、かなり扱いにくいものです。かならず硬くなってきますので、少しでもかたまりができてきたら、ごく弱火に1、2秒あてては混ぜて、ゆっくり柔らかくしながら作業します。ほんの少し分離したように見えてもなめらかであれば大丈夫です。

4 2枚めのビスキュイをのせ、同様にガナッシュ30gをぬり、3枚めのビスキュイをのせる。ガナッシュを側面、上面の順に全体に厚さ約3mmにぬる。

5 少し台形になるように、側面を定規などで上から下にならし、パレットナイフで下をきれいにする。

＊この状態でラップで包んで冷凍庫で1週間保存可能。パータ・グラッセをかける20分ほど前に20℃の室温にだして完全に解凍します。あまり冷たいと表面にチョコレートのブルームがでやすくなり、固まるのが早くきれいに上がけしにくくなります。

6 5分ほど冷蔵庫で冷やし固める。

＊冷やしすぎるとパータ・グラッセがかけにくくなります。

7 パータ・グラッセをつくる。ボウルに細かく刻んだチョコレートを入れて湯煎で溶かし、ピーナッツオイルを加えて木べらでよく混ぜる。

＊ピーナッツオイルを加えると固まるのが遅くなり、上がけしやすくなります。

8 大きめの木べらに5をのせ、7のパータ・グラッセをレードルで高い所から角にもかかるように注意しながらかける。木べらの下をパレットナイフで強めに7～8回叩き、側面のチョコレートを下に落とす。側面4面の下のチョコレートをパレットナイフできれいにとる。

9 固まらないうちに、側面の下にパイエットゥ・ショコラを少しつける。チョコレートの飾りでデコレーションする。

1台で9～10人分。波刃包丁をガスの火で少しだけ熱いと感じるくらいに熱してカットし、1回切るたびにぬれフキンで包丁をきれいにします。パータ・グラッセを軽く溶かしながら切る感覚で。食べごろの温度は18～22℃。保存は20℃ほどで3日間。

ザッハトルテ
Sachertorte

ウィーン菓子の代名詞のようなケーキですが、
これは私なりの解釈のザッハトルテです。
ビスキュイの軽さ、チョコレートの押し寄せる香り、
アプリコットのコンフィチュールの中から湧きでる酸味、
スーパーゲアキルのグラスの心をこする歯触り。
これらの混沌としたバランスが
私のザッハトルテへの思いです。

ingrédients

口径18cm×底径16cmマンケ型1台分

◆ビスキュイ・ショコラ
- 35g　強力粉
- 20g　ココア

- 70g　スイートチョコレート
  （スーパーゲアキル・カカオ分64％）

- 70g　バター
- 42g　グラニュー糖

- 40g　卵黄
- 0.8g　バニラエッセンス（10滴）

ムラング・オルディネール
- 60g　卵白
- 14g　グラニュー糖 A
- 28g　グラニュー糖 B

◆アプリコットのコンフィチュール
- 188g　グラニュー糖
- 5.5g　ジャムベース（ジュレ用ペクチン）

- 250g　アプリコットピューレ
- 25g　水飴

◆グラス・オ・ショコラ
多めにできるので適量を使用する
- 38g　スイートチョコレート
  （スーパーゲアキル・カカオ分64％）
- 38g　ココア
- 270g　グラニュー糖
- 90g　水
- 15g　カカオバター
- 0.3g　バニラエッセンス（4滴）

ビスキュイ・ショコラ

1　マンケ型にポマード状にしたバター（分量外）をぬり、冷蔵庫に入れてバターを固める。強力粉（分量外）を茶こしでふり、型を1回強く叩いて余分な粉を落とす。

＊バターが溶けていると、粉が厚くついて生地の味わいを損ねます。

2　強力粉とココアを1回だけふるう。

＊2回ふるうとココアが混ざりすぎてぼやけた味わいになるので、まだらな状態でかまわないので1回だけふるいます。

3　ボウルに細かく刻んだチョコレートを入れて湯煎で溶かし、30℃以下に調整する。

4　柔らかめのポマード状にしたバター（→P184「クレーム・ダマンドゥ」1）にグラニュー糖を5回に分けて加えてホイッパーで円を描いて混ぜる。

5　溶きほぐした卵黄を3回に分けて加えて混ぜる。均一に混ざればいい。バニラエッセンスも加える。

＊バターが硬くなってきたら、ボウルの底をごく弱火に1、2秒あてては混ぜ、常に柔らかい状態を保ちます。

6　3のチョコレートを2回に分けて加え、なめらかになるまで混ぜる。

7　ムラング・オルディネールをつくる。深大ボウルに卵白とグラニュー糖Aを入れ、ハンドミキサー（ビーター2本）の速度2番で1分→速度3番で1分→グラニュー糖Bを加えてさらに30秒泡立てる。

＊卵白は夏季は15℃、冬季は17℃ほどにしておき、ボウルは冷やさずに使います。冷やすとアパレイユが硬くなってチョコレートがよくのびず、卵白を十分に包み込むことができないので、白っぽく薄い焼き色になることがあります。またチョコレートがムラングに包まれてしまうので、チョコレートの味が舌にのりません。

8 6の柔らかさを確認し、硬くなっていれば5と同様に温めて柔らかくする。少しテリがでるほどにする。

9 8に7のムラングをひとすくい加え、ホイッパーで円を描いて強く混ぜる。十分のびて柔らかくなったら、残りのムラングを一度に加えて木べらに持ちかえて混ぜる。木べらはボウルの中央に入れ、左に向かって木べらの面で押すように手早く混ぜる。

10 ムラングが8割混ざったら、2の粉を5〜6回に分けて加えて9と同様に手早く混ぜる。8割混ざったら次の粉を加える。粉を入れ終わってだいたい混ざったら、ボウルの内側をゴムべらで払って、さらに手早く50回混ぜる。生地はツヤがでてなめらかで、流れださないくらいのしっかりとした状態。

11 1の型に入れ、ゴムべらで中央を少し低くならす。

12 オーブンで焼く。
［電子レンジオーブン：170℃で23〜26分］
［ガス高速オーブン：160℃で22〜24分］
竹串をさしても生地がつかなくなってから約5分、中央を触ってみて軽いがしっかりした弾力が感じられるまで焼く。

＊ ここまで焼くと、冷めてからも中央が沈みません。型と生地の間に1mm以上のすき間ができるまで焼くと、パサついてチョコレートの味がしなくなります。

13 すぐに型からだして逆さまにしてキャルトンにのせ、網の上で完全に冷ます。

アプリコットのコンフィチュール

1 グラニュー糖とジャムベースをホイッパーでよく混ぜる。

＊ ジャムベースを入れると長時間加熱しなくてもジャムができ、フルーツのフレッシュな味が残ります。

2 鍋にアプリコットピューレを入れ、1を加えてホイッパーで軽く混ぜる。中火にかけ、沸騰してきたら火を少し弱くし、たえず木べらで鍋の底を手早くこすり、アクをとりながら、沸騰してから1分半〜2分ほど煮つめる。混ぜると鍋底が見えるようになり、木べらでたらすと、はじめはタラーッと落ちていたのが、ポタポタポタと3滴ほど落ちてとまるまで煮つめる。

3 ボウルに移し、水飴を加えて混ぜる。粗熱をとる。

＊ 水飴はツヤだしと乾燥防止のために加えます。水飴は沸騰するとすぐにキャラメル化するので、かならず火をとめてから加えます。また100℃以下でも高温だとキャラメルを形成するので、ボウルに移して余熱が入るのをとめてから加えます。

組立て

1 アプリコットのコンフィチュールに水適量（分量外）を加えて木べらで混ぜながら加熱し、沸騰してから30秒で火をとめる。

2 1をビスキュイの全面にハケでしっかりぬる。

＊ ジャムがビスキュイの味わいに優しさを与えます。

グラス・オ・ショコラ

essentiel

* 再結晶後にあまりガリガリに硬くならないよう、カカオバターを配合しています。これにより歯触りが優しくなります。

* 多めの分量なので、上がけがうまくできれば⅔量に減らしてかまいません。

* 煮つめる温度が低かったり、再結晶しはじめるまで十分に冷やして混ぜないと、固まりが遅く、どっしりとしたツヤのある再結晶になりません。

* 残ったグラスは配合の⅔量(水のみ同量の90g)を新たにつくって足し、110℃〜111℃まで煮つめて再度使います。煮つめてよく混ぜれば、残ったグラスでもしっかり再結晶します。

1 チョコレートは細かく刻む。鍋にすべての材料を入れ、沸騰するまでは弱火で木べらでよく混ぜながら加熱して砂糖を完全に溶かす。沸騰したら、手早く底をこすりながら110℃まで煮つめる。

* 温度計は鍋底につけないで測ります。沸騰したら、手早く鍋底をこすりながらよく混ぜて泡をつぶさないと、水蒸気が逃げず、なかなか温度が上がりません。煮つめ加減が不十分だと再結晶化せず固まりませんので、かならず110℃まで煮つめます。

2 火からおろし、ゆるく絞ったタオルの上で鍋底をこすって混ぜながら温度を下げる。手にかなりどろっとした重さを感じ、木べらの先に砂糖が再結晶したサラサラとした軽くカサつく感触がはっきりと得られ、表面に少しピカッとしたツヤがでるまで混ぜる。

* ここでしっかり再結晶をはじめないと、上がけしてから固まりません。しかし再結晶しすぎても、あっという間に固まってしまいます。何度かつくってコツをつかんでください。

仕上げ

1 バットに直径15cmほどの円柱形の台(缶など)を置き、ビスキュイをのせる。

2 グラス・オ・ショコラができたら、すぐに1にかける。まず縁に、そして中央に3〜4mm厚さに流しかける。すぐにパレットナイフで表面のグラスを薄くこすりとる。

* ビスキュイが柔らかいので、薄めに上がけしないとグラスの硬さに全体の味わいが負けてしまいます。

3 側面のグラスがたれなくなったら、プティクトーで下に固まったグラスをきれいにとる。その時々によって異なるが、1〜2分で再結晶してくる。

* 煮つめ方と木べらでのこすり方がたりないと、再結晶せず、ずっと粘る飴状のこともあります。

1台で8〜10人分。グラスは硬くて切りにくいので、波刃包丁を熱めのお湯につけてトンと軽く水気を落とし、ゆっくりと何回ものこぎりのように動かして切ります。まず側面のグラスを切り、それから上面のグラスをゆっくりと切り、そのまま下のビスキュイを切ります。食べごろの温度は18〜22℃。保存は常温20℃ほどで3日間。

温かいデセール
Les desserts chauds

chapitre 13
温製のデセール
Dessert chaud

温かいデセールはレストランならではの醍醐味。
オーダーが入ってから仕上げるので手間はかかりますが、
その分お客様の喜びも大きいはず。

フルーツのグラタン　206
Gratin de fruits

ポ・ドゥ・クレーム・オ・ショコラ　208
Pot de crème au chocolat

バナナのソテー　210・211
Bananes à la martiniquaise

バナナのベニェ　210・212
Beignet Créole

フルーツのグラタン
Gratin de fruits

ふわふわと軽い白ワイン風味のソース・サバイヨンを
フルーツにたっぷりとかけて焼きあげます。
マンゴーやパイナップルのトロピカルな味わいが優しく膨らみます。

ingrédients 2人分

◆ガルニチュール
- 小10個　　　イチゴ
- ½個　　　　マンゴー
- 8枚　　　　シロップ漬けパイナップル（70g）

◆ソース・サバイヨン
- 3g　　グラニュー糖
- 1g　　安定剤
- 40g　生クリーム

- 40g　卵黄
- 20g　グラニュー糖
- 55g　白ワイン（甘口）
- 3g　　レモン汁

- 適量　粉糖
- 適量　シュクル・ヴァニエ

essentiel

＊日本の生クリームは加熱すると離水して間のぬけた味わいになりやすいので、生クリームには安定剤を加えます。生クリームはソース・サバイヨンを冷やしてからハンドミキサーで十分に混ぜます。こうすればソース・サバイヨンにしっかりと包まれるので、離水しても舌には感じません。

＊パイナップルは缶詰でもいいですが、P100「パイナップルのコンポットゥ」でもおいしくつくれます。

ガルニチュール

1　イチゴ、マンゴー、パイナップルを乱切りにし、耐熱皿に重ならないように並べる。

＊乱切りにしたほうが食感にバリエーションがでて印象深くなります。

ソース・サバイヨン

1　グラニュー糖と安定剤はホイッパーで混ぜる。これをソース・サバイヨンをつくる15分ほど前に生クリームに入れて8分立て（ほぼツヤが消えかけ、ゆっくりホイッパーを持ちあげるとしっかりした角が立つ）に泡立てる。冷蔵庫に入れておく。

2　ソース・サバイヨンをつくる。耐熱性ガラスボウルに卵黄とグラニュー糖を入れ、グラニュー糖がほぼ溶けるまでホイッパーで十分に混ぜる。

3　2に白ワインを⅓量まではよく混ぜながら3回に分けて加え、残りも加えて混ぜる。

4　金網とセラミック網をガスコンロにのせ、3を弱火にかける。ホイッパーで手早く泡立てながら加熱する。かなりもったりしたら火からおろし、さらに余熱で1分以上よく泡立てる。かなりどろっとしているが十分に流れる柔らかさ。

5　手つき中ボウルに移し、ハンドミキサー（ビーター1本）の速度3番で2分泡立て、氷水にあててさらに2分泡立てて10℃まで冷やす。レモン汁を加える。

6　1の生クリームを加え、速度2番で15秒ほど十分に混ぜる。

7　フルーツの上に6をのせる。グラシエール（粉糖入れ）で粉糖をたっぷりとふり、シュクル・ヴァニエもたっぷりとふる。

8　オーブンの上段で表面に焼き色がつくまで焼く。
［電子レンジオーブン：300℃で3〜4分］
［ガス高速オーブン：300℃で1分→天板の奥と手前を入れかえてさらに1分］
焼き色があまりつかなくても、ソース・サバイヨンが膨れてきたらオーブンからだす。すぐに提供する。

ポ・ドゥ・クレーム・オ・ショコラ
Pot de crème au chocolat

温製のチョコレートプリン。
アルコールが入った食後に食べるので
チョコレートは強くきかせます。

ingrédients

口径8cm、底径5.5cm×高さ4cmラムカン6個分

◆アパレイユ
- 35g 生クリーム
- 35g サワークリーム
- 208g 牛乳
- ½本 バニラ棒
- 0.4g シナモンパウダー

- 100g 全卵
- 68g キャソナッドゥ

- 12g セミスイートチョコレート
  （アメリカオ・カカオ分72%）
- 6g スイートチョコレート
  （スーパーゲアキル・カカオ分64%）
- 30g ココア
- 20g コニャック
- 0.4g バニラエッセンス（5滴）
- 3おろし ナツメグ（すりおろす）

essentiel

* ポイントはP174「タルトゥ・カライブ」アパレイユ参照。

* ナツメグは香りに芯をだすために加えます。

1 小鍋に生クリームとサワークリーム、牛乳、縦に裂いたバニラ棒、シナモンパウダーを入れ、約80℃（縁のほうがフツフツする）まで加熱する。火をとめ、フタをして1時間ほどおいて香りをだす。

2 ボウルに全卵とキャソナッドゥを入れ、キャソナッドゥがほぼ溶けるまでホイッパーで十分に混ぜる。

3 1のバニラ棒をとり除いて60～70℃まで温め、細かく刻んだチョコレート2種類とココアを加えてよく混ぜる。

4 2に3を少しずつ加えてホイッパーで混ぜる。コニャック、バニラエッセンス、ナツメグを加える。

5 裏漉しする。泡をカードですくいとり、さらに紙（ペーパータオルやロール紙など）をかぶせて泡を吸い寄せてきれいにとる。

6 ラムカンに静かに流し入れる。

7 天板に熱湯を1cmほど張り、オーブンで湯煎焼きする。
［電子レンジオーブン：150℃で20分］
［ガス高速オーブン（中段に入れる）：130℃で30分→スイッチを切って5分］
ラムカンを揺すると表面がピピンと動くくらいまで焼き、スイッチを切ってさらに5分おいてから、すぐに提供する。まったく動かなくなるまで焼くとなめらかな口溶けが失われる。

* 提供するのが遅れそうな場合は、このままスイッチを切った庫内で保温し、しっかりと温かい状態で提供します。

食べごろの温度は50～60℃でしっかり温かいくらい。はじめにオーダーをとり、タイミングを合わせて焼きあげます。

バナナのソテー
*Bananes
à la martiniquaise*

バナナのベニェ
Beignet Créole

バナナのソテー

ingrédients　3人分

　　25g　バター
　中3本　バナナ

◆オレンジのソース
　　70g　オレンジジュース
　　25g　グラニュー糖
　　25g　レーズン
　　20g　ダークラム

◆仕上げ
　　 4g　シュクル・ヴァニエ
　　20g　ダークラム

essentiel

＊ バナナの選び方が大事です。表面に少しだけ黒い斑点がではじめ、身にはまだ硬さがあり、甘みや香りはしっかりでているものが最適。柔らかすぎると煮崩れしやすく、歯触りがなくなってしまいます。

1　レーズンは30分ほど前に水洗いして軽く水気を切り、表面をふやかしておく。

2　フライパンを中火にかけてバターを入れ、煙が軽くでるまで熱する。

＊ バナナがいっぱいになる小さめのサイズのフライパンを使ったほうが、バナナに煮汁が染み込んでおいしく仕上がります。

3　バナナの皮をむいて入れ、両面に濃いめのこんがりした焼き色がつくまで4～5分ソテーする。火はずっと中火で、少し時間をかけてバナナにバターを吸収させる。

4　オレンジジュースとグラニュー糖、1のレーズンを加え、沸騰したらダークラムを加える。弱火にして4～5分煮る。

＊ 煮汁に少しとろみがつくまで煮ます。この煮汁がソースになります。強火でどろっとするまで煮つめると、ふっくらとした膨らみのある味わいになりません。

5　温めた皿にバナナを盛りつけ、レーズンをちらし、ソースをかける。シュクル・ヴァニエをふる。

6　小鍋にダークラムを入れて弱火で軽く温め、鍋を傾けて火をつけて5に流す。すぐに提供する。

バナナのベニェ

ingrédients 6〜8人分

◆ガルニチュール
　　20g　グラニュー糖
　　20g　レモン汁
　　30g　ダークラム

　中4本　バナナ

◆パータ・ベニェ
　　51g　薄力粉
　　51g　強力粉
　　51g　コーンスターチ
　　　5g　ベーキングパウダー
　　15g　グラニュー糖
　　　5g　シュクル・ヴァニエ
　　0.5g　塩
　　18g　オリーブオイル
　　120g　牛乳
　　54g　全卵

◆仕上げ
　　適量　ピーナッツオイル
　　適量　粉糖

ガルニチュール

essentiel

＊ バナナはまだ少し硬めで皮に少しだけ黒い斑点がではじめたくらいが、揚げてもグチャグチャになりません。

1　つくる10分前にグラニュー糖とレモン汁、ダークラムを混ぜてグラニュー糖を溶かしておく。

2　バナナは皮をむいて縦半分に切る。

3　バットに1の半量を入れ、バナナを切り口を下にして並べ、1の残りをかける。15分漬けてバナナを返し、さらに15分漬ける。

パータ・ベニェ

essentiel

＊ パータ・ベニェは揚げる30分前にはつくってやすませます。この間にオリーブオイルがグルテンを分解して歯触りが軽くなります。

＊ 冷蔵庫で数日保存できます。

1　ボウルに合わせてふるった薄力粉と強力粉、コーンスターチ、ベーキングパウダー、グラニュー糖、シュクル・ヴァニエ、塩、オリーブオイルを入れる。牛乳を一度に加え、ホイッパーで円を描いてゆっくり混ぜる。

2 溶きほぐした全卵を少しずつ加え、ダマがほぼなくなるまで同様に混ぜる。少しでもグルテンの形成を抑えるためにゆっくり混ぜる。室温で最低30分やすませる。

＊ バナナにつきやすいように柔らかめです。使う粉などの違いによって硬めになった場合は、牛乳を適量（分量外）加えて調整します。

仕上げ
essentiel

＊ ピーナッツオイルはとても軽い舌触りに揚がり、しかも十分な味わいがあるため、このようなデセールの揚げ物には最適です。ピーナッツオイルがない場合はサラダオイルでもかまいません。

1 バナナは揚げる5分ほど前に網にのせて汁気を切り、キッチンペーパーでしっかり汁気をふきとる。

＊ ぬれているとパータ・ベニェがつきません。

2 ピーナッツオイルを170〜180℃に熱する。

3 1を切り口を下にしてパータ・ベニェに浸す。2本のフォークですくいあげ、下についた生地をボウルの縁で落とし、ピーナッツオイルに入れて揚げる。

4 下のほうに少し濃いめの焼き色がついたら返し、同様に揚げる。キッチンペーパーにとって油を切る。

＊ 短時間で十分に濃い焼き色をつけ、カリッとさせます。揚げる時間が長いとバナナがグチャッとなります。

5 10分ほどおいて少し冷ましてから、温めた皿に盛りつける。甘みがたりないと物たりない味わいになるので、グラシエール（粉糖入れ）で粉糖をたっぷりとふる。

食べごろは50〜60℃でしっかり温かいくらい。熱々ではおいしくありません。

chapitre 14

スフレ・ショ

Soufflé chaud

フランスのスフレ・ショは、ムラングそのものの軽さを感じる舌触り。
でも日本の卵白でつくると、加熱によって離水し、
間のぬけた舌触りになります。
そこで卵黄ははじめにクレームをつくるだけでなく、
あとからもう一度加えてムラングを包み込み、卵白の離水を感じさせないようにします。
このルセットゥで本当に温かい、
存在感のある舌触りと味わいのスフレ・ショになりました。

ヴァニーユ　215
Soufflé chaud à la vanille

ショコラ　218・220
Soufflé chaud au chocolat

フランボワーズ　218・221
Soufflé chaud aux framboises

プラリネ　219・222
Soufflé chaud au praliné

キャフェ　219・223
Soufflé chaud au café

ヴァニーユ
Soufflé chaud à la vanille

ふっくらと膨らんだスフレはすぐにテーブルへ。
仕上げのソースも、スフレのおいしさを
印象深く膨らませるために欠かせません。

ingrédients

直径8cm×高さ5cmラムカン2個分

◆アパレイユ
- 適量　バター
- 適量　シュクル・クリスタル

- 30g　卵黄 A
- 38g　グラニュー糖
- 1.4g　ミルクパウダー
- 16g　薄力粉

- 100g　牛乳

- 40g　卵黄 B
- 1g　バニラエッセンス（12滴）

ムラング・オルディネール
25g 使用する
- 23g　卵白
- 9g　グラニュー糖 A
- 0.6g　乾燥卵白
- 4g　グラニュー糖 B

- 適量　粉糖
- 1g　シュクル・ヴァニエ

◆ソース
- 15g　サワークリーム
- 5g　30°ボーメシロップ
- 2g　コニャック

オーブンからだして1分ほどで少しずつ縮みはじめますので、すぐに召しあがっていただきます。食べているうちにも少しずつしぼんでいきますが、最後までおいしく味わえます。

アパレイユ
essentiel

＊ ミルクパウダーは味わいの温かさのために加えます。ヴァニラ風味なので、他のスフレ・ショよりもバニラエッセンスやシュクル・ヴァニエを多く加えています。

1 ラムカンにポマード状にしたバターをごく薄くぬり、シュクル・クリスタルをまぶす。

＊ バターはシュクル・クリスタルをつけるためのノリ代わりです。ぬりすぎると焼きあがった時に底部分がバターを吸ってベチャッとした舌触りになります。

2 小ボウル（直径12cm）に卵黄Aとグラニュー糖を入れ、グラニュー糖がほぼ溶けるまでホイッパーで十分に混ぜる。ミルクパウダーも加えて混ぜる。

＊ 銅サバイヨンボウルで炊くと鶏の飼料の魚粉のにおいが残ることがあるので、小さいステンレスのボウルを使います。焦げやすいので注意します。

3 薄力粉を加え、完全に混ざるまで円を描いて手早く混ぜる。グルテンがでてもかまわない。

4 小鍋に牛乳を入れ、80℃（縁のほうがフツフツする）まで加熱する。

5 3に4の⅓量を3回に分けて加えてよく混ぜる。残りは混ぜながら一度に加える。

6 ボウルの底だけに当たる程度の弱火にかけ、手早く混ぜながら練る。

＊ クレーム・パティシエールと同じ要領ですが、通常のクレーム・パティシエールはグルテンをださないようにゆっくり混ぜるのに対し、このアパレイユはグルテンはできてもかまわないので、焦げつかないように手早くよく混ぜます。

7 柔らかめのクレーム・パティシエールのような状態になったら、火からおろす。

＊これ以上加熱し続けると硬くなりすぎ、アパレイユにダマができたり、ムラングがつぶれてしまったりします。

8 直径15cmのボウルに移し、よく混ぜて粗熱をとる。卵黄B、バニラエッセンスを加えて混ぜる。とろとろの状態になる。

9 ムラング・オルディネールをつくる。手つき中ボウルに入れて冷やしおいた卵白にグラニュー糖A、乾燥卵白を加え、ハンドミキサー（ビーター1本）の速度2番で1分→速度3番で30秒→グラニュー糖Bを加えてさらに30秒泡立てる。25gとり分ける。

＊クレーム・パティシエールの中に細かく浸透しやすい柔らかいムラングをつくります。

10 8に9のムラングをひとすくいずつ2回に分けて加え、ホイッパーで円を描いてよく混ぜる。

11 残りのムラングを加え、木べらに持ちかえて強く手早く混ぜ、ムラングが混ざって見えなくなってからさらに40回混ぜる。混ぜ終わりはふっくらしているが、かなりトロッと柔らかい状態。

＊木べらはボウルの中央に入れ、左に向かって木べらの面で押すように混ぜます。

12 1のラムカンに入れ、パレットナイフですりきる。

13 グラシエール（粉糖入れ）で粉糖をたっぷりとふり、縁を親指でなぞってきれいにする。シュクル・ヴァニエをふる。

＊かならずラムカンの縁をきれいにしないと、一部が焼きついて平らに浮きあがらず、焼き色にもムラができます。

14 オーブンで焼く。
［電子レンジオーブン：180℃で18～20分］
［ガス高速オーブン：170℃で18～20分］

＊下からの熱が強かったり、天板を予熱したりすると、下半分が焼きすぎて縮んでしまいます。下からの熱が強い場合は、天板（予熱なし）を敷いてオーブンに入れます。

ソース

1 材料を混ぜる。

＊スフレ・ショ・ア・ラ・ヴァニーユは味わいが弱めなのでソースをかけます。

仕上げ

1 スフレが焼きあがったら、すぐに皿にのせてテーブルに運ぶ。スプーンでスフレの中央に穴をあけ、ソースを流し入れる。

ショコラ
Soufflé chaud au chocolat
→P220

フランボワーズ
Soufflé chaud aux framboises
→P221

プラリネ
Soufflé chaud au praliné
→ P222

キャフェ
Soufflé chaud au café
→ P223

ショコラ

ingrédients

直径8cm×高さ5cmラムカン2個分

◆アパレイユ
- 適量　バター
- 適量　シュクル・クリスタル

- 25g　卵黄A
- 31g　グラニュー糖
- 1g　ミルクパウダー
- 7g　薄力粉

- 71g　牛乳

- 33g　卵黄B
- 18g　ガナッシュ用スイートチョコレート
   　　（ガナッシュ・ゲアキル・カカオ分54％）
- 7g　パートゥ・ドゥ・カカオ

- 0.8g　シュクル・ヴァニエ

ムラング・オルディネール
全量使用する
- 29g　卵白
- 12g　グラニュー糖A
- 0.8g　乾燥卵白
- 5g　グラニュー糖B

- 適量　粉糖
- 0.6g　シュクル・ヴァニエ

アパレイユ
essentiel

＊ チョコレートを加えるので、他のスフレとは配合がかなり違います。

1　P216「ヴァニーユ」アパレイユと同様につくる（チョコレートとパートゥ・ドゥ・カカオは細かく刻んで卵黄Bの次に加えて混ぜ、シュクル・ヴァニエも加える）。

食べごろはP216「ヴァニーユ」と同様。

フランボワーズ

ingrédients

直径8cm×高さ5cmラムカン2個分

◆アパレイユ
- 適量　バター
- 適量　シュクル・クリスタル

- 30g　卵黄 A
- 38g　グラニュー糖
- 1.4g　ミルクパウダー
- 14g　薄力粉

- 80g　フランボワーズピューレ

- 40g　卵黄 B
- 0.2g　バニラエッセンス（3滴）
- 5g　フランボワーズ・オ・ドゥ・ヴィ
- 1g　レモン汁

ムラング・オルディネール
25g 使用する
- 23g　卵白
- 9g　グラニュー糖 A
- 0.6g　乾燥卵白
- 4g　グラニュー糖 B

- 適量　粉糖
- 0.6g　シュクル・ヴァニエ

アパレイユ

1　P216「ヴァニーユ」アパレイユと同様につくる（牛乳の代わりにフランボワーズピューレを80℃まで加熱する。卵黄Bとバニラエッセンスのあとに、フランボワーズ・オ・ドゥ・ヴィ、レモン汁を加えて混ぜる）。

食べごろはP216「ヴァニーユ」と同様。「ヴァニーユ」のソースを同様にかけてもいいです。

プラリネ

ingrédients

直径8cm×高さ5cmラムカン2個分

◆アパレイユ
- 適量　バター
- 適量　シュクル・クリスタル

- 30g　卵黄 A
- 38g　グラニュー糖
- 1.4g　ミルクパウダー
- 20g　薄力粉

- 100g　牛乳

- 40g　卵黄 B
- 0.4g　バニラエッセンス（6滴）
- 25g　プラリネ・ノワゼットゥ

ムラング・オルディネール
25g使用する
- 23g　卵白
- 9g　グラニュー糖 A
- 0.6g　乾燥卵白
- 4g　グラニュー糖 B

- 適量　粉糖
- 0.6g　シュクル・ヴァニエ

アパレイユ
essentiel

＊ プラリネ・ノワゼットゥの油脂分があるので、ベチャッとした焼きあがりにならないように薄力粉の配合を増やして吸収させます。

1　P216「ヴァニーユ」アパレイユと同様につくる（卵黄Bとバニラエッセンスのあとにプラリネ・ノワゼットゥを加えて混ぜる）。

食べごろはP216「ヴァニーユ」と同様。「ヴァニーユ」のソースを同様にかけてもいいです。

キャフェ

ingrédients

直径8cm×高さ5cmラムカン2個分

◆アパレイユ
- 適量　バター
- 適量　シュクル・クリスタル

- 30g　卵黄 A
- 46g　グラニュー糖
- 1.4g　ミルクパウダー
- 14g　薄力粉

- 90g　牛乳

- 40g　卵黄 B
- 0.6g　バニラエッセンス（8滴）
- 3g　コーヒーエッセンス
- 1g　インスタントコーヒー
- 2〜3g　お湯

ムラング・オルディネール
25g使用する
- 23g　卵白
- 9g　グラニュー糖 A
- 0.6g　乾燥卵白
- 4g　グラニュー糖 B

- 適量　粉糖
- 0.6g　シュクル・ヴァニエ

アパレイユ

1　P216「ヴァニーユ」アパレイユと同様につくる（卵黄Bとバニラエッセンスのあとに、コーヒーエッセンス、お湯で溶いたインスタントコーヒーを加える）。

＊　コーヒーエッセンスでは香りを、インスタントコーヒーでは味わいをだします。コーヒーエッセンスがない場合は、インスタントコーヒー2gをお湯3gで溶いて代用します。

食べごろはP216「ヴァニーユ」と同様。

chapitre 15

クレープ
Crêpe

基本のパータ・クレープ、ココナッツ入りのパータ・クレープ、
そば粉入りのパータ・クレープ、ムラングを入れたオレンジ風味のパータ・クレープ。
パートゥもいろいろならば、アレンジもさまざまです。
最低二晩ねかせてグルテンを切り、軽い歯切れに、
きれいなちりめん模様に焼きあげます。

クレープ・ノルマンド　225
Crêpe Normande

フランボワーズのクレープ　228
Crêpe aux framboises

クレープ・グラス・オ・ロム　230・232
Crêpe glacé au rhum

クレープ・ブルトンヌ　231・233
Crêpe Bretonne

クレープ・ドール　231・234
Crêpe d'or

クレープ・ノルマンド
Crêpe Normande

りんごを包んだクレープ。テーブル上でカルバドスでフランベを。

ingrédients 5〜6人分

◆パータ・クレープ
5〜6枚分
- 81g　全卵
- 38g　グラニュー糖
- 20g　牛乳 A
- 75g　薄力粉
- 230g　牛乳 B

- 適量　澄ましバター

◆ガルニチュール
約10枚分できるので、1枚に約44g使用する
- 中2個　リンゴ
- 17g　バター
- 10g　グラニュー糖 A
- 20g　レモン汁
- 40g　生クリーム
- 5g　サワークリーム
- 22g　グラニュー糖 B
- 5g　カルバドス

◆仕上げ
- 20g　カルバドス
- 4g　グラニュー糖

essentiel

＊ クレープはフレッシュバターで焼くと、バターに含まれるたんぱく質などが小さな焦げた粒となって味わいと見た目を損なうので、たんぱく分をとり除いた澄ましバターを使います。バターは鍋に入れてごく弱火で沸騰しないように溶かし、ボウルに移します。そのままオーブンの近くなど約40℃のところに置くと、上に脂肪分、下に白い牛乳のような乳漿に分離するので、これを冷蔵庫に入れて固め、上の黄色い脂肪部分をとって澄ましバターとして使います。50gのバターから約40gの澄ましバターがとれます。密閉容器に入れて冷蔵庫で1週間、冷凍庫で1ヵ月保存できます。

パータ・クレープ

essentiel

＊ フランスでは通常は一晩やすませ、急ぐ場合は4時間やすませてから焼くようにといわれています。これは混ぜたばかりではグルテンが強く、弾力の強く歯切れの悪い焼きあがりになるからです。やすませることによってグルテンは分解され、歯切れは優しくなります。しかし日本の小麦粉はフランスよりも細かく挽かれているため、グルテンのもととなる小麦粉中のたんぱく質がより多く露出しているので、より多くのグルテンが緻密に張り、一晩くらいやすませてもゴムのような歯触りになってしまいます。二晩ほどやすませると、このグルテンが砂糖などによってようやく分解され、軽い歯切れになり、味わいも豊かになります。すぐに焼くと、パータ・クレープの特徴であるちりめん模様もつきません。

＊ このパータ・クレープは砂糖の量が少ないので、冷蔵庫の温度が高いと、長い時間おくと腐敗する可能性があるので注意してください。

＊ 当日使う分はまとめて焼いておけますが、かならずその日のうちに使います。一晩たつと粉のデンプンが老化してもくもくした歯触りになります。

1 ボウルに全卵とグラニュー糖を入れ、グラニュー糖がほぼ溶けるまでホイッパーで十分に混ぜる。牛乳Aを加えて混ぜる。ここで牛乳を少量加えておくと粉がダマにならない。

2 薄力粉を一度に加え、ほとんどダマがなくなるまでゆっくりと円を描いて混ぜる。早く混ぜたり、混ぜすぎるとグルテンが形成される。

3　牛乳Bの⅓量を5回に分けて加え、ゆっくりめに30回ずつ混ぜながらのばしていく。残りは一度に加えて混ぜる。

4　ダマができた場合は裏漉しする。

5　密閉容器に入れ、冷蔵庫で最低二晩やすませる。

6　クレープを焼く。直径18cmのクレープパンを弱めの中火にかけ、澄ましバターを入れて溶かす。ほんの少し煙が上がったら、5をレードルで混ぜてから約80g流して焼く。流し入れた時に軽くジュッと音がでるくらいの熱し方が目安。

7　焼きながらパレットナイフで周囲をはがしておく。表面がほぼ固まったらめくってみて、やや濃いキツネ色のちりめん模様の焼き色がついていたら、パレットナイフで裏返して同様に焼く。

8　バットなどにとりだす。焼いたクレープは重ねてもくっつかない。

ガルニチュール

＊　リンゴの酸味がたりない場合はレモン汁をたしてください。酸味がたりないと、物たりない味になります。

1　リンゴは皮をむき、厚さ2mmのイチョウ切りにする。

2　鍋を火にかけてバターを入れて溶かし、グラニュー糖Aを入れて少し色づいたら、リンゴとレモン汁を加えて少し強火で色がつくまで約6分ソテーする。

3　ほとんど水分がなくなったら、生クリーム、サワークリーム、グラニュー糖B、カルバドスを順に加える。

仕上げ

1　小鍋にカルバドスとグラニュー糖を入れて混ぜ、溶かしておく。

2　クレープの中央にガルニチュールを約44gのせる。奥側から折りたたんでから巻く。皿に置く。

＊皿はクレープに少し温かみが残る50℃ほどに温めておきます。

3　1を中火で加熱し、アルコールが気化してきたら、鍋を傾けて火をつける。火がついたまま2にかける。

すぐに提供します。仕上げのカルバドスはテーブルでプレゼンテーションするといいでしょう。

フランボワーズのクレープ
Crêpe aux framboises

フランボワーズジャムとクレーム・シャンティイのアレンジ。

ingrédients　2〜3人分

◆ **パータ・クレープ**
「クレープ・ノルマンド」パータ・クレープ（→P226）
5〜6枚分

◆ **仕上げ**
　約100g　フランボワーズジャム
クレーム・シャンティイ・オ・ショコラ・ブラン
（→P287）
1人分に25g使用する

パータ・クレープ

1　P226「クレープ・ノルマンド」パータ・クレープと同様につくる。

仕上げ

1　クレープ1枚の全面にフランボワーズジャム約15gを薄くぬる。

2　上にもう1枚クレープを重ね、フランボワーズジャム約25gを今度は少し厚めに中央だけにぬる。

3　皿にのせ、クレーム・シャンティイ・オ・ショコラ・ブラン25gをのせる。

＊皿はクレープに少し温かみが残る50℃ほどに温めておきます。

できたてを提供します。P231「クレープ・ブルトンヌ」のそば粉入りのパータ・クレープでも同様のアレンジができます。

クレープ・グラス・オ・ロム
Crêpe glacé au rhum
→P232
ココナッツ入りのパータ・クレープでグラス・ア・ラ・ヴァニーユを包み、
熱々のラム酒とレーズンのソースをかけて提供を。

クレープ・ブルトンヌ
Crêpe Bretonne
→P233
そば粉入りのパータ・クレープ。

クレープ・ドール
Crêpe d'or
→P234
ムラングを入れたオレンジ風味の
柔らかいパータ・クレープ。

クレープ・グラス・オ・ロム

ingrédients 2人分

◆パータ・クレープ（ココナッツ）
10枚分
- 81g　全卵
- 38g　グラニュー糖
- 20g　牛乳A
- 75g　薄力粉
- 230g　牛乳B
- 39g　ココナッツファイン

- 適量　澄ましバター（→P226）

◆ラムのソース
多めにできるので1人分に35g使用する
- 80g　生クリーム

- 24g　グラニュー糖A
- 20g　ラム酒漬けレーズン
- 7g　レーズンを漬けたラム酒
- 5g　グラニュー糖B

- 8g　ダークラム

◆仕上げ
グラス・ア・ラ・ヴァニーユ（→P109）
約400g使用する

パータ・クレープ（ココナッツ）

1 P226「クレープ・ノルマンド」パータ・クレープと同様につくる（4のあとにココナッツファインを加える。パートゥは約50gずつ流して弱めの火で薄く焼く）。

ラムのソース

essentiel

＊ラム酒漬けレーズンはかぶるくらいのダークラムに2ヵ月以上漬けたものを使います。

＊冷蔵庫で1週間保存できます。

1 小鍋に生クリームを入れて火にかけ、60～70℃に温める。

2 銅鍋にグラニュー糖Aを入れて弱火にかける。量が少ないので、軽くスプーンで混ぜながら、何度かスプーンにとってキャラメルの色を確かめ、少し赤みがでるくらいまで焦がす。表面全体がファーッと浮いて少しおさまるくらいが目安。

＊色が薄いとキャラメルの味わいのコントラストがないので、十分に濃い赤みをつけます。黒くなっては苦いだけですし、焦がし具合で味がかなり変わります。鍋の中では色がわかりにくいので、スプーンにとって確かめてください。

3 火をとめ、1の生クリームをホイッパーで手早く混ぜながら加える。ラム酒漬けレーズン、レーズンを漬けたラム酒を加える。グラニュー糖Bを加えて甘さを調節する。

仕上げ

1 P110「ヴァニーユ」盛りつけ1または2と同様にしてグラスを柔らかくする。ただし熱いソースをかけるためすぐ柔らかくなるので、かなり硬めに少しほぐす程度にする。なめらかにする必要はない。

2 1をクレープの上に置き、四方から包む。皿に合わせ目を下にして置く。

＊皿はクレープに少し温かみが残る50℃ほどに温めておきます。

3 小鍋にラムのソースを入れて弱火にかけ、軽くフツフツするまで加熱してからダークラムを加える。すぐに2に35gかける。

できたてを提供します。

クレープ・ブルトンヌ

ingrédients 3人分

◆パータ・クレープ（そば粉）
6〜7枚分
- 47g　全卵
- 65g　グラニュー糖
- 1g　塩
- 60g　牛乳A
- 132g　薄力粉
- 20g　そば粉
- 270g　牛乳B

- 適量　澄ましバター（→ P226）

◆仕上げ
ショコラのソース（→ P286）
1人分に40g使用する

クレーム・シャンティイ・オ・ショコラ・ブラン（→ P287）
1人分に25g使用する

パータ・クレープ（そば粉）
essentiel

＊つくり方のポイントはP226「クレーム・ノルマンド」パータ・クレープ参照。

1　ボウルに全卵とグラニュー糖、塩を入れ、グラニュー糖がほぼ溶けるまでホイッパーで十分に混ぜる。牛乳Aを加えて混ぜる。

2　合わせてふるった薄力粉とそば粉を一度に加え、ほとんどダマがなくなるまでゆっくりと円を描いて混ぜる。

3　あとはP227「クレープ・ノルマンド」パータ・クレープ3〜8と同様にする（パートゥは約90g流して厚めに焼く）。

仕上げ

1　クレープ1枚の全面にショコラのソース約15gを薄くぬる。上にもう1枚クレープを重ね、ショコラのソース約25gを今度は少し厚めに中央だけにぬる。

2　皿にのせ、クレーム・シャンティイ・オ・ショコラ・ブラン25gをのせる。

＊皿はクレープに少し温かみが残る50℃ほどに温めておきます。

できたてを提供します。

クレープ・ドール

ingrédients 3人分

◆**パータ・クレープ**
約7枚分
- 125g 牛乳
- 50g 水
- 63g 薄力粉

- 27g 卵黄
- 30g グラニュー糖
- 30g 溶かしバター（約40℃）
- 10g コンパウンド・オレンジ
- 1g 塩

ムラング・オルディネール
- 30g 卵白
- 6g グラニュー糖

- 適量 澄ましバター（→P226）

◆**オレンジのソース**
約20枚分
- 85g 全卵
- 100g グラニュー糖
- 30g オレンジの搾り汁
- 12g レモン汁
- 3g コンパウンド・オレンジ

- 25g バター
- 65g オレンジキュラソー
　　　（アルコール度数40°）

essentiel

＊ 室温のクレープに冷蔵庫で少し冷やしたソースをかけても、あるいは温めたクレープに温かめのソースをかけてもどちらでもおいしいでしょう。

パータ・クレープ
essentiel

＊ このパータ・クレープは室温で1時間やすませるだけで焼きます。

1 牛乳と水を混ぜる。薄力粉に数回に分けて加え、固まりきらないうちに次を加えながらホイッパーで均一に混ぜる。

2 室温で1時間やすませる。これでグルテンが切れ、歯触りが軽くなる。

3 ボウルに卵黄とグラニュー糖を入れ、グラニュー糖がほぼ溶けるまでホイッパーで十分に混ぜる。溶かしバター、コンパウンド・オレンジ、塩を順に加えて混ぜる。

4 3を2に加えてよく混ぜる。

5 ムラング・オルディネールをつくる。手つき中ボウルに入れて冷やしておいた卵白にグラニュー糖を加え、ハンドミキサー（ビーター1本）の速度2番で1分→速度3番で1分泡立てる。柔らかめのムラングができる。

6 4に5のムラングを加えてホイッパーで手早く混ぜる。ムラングの泡はつぶれてもかまわないので、よく混ぜて乳化させ、なめらかで流れるほどにする。

7 P227「クレープ・ノルマンド」パータ・クレープ6～8と同様に焼く（パートゥは約50g流して弱めの火で薄く焼く）。

＊ 柔らかく焼きあげるためには、できたパータ・クレープをすぐに焼いたほうがいいです。パートゥが広がりにくい場合は水適量（分量外）を加えて濃度を調節してください。

オレンジのソース

essentiel

＊ 冷蔵庫で3日間保存できます。

1 耐熱性ガラスボウルに全卵とグラニュー糖を入れてほぼグラニュー糖が溶けるまでホイッパーで十分に混ぜる。オレンジの搾り汁、レモン汁、コンパウンド・オレンジも加えて混ぜる。

2 金網とセラミック網をガスコンロにのせ、1を弱火にかける。ホイッパーで上から底を軽く叩くように混ぜながら加熱してソース・サバイヨンを炊く。

3 泡が完全に消えてとろりと濃度がついたら、火からおろし、バターとオレンジキュラソーを加えて混ぜる。

仕上げ

1 クレープの手前半分にオレンジのソースをスプーン1杯分のばして半分に折り、さらにオレンジのソースをのばしてもう半分に折りたたむ。

＊ クレープを温める場合はここで皿ごとオーブンに入れます。

2 1を皿に2つのせ、上にもオレンジのソースをかける（ソースは1人分で計15～18g）。

＊ 皿はクレープに少し温かみが残る50℃ほどに温めておきます。

できたてを提供します。

コーヒーとともに小菓子
Les accompagnements café

chapitre 16

小さい焼き菓子
Petit four

デセールも食べ終わり、あとはコーヒーがでてくるだけ。
楽しいテーブルの名残はつきず、ちょっとさみしくなります。
そんな時に気軽に手でつまめるプティ・フールが
コーヒーとともに供されれば、
食事の終わりにまた楽しい気分になれるはず。
心なごませる小さい焼き菓子です。

プティ・フィナンスィエ　238・240
Petit Financier

プティ・ガトー・ウィークエンド　239・242
Petit gâteau week-end

プティ・フィナンスィエ
Petit Financier

→P240
カリッ、しっとり。
重なり合ういくつかの食感や香りのコントラストを
スペイン産アーモンドの豊穣な力をもって包みます。

プティ・ガトー・ウィークエンド
Petit gâteau week-end

→ P242

おなじみのレモン風味のウィークエンドをプティサイズに焼きます。
仕上げのアプリコットのコンフィチュールとレモンのグラスが
食事の終わりに強い印象を残します。

プティ・フィナンスィエ

ingrédients

プティフール型約25個分
ここでは口径4cm、底径2cm×高さ1cm丸型と、上口4.5cm角、底2cm角×高さ1cm四角型の2種類を使用

◆アパレイユ

- 76g　バター
- 76g　卵白（常温）
- 76g　グラニュー糖
- 14g　水飴
- 31g　アーモンドパウダー
- 15g　薄力粉
- 15g　強力粉
- 0.4g　バニラエッセンス（5滴）

アパレイユ

1　ブール・ノワゼットゥ（焦がしバター）をつくる。小鍋にバターを入れて中火にかける。沸騰すると水分がはね、表面に泡のようにたんぱく質が浮いてきて、やがてこれらが白い粒になって沈殿し、焦げた香りがしてくる。泡がおさまって少しすると、今度は小さな泡が浮いてくる。

2　表面の泡をスプーンでよけ、底の沈殿物の色をみる。少し薄い色がついていたら火からおろし、余熱でさらに加熱する。沈殿物がノワゼットゥ色（ヘーゼルナッツの薄皮の色）になったら、鍋を10秒ほど水につけて色づきをとめる。

＊強火にかけると沈殿物は真っ黒になってしまいます。とくに慣れないうちは弱めの火で加熱してください。

3　型にポマード状にしたバター（分量外）を厚めにぬる。

4　卵白はホイッパーで少し白っぽくなるまで約30秒ほぐす。10秒に17～18回往復するほどの速さで。

＊卵白は常温（約20℃）にしておきます。この温度によって5で白く泡立つまでの時間がかなり変わります。

5　4にグラニュー糖と水飴を一度に加え、同様に1分半～2分半ほど軽く泡立てる。次第に空気が入って白さが増してくるので、はっきりと白くなった3分立てまで泡立てる。

＊水飴は短時間で濃い焼き色をつけるために配合します。

6　ふるったアーモンドパウダーを一度に加え、ホイッパーで円を描いてよく混ぜる。

7　合わせてふるった薄力粉と強力粉を6～7回に分けて加え、下からすくうように10秒に15回の速さで混ぜる。混ぜすぎてグルテンをださないように。粉がだいたい見えなくなったら次を加え、すべて加えてからさらに20回混ぜる。パートゥをよく見て粉がだいたい見えなくなったら混ぜるのをやめる。

＊空気を多く含めば、焼成するとそれだけ型からはみだして大きく膨れます。このはみでた部分が5mm以内になるようにするとよいでしょう。これ以上膨らむと歯触りがザラついてきますので、パートゥの混ぜ方の加減をつかんでください。

8 2のブール・ノワゼットゥを6〜7回に分けて加えて同様に混ぜる。バニラエッセンスも加えて混ぜる。

＊茶色に焦げた沈殿物ごと加えます。これが香りを高めます。

＊ブール・ノワゼットゥの温度はとても大切です。冬季は約80℃、その他の季節には約60℃に、焦げないように弱火で加熱してから加えます。パートゥの状態はブール・ノワゼットゥを加え終わってからも、トロッと流れるようでなければなりません。ブール・ノワゼットゥの温度が低いと、混ぜているうちに固まりはじめて少しどろっとします。

＊2人で作業する場合は、1人がブール・ノワゼットゥを細めのヒモ状に少しずつ加え、もう1人が混ぜます。半量くらいまではごく少しずつ加えないと混ざり具合が悪くなります。

＊パートゥは5の卵白の気泡の入り方によってかなり変わります。一番よくない状態は空気が入りすぎた場合で、スダチが粗くなって舌触りがザラつき、味わいも不十分なものになります。このような時は焼きあがったパートゥを切ってみると、底のほうだけがバターが染みたようになっています。一方、気泡が消えすぎると少し硬めに焼きあがることがあります。これはパートゥの上部のほうのバターがよく混ざらず下部に沈んだためです。もちろん味、歯触りともに芳しくありません。

9 すぐに3の型にディスペンサーか口径7mmの丸口金をつけた絞り袋で9分目まで入れる（丸型は約8g、四角型は約9g）。

＊焼くまでに時間があくとバターが分離しやすくなるので、パートゥができてから5分以内にオーブンに入れます。もし時間がたってしまったら、ボウルをごく弱火にあてて約35℃に温め、ホイッパーで20回ほど混ぜてから型に入れます。

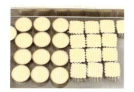

10 オーブンで焼く（天板も予熱する）。
［電子レンジオーブン：250℃で6〜7分］
［ガス高速オーブン：240℃で4分30秒］

＊底、側面の焼き色はかなり濃いめになり、表面は少しカリカリした歯触りになります。しかし濃く黒みを帯びた焼き色は表面だけで、中はしっとりと焼きあがります。このふたつの歯触りのコントラストが大事です。表面だけについたほんの少し焦げた香りは、全体の味、香りに力強さを与えます。低温で焼くと、コントラストのまったくない食感になってしまいます。

11 すぐにプティクトーの刃先を入れて型からはずし、網にのせて冷ます。

焼いた当日、表面のカリカリとした歯触りが残っているうちが一番おいしい。時間がたっても味や香りは十分ありますが、外側と内側の食感のコントラストがなくなってきます。アーモンドパウダーの状態がよければ常温で4〜5日は保存できます。

プティ・ガトー・ウィークエンド

ingrédients

プティフール型25〜26個分
ここでは上口5.7cm×3.3cm、
底3.2cm×1.9cm、高さ1cm菱形型、
上口4.9cm×2.6cm、底4cm×1.8cm、
高さ1cm長方形型の2種類を使用

◆アパレイユ
- 90g　全卵
- 116g　グラニュー糖
- 50g　サワークリーム
- 1 1/3個分　レモンの皮のすりおろし
- 24g　薄力粉
- 24g　強力粉
- 2.8g　ベーキングパウダー
- 33g　溶かしバター（約35℃）
- 12g　ダークラム

◆仕上げ
グラス・オ・シトロン
- 90g　粉糖
- 11g　レモン汁
- 11g　水
- 適量　アプリコットのコンフィチュール（市販品または→P201「ザッハトルテ」アプリコットのコンフィチュール）

アパレイユ
essentiel

＊ 溶かしバター以外の材料はすべてつくる直前まで冷やしておきます（約10℃）。低温で軽めに混ぜれば、目に見えない部分での素材同士の混ざりが浅いので、断面が魚卵のような粒々の状態でほろほろした食感に焼きあがります。これがウィークエンドの生地の特徴です。ルセットゥに記した回数以上は混ぜないようにし、とにかく軽めに混ぜます。混ぜすぎたり、アパレイユの材料を冷やさずにつくったりすると、何の変哲もない粉の多いパウンドケーキのような歯触りになります。

1　型にポマード状にしたバター（分量外）を厚めにぬる。

2　ボウルに全卵とグラニュー糖を入れ、ホイッパーであまり泡立てないように10秒に15回の速さで60回混ぜる。グラニュー糖は溶けきらずジャリジャリしていていい。

3　サワークリームをホイッパーでよく混ぜてなめらかにする。これに2を1/4量ほど加えて混ぜて柔らかくし、2にもどして混ぜる。レモンの皮のすりおろしも加えて2と同様に30回混ぜる。

4　合わせてふるった薄力粉と強力粉、ベーキングパウダーを加え、ゆっくりと下からすくうように混ぜる。粉がほとんど見えなくなってから、さらに10回混ぜる。

＊ 円を描いて混ぜると粉が混ざりすぎて平坦な食感になるので、かならず下からすくうように混ぜます。

5 次の作業は2人で行なう。1人が溶かしバターを太めのヒモ状になるくらいの速さで加え、もう1人が下からすくうように10秒に15回の速さで手早く混ぜる。溶かしバターを加え終わったらさらに10回混ぜる。

＊すべての材料を冷やしておいたので、溶かしバターを加えるとバターがザラザラと固まったような状態になりますがかまいません。

6 ダークラムを加えて混ぜ、ほぼ混ざったらさらに10回混ぜる。

7 1の型にディスペンサーか口径7㎜の丸口金をつけた絞り袋で縁まで入れる（約20g）。

8 オーブンで焼く（天板も予熱する）。
［電子レンジオーブン・ガス高速オーブン：250℃で3分 → まわりに色がついたら210℃に下げて2分30秒～3分30秒］

9 すぐにプティクトーの刃先を入れて型からはずし、網にのせて冷ます。

仕上げ

1 グラス・オ・シトロンをつくる。粉糖にレモン汁と水を加えて木べらで混ぜる。

2 アプリコットのコンフィチュールに水適量（分量外）を加えて木べらで混ぜながら加熱し、沸騰してから15秒煮つめて火をとめる。

3 2を熱いうちにハケでまんべんなく上面に薄くぬり、しばらくおく。

4 3のコンフィチュールが指につかなくなったら、1のグラス・オ・シトロンをハケで底以外に薄くぬる。

コンフィチュールをぬって密閉容器で2日間保存できます。グラスをぬったらその日のうちに提供を。

chapitre 17

マカロン
Macaron

フランスには各地に伝統的なマカロンがあるようです。
いまフランスでも日本でもよく見かけるマカロン・リスが
よくつくられるようになったのは戦後のこと。
私が1978年にはじめて修業のために渡仏した時には、
ベテランの職人でさえ時には失敗していたほど、
まだつくり方も確立されていなかった新しいお菓子なのです。

マカロン・リス・オ・フランボワーズ　245・246
Macaron lisse aux framboises

マカロン・リス・オ・ショコラ　245・248
Macaron lisse au chocolat

マカロン・リス・オ・キャフェ　245・250
Macaron lisse au café

マカロン・ドゥ・ナンスィ　252・254
Macaron de Nancy

マカロン・オ・ノア　253・256
Macaron aux noix

マカロン・リス
Macaron lisse

表面には薄膜が張り、噛むとカシャッとはかなく崩れます。
そしてアーモンドの豊かな味に支えられた、少しくぐもった口溶けが広がります。
リスはなめらかという意味。マカロン・パリジャンとも呼ばれます。

フランボワーズ *aux framboises* → P246

ショコラ *au chocolat* → P248

キャフェ *au café* → P250

マカロン・リス・オ・フランボワーズ

ingrédients 約30個分

◆フォン・ドゥ・マカロン
- 120g　粉糖
- 11g　薄力粉
- 68g　アーモンドパウダー

ムラング・オルディネール
- 60g　卵白
- 15g　グラニュー糖 A
- 15g　グラニュー糖 B
- 16g　グリヨットゥの裏漉し

◆仕上げ
- 適量　フランボワーズジャム

essentiel

＊ 卵白は少し水様化したもの（レードルですくうとかなりサラーッと流れ落ちるが、最後は少しトロンとはっきり太めの糸を引く程度）を使います。

フォン・ドゥ・マカロン

1　粉糖、薄力粉、アーモンドパウダーは手でよくすり合わせてから2回ふるう。冷蔵庫でひやしておく。

＊ アーモンドパウダーを冷やすのは、油脂分でムラングの気泡が消えるのを防ぐためです。気泡が早く潰れてしまうと、目に見えない部分で卵白とグラニュー糖の混ざりが悪くなります。

＊ 2回ふるうのは、生地のすみずみまで粉糖とアーモンドパウダー、卵白が混ざり合い、これにより水蒸気をしっかりと逃さない薄い膜ができやすくなるためです。

2　深大ボウルに入れて冷やしておいた卵白にグラニュー糖Aを加え、ハンドミキサー（ビーター2本）の速度2番で1分→速度3番で1分30秒→グラニュー糖Bを加えてさらに1分30秒泡立てる。

＊ 卵白を冷やしておくと、つぶれにくく混ざりやすいムラングができ、よりすみずみまで浸透しやすくなります。

3　グリヨットゥを裏ごしたものを加えてさらに速度1番で10秒混ぜる。

4 ボウル（直径18cm）に移し、1の粉を5回に分けて加えて木べらで10秒に15回の速さで混ぜる。

＊ 木べらはボウルの中央に入れ、左に向かって少しボウルをこすり上げ手首を返し手早くコンパクトに混ぜます。ゆっくり混ぜると、卵白と他の素材が目に見えないところで細かく混ざりません。

5 6〜7割混ざったら次を加えていき、だいたい混ざったらさらに60〜70回混ぜる。

＊ 30回混ぜたら一度ボウルの内側をゴムべらで払います。

＊ 混ぜ終えた状態はしっかりとツヤがでてきて7秒で生地が平らになるくらいです。絞った時に小さい角がすぐ消える柔らかさが目安です。

6 口径7mmの丸口金をつけた絞り袋に入れ、ベーキングシートに直径3cmに60枚絞る。

＊ 3cmに絞ったものが少しすると4cmほどに広がります。

7 常温に30分ほどおき、指で触ってみて薄皮が張ったようになるまで乾燥させる。

＊ 焼成中に表面から水蒸気がもれなくなります。

8 オーブンで焼く（天板は直前に手で1秒触れていられるくらいに予熱する）。
［電子レンジオーブン：240℃で1分→190℃で12分（5分で天板の奥と手前を入れ替える）］
［ガス高速オーブン：220℃で1分→170℃で12分（5分で天板の奥と手前を入れ替える）］

＊ 生地が熱くなるにしたがって、薄膜の内側で水蒸気が充満して圧力が高くなり、その力で周りから生地がはみでてきれいなピエ（脚の意）ができます。

9 ベーキングシートごと網にのせて冷ます。

仕上げ

1 フランボワーズジャムを口径7mmの丸口金をつけた絞り袋に入れ、マカロンに3gずつ絞りだしてサンドする。

ビニールに入れて湿気を防いで冷蔵庫で2日間、冷凍庫で1週間保存できます。冷蔵保存した場合は、ビニールに入れて湿気を吸わないようにして、室温に10〜15分おいてから提供します。冷凍した場合は冷蔵庫に移して解凍します。

マカロン・リス・オ・ショコラ

ingrédients　約30個分

◆フォン・ドゥ・マカロン
- 107g　粉糖
- 56g　アーモンドパウダー
- 5g　ココア

ムラング・オルディネール
- 60g　卵白
- 15g　グラニュー糖A
- 15g　グラニュー糖B

◆クレーム・ガナッシュ
- 18g　バター
- 30g　エバミルク
- 1/10本　バニラ棒
- 8g　水飴
- 51g　ガナッシュ用スイートチョコレート（ガナッシュ・ゲアキル・カカオ分54％）

フォン・ドゥ・マカロン

1　P246「マカロン・リス・オ・フランボワーズ」フォン・ドゥ・マカロンと同様につくる（ココア、粉糖、アーモンドパウダーは合わせて2回ふるう）。

クレーム・ガナッシュ

1　バターを柔らかめのポマード状にする（→P184「クレーム・ダマンドゥ」1）。

2　小鍋にエバミルク、縦に裂いたバニラ棒、水飴を入れ、80℃まで加熱する。

3　ボウルに細かく刻んだチョコレートを入れ、2を加えてホイッパーで円を描いて混ぜる。

4　50℃まで温度が下がったら、1のポマード状にしたバターを加えて同様に混ぜる。

5　バットに流し、冷蔵庫で冷やし固める。

＊この間に素材が十分に結びつきます。

仕上げ

1 クレーム・ガナッシュは使う15分ほど前に約25℃の室温にだしておく。絞りやすい柔らかさになったら、けっして混ぜないでカードでそのまま口径7㎜の丸口金をつけた絞り袋に入れる。

2 1をマカロンに4～5gずつ絞りだしてサンドする。

＊ クレーム・ガナッシュはすぐに溶けるので、軍手をして作業します。

保存はP247「マカロン・リス・オ・フランボワーズ」と同様。

マカロン・リス・オ・キャフェ

ingrédients　約30個分

◆フォン・ドゥ・マカロン
- 100g　粉糖
- 68g　アーモンドパウダー
- 3g　インスタントコーヒー（粉末）

ムラング・オルディネール
- 60g　卵白
- 15g　グラニュー糖 A
- 15g　グラニュー糖 B

◆キャフェのクレーム・オ・ブール
クレーム・オ・ブール
100g使用する
- 200g　バター
- 100g　グラニュー糖
- 33g　水
- 40g　卵黄
- 0.5g　バニラエッセンス（7滴）

- 8g　コーヒーエッセンス

フォン・ドゥ・マカロン

1　P246「マカロン・リス・オ・フランボワーズ」フォン・ドゥ・マカロンと同様につくる（インスタントコーヒーは合わせてふるった粉糖とアーモンドパウダーに加えて混ぜる）。

キャフェのクレーム・オ・ブール

1　クレーム・オ・ブールをつくる。バターを柔らかめのポマード状にする（→P184「クレーム・ダマンドゥ」1）。

2　小鍋にグラニュー糖と水を入れてスプーンで混ぜて火にかける。112〜113℃になったら弱火にして117℃まで煮つめる。

3　卵黄をホイッパーで十分にほぐし、2をヒモ状に加えながら手早く円を描いて混ぜる。

4　手つき中ボウルに漉し入れ、ハンドミキサー（ビーター1本）の速度3番で2分泡立てる。気温が高い時はさらに氷水にあてて、速度2番で泡立てる。

＊夏季は氷水にあてないとなかなか温度が下がりませんが、冷やしすぎるとボソボソになってしまいます。夏は22〜23℃、春秋は28℃、冬は35℃ほどになるように調整します。

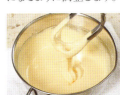

5　1のポマード状にしたバターを3回に分けて加える。ハンドミキサーは反時計回りに回し、加えるたびに速度2番で十分に混ぜ、次を加える。

6　バターが入っていたボウルに移し、ホイッパーで円を描いて混ぜ、バニラエッセンスを加える。ハンドミキサーでは混ざりきらないため、かならずボウルに移しかえる。

7　6を100gとり分ける。コーヒーエッセンスを加えてホイッパーで混ぜる。

＊　冷たくてバターがボソボソになった場合は、ボウルの底をごく弱火に1、2秒あてて強く混ぜ、ツヤのあるなめらかでクリーミーな状態にしてから使います。

＊　残ったクレーム・オ・ブールは冷蔵庫で1週間保存できます。使う20分ほど前に約25℃の室温にだして柔らかくしてから、ホイッパーで強く混ぜ、なめらかでクリーミーな状態にしてから使います。混ぜる手が重く感じ、なめらかにならない場合は、ボウルの底をごく弱火に1、2秒あてて強く混ぜて柔らかくします。

仕上げ

1　キャフェのクレーム・オ・ブールを口径7mmの丸口金をつけた絞り袋に入れ、マカロンに4〜5gずつ絞りだしてサンドする。

保存はP247「マカロン・リス・オ・フランボワーズ」と同様。

マカロン・ドゥ・ナンスィ
Macaron de Nancy

→ P254

フランス・ロレーヌ地方のナンスィの伝統菓子。
扁平で表面に大きなヒビが入っていて、
ねちっとしているのが特徴。
アーモンドの味が濃く、素朴ながらとても力強い味わい。

マカロン・オ・ノア
Macaron aux noix
→ P256

これは私のオリジナルのマカロンで、とても簡単につくれます。
卵白と砂糖が結びついて生まれる、ねちっとした歯触りが醍醐味。
コーヒー風味のクレーム・オ・ブールも口の中にふくよかに広がります。
食後酒やコーヒーともよく合い、見た目はゴツゴツしていますが評判のいいお菓子です。

マカロン・ドゥ・ナンスィ

ingrédients 35〜37個分

◆**フォン・ドゥ・マカロン**
- 225g　ローマジパン
- 156g　粉糖
- 54g　卵白
- 5g　シュクル・ヴァニエ
- 20g　薄力粉

- 80g　グラニュー糖
- 13g　キャソナッドゥ
- 31g　水

- 10g　卵白（予備）

フォン・ドゥ・マカロン

1　ボウルにローマジパンを入れ、粉糖を6〜7回に分けて加えて手で練り込む。

＊途中で硬くて混ぜにくくなったら、卵白を1/6量ずつ適宜加え、粘りがでて均一になるまでとにかくよく混ぜます。木べらよりも手のほうが早く混ざります。

2　卵白を2回に分けて加え、木べらに持ちかえて練り混ぜる。均一に十分に混ざり、しっかりと粘りがでてから次を加える。

3　シュクル・ヴァニエも加えて混ぜる。柔らかいがしっかりして流れない状態になる。

4　薄力粉を加えて十分に混ぜる。かなり硬くなる。

5　小鍋にグラニュー糖とキャソナッドゥ、水を入れてスプーンで混ぜ、火にかけて107℃まで加熱する。

6　4に5を一度に加えてよく混ぜる。
＊ほんの少しだけ流れるくらいの硬めの生地ができます。

7　ラップをかけ、常温で最低2時間やすませる。
＊やすませると焼きあがりのツヤがよくなり、表面にきれいな薄膜が張るようになります。5～6時間やすませてもかまいません。

8　生地の硬さをもう一度調節する。木べらで混ぜると少しだけ動き、10秒ほどでツヤがでてくる状態に。これより硬い場合は、予備の卵白を少しずつ加えて調整する。

9　口径10mmの丸口金をつけた絞り袋に入れる。ベーキングシートに直径3.5cm（12～14g）に絞る。焼くと広がるので間隔をあける。

10　常温に20分ほどおき、表面は柔らかいがほとんど指につかなくなるまで乾燥させる。
＊こうすると表面にツヤがでて、ヒビも大きく入ってきれいに焼きあがります。絞った時は表面に少しツヤがあるもののザラザラした感じですが、オーブンに入れると表面がなめらかになり、直径5cmほどに広がります。

11　オーブンで焼く。
［電子レンジオーブン：170～180℃で10分］
［ガス高速オーブン：160～170℃で下に天板を1枚敷いて5分→下の天板をはずして5分］
柔らかく焼きあげる場合は、さらに5分ほど焼き、表面を触ってみて動かないほどになったらオーブンからだし、水分が逃げないようにベーキングシートごと網にのせて冷ます。カリカリに焼きあげる場合は、150℃に下げてさらに20～30分焼く。オーブンからだしてベーキングシートごと網にのせて冷まし、粗熱がとれたらオーブンシートからはずして水分を飛ばしながら冷ます。

＊焼き色を濃くすると中の味に負けてしまいます。底、表面ともきれいな明るいキツネ色に焼きます。

焼いてすぐはあまり味がしませんが、2時間もすると味わいがでてきます。翌日はよりおいしくなります。保存は常温で3日間ほど。柔らかく焼きあげても、時間の経過とともに乾燥して硬くなります。柔らかさを保ちたい場合はビニールに入れ、カリカリに保ちたい場合はそのまま保存します。

マカロン・オ・ノア

ingrédients 20〜23個分

◆フォン・ドゥ・マカロン
- 100g　アーモンド（皮むき・ホウル）
- 166g　グラニュー糖
- 70g　卵白
- 100g　クルミ
- 2滴　ビターアーモンドエッセンス
（竹串の先でたらす）
- 0.4g　バニラエッセンス（5滴）

◆キャフェのクレーム・オ・ブール
クレーム・オ・ブール
100g使用する
- 200g　バター
- 100g　グラニュー糖
- 33g　水
- 40g　卵黄
- 0.5g　バニラエッセンス（7滴）

- 3g　インスタントコーヒー
- 5g　お湯

フォン・ドゥ・マカロン

essentiel

＊ クルミの代わりにヘーゼルナッツを加えてもおいしくできます。

＊ ビターアーモンドエッセンスはなければ加えなくてもよいですが、味のイメージは変わります。

1　フードプロセッサーにアーモンドとグラニュー糖を入れ、アーモンドが1mmほどの粒状になるまで回す。アーモンドの油脂分でグラニュー糖が少し染みたような状態になる。

2　卵白の半量を加えてさらに回す。次第に固まってまとまってくるので、かなりねっちりとした硬さになるまで回す。

3　残りの卵白を加え、ゆっくり流れるほどの柔らかさになるまで十分に回す。アーモンドの粒は残っていてもかまわない。

4 ボウルに移し、3mm角に刻んだクルミを加えて木べらで混ぜる。ビターアーモンドエッセンス、バニラエッセンスを加える。

＊ かなり硬くなります。手にかなりの重さを感じ、木べらで混ぜると生地のケバケバした感じがそのまま残り、ほんの少しだけ全体が動くほどの状態です。

＊ 生地が柔らかいと絞っても形が崩れてしまいます。1個絞ってみて、しっかりと高さを保てる硬さかをみます。柔らかければ、刻んだクルミ（分量外）を適宜加えて調整します。

5 口径13mmの丸口金をつけた絞り袋に入れ、ベーキングシートに間隔をあけて直径3cm、高さ1.5cmに絞りだす。

6 オーブンで焼く。
［電子レンジオーブン：180℃で9分］
［ガス高速オーブン：170℃で6分30秒］
ベーキングシートごと網にのせて冷ます。

＊ 全体的に薄く焼き色がつき、表面の薄皮だけ硬く、中はかなり柔らかくしっとりとした状態に焼きあげます。少し焼き色をつけたほうが、あとで表面に水分がでて過度にネチッとした歯触りになりません。

キャフェのクレーム・オ・ブール

1 P250「マカロン・リス・オ・キャフェ」キャフェのクレーム・オ・ブール 1〜7と同様にする。

仕上げ

1 キャフェのクレーム・オ・ブールを口径10mmの丸口金をつけた絞り袋に入れ、マカロンに3gずつ絞りだしてサンドする。

食べごろは20〜30℃。クレームをサンドした状態で冷凍庫で1週間保存でき、自然解凍してから5時間ほどおいて提供します。

chapitre 18
プティ・ショコラ
Petit chocolat

食後のコーヒーともよく合うプティ・ショコラは
素晴らしかった食事の余韻をさらに長く印象的なものにします。
本章のプティ・ショコラ4品は、
保存性よりもおいしさを一番に考えた
レストランにとくにおすすめしたいものです。

トゥリュフ・オ・カルバドス　259・260
Truffe au calvados

トゥリュフ・オ・キュラソー　259・264
Truffe au curaçao

エギュイエットゥ・ドランジュ　259・265
Aiguillette d'orange

アマンドゥ・オ・ショコラ　266
Amandes au chocolat

トゥリュフ・オ・カルバドス（左）
Truffe au calvados →P260

トゥリュフ・オ・キュラソー（右）
Truffe au curaçao →P264

エギュイエットゥ・ドランジュ
Aiguillette d'orange →P265

トゥリュフ・オ・カルバドス

ingrédients　約20個分

◆ガナッシュ
- 130g　ガナッシュ用スイートチョコレート（ガナッシュ・ゲアキル・カカオ分54％）
- 83g　生クリーム
- 8g　カルバドス
- 適量　スイートチョコレート（アメール・オール・カカオ分66％）

◆トランペ
- 適量　スイートチョコレート（アメール・オール・カカオ分66％）
- チョコレートの5％　カカオバター
- 適量　粉糖

essentiel

＊ このセンター用のガナッシュは生クリームの配合が多く、チョコレートに対して水分と脂肪分の割合がかなり多いため、冷えた状態でも少し柔らかめの扱いにくいものです。しかし、これによりなめらかでシャープな口溶けとリッチで印象的な味わいになります。レストランだからこそ提供できるものです。

＊ センター用のガナッシュには味わいのはっきりとしたガナッシュ・ゲアキルを使い、ガナッシュを包むトランペ用のチョコレートにはガナッシュの味わいを邪魔しないよう穏やかな味わいのアメール・オールを使っています。

＊ トランペ用のチョコレートは、スイートチョコレートに対して5％のカカオバターを加えます。これはチョコレートをよりサラサラのリキッド状にして薄くかけるためです。

ガナッシュ

1　チョコレートは細かく刻んでボウルに入れ、室温にもどす。

＊ チョコレートは室温にもどしておきます。温度が低いと3で40〜45℃になりません。

2　小鍋に生クリームを入れて80℃（縁のほうがフツフツする）まで加熱する。

3　1に2を加えてホイッパーで円を描いて混ぜ、混ざってからさらに50回混ぜる。

＊ 仕込む量が多い場合や、とても寒くてチョコレートが冷える時は、2で銅サバイヨンボウルなどで生クリームを80℃まで加熱し、そこに1のチョコレートを加えて混ぜます。

＊ チョコレートと生クリームを混ぜ終わった時に、ガナッシュの温度が40〜45℃にならないと、きれいに乳化せず、分離して少しザラザラになることがあります。50℃ほどの時はボウルを替えて混ぜると温度が下がって乳化します。30℃ほどに下がった場合は、ごく弱火に1、2秒あててはホイッパーで混ぜて50℃まで温度を上げてから、ボウルを替えてもう一度混ぜて温度を下げます。

4　カルバドスを3回に分けて加え、よく混ぜてからさらに50回ずつ混ぜる。

5　8でポーラーでぬきやすいよう、深めの小さいボウルに移す。しばらく混ぜて均一になめらかにする。

6　表面にラップを貼りつけて冷蔵庫に入れて固める。

＊ 柔らかめのガナッシュなので、一晩おいたほうがいくらかでもしっかりした硬さになります。

7　直径2.5cmのポーラーの先をガスの火にあててかなり熱くなるまで2〜3秒ほど熱する。

8 6のガナッシュにボーラーを差し込み、力を入れたまま反時計回りに少しだけ回し、すぐに時計回りに力を入れたまま手早く1秒以内で回転させてぬく。

＊ゆっくりぬくと、一度溶けたガナッシュが冷えて固まり、ボーラーからはずれなくなります。外側から順にぬいていくと無駄なくぬけます。

9 パラフィン紙などの上に置く。中心まですべてぬき終わったら、ボウルについたガナッシュもボーラーで集めて丸くとる。冷蔵庫で5分ほど冷やす。

＊冷やしておくと、12でチョコレートがすぐに固まって表面に均一についてたれません。

10 チョコレートを刻んで湯煎にかけて溶かす。

11 手に力を入れないで9を軽く表面だけ丸める。
＊力を入れると、ガナッシュが柔らかくなります。

12 手の平に10のチョコレートを少しとり、11のガナッシュを人さし指と中指を広げた間で転がし、薄く均一にまぶす。固まったら、17～20℃まで温度をもどす。

＊ムラができて薄い部分がある場合は、チョコレートが固まってからもう一度転がします。トランペをきれいにするためにこの作業はかならずしてください。

トランペ
essentiel

＊室温は20℃、トランペ用のチョコレートは30～31℃、センターのガナッシュは17～20℃になるようにそれぞれ調整します。これら3つのうちどれかひとつでも温度が違うと、ガナッシュが溶けたり、トランペ用のチョコレートが固まらなかったり、あるいはチョコレートが厚くついて硬くなったりします。

＊慣れない人はテンパリング（温度調整）は1kgくらいの分量が作業がしやすいです。1kgほどならば、マーブル台を使わず、氷水で冷やす方法が手軽できれいにできます。

1 チョコレートを細かく刻んでボウルに入れ、湯煎にかけて溶かす。完全に溶けたら、45℃に調整する。

＊ボウルよりも小さい鍋に水を入れて弱火にかけ、その上にチョコレートを入れたボウルを置きます。ボウルの底はけっしてお湯に直接つかないようにし、お湯は沸騰させず、蒸気の熱でゆっくり溶かします。ボウル全体に平均して熱がまわって少しでも早く溶けるように、かならず5分おきに木べらで下からすくうように静かに混ぜます。

＊木べらの先から温度計の先端を5cmほど上げ、輪ゴムで2ヵ所くくりつけて固定しておきます。木べらと温度計の先端を合わせると、温度計はチョコレートではなくボウルの温度を指すためチョコレートの温度が正確に測れません。

＊チョコレートの大敵は熱と水、湿気です。60℃以上の熱に触れるとさまざまの成分が分離してツヤがなくなったり味わいが劣化したりします。また湿気が入るとチョコレートが締まって作業性が悪くなり、ツヤが悪くなったり、トランペしたチョコレートの表面に白い斑点ができたりします。

＊チョコレートはかならず42～45℃に調整してから、3で冷やしはじめます。低い温度からはじめるとツヤが悪くなったりします。

2 テンパリングする。大きめのボウルに直径18cmのセルクルを入れ、1のボウルをのせてちょうどボウルの中のチョコレート全体が浸かるように水を入れる。氷を2個入れる。

＊ 水の中には常に氷が2個浮かんでいるようにし、氷は適宜たしていきます。水が温まるとなかなかチョコレートの温度が下がりません。

3 1のボウルを2の氷水に浸け、木べらで10秒に12回の速さで40秒混ぜて温度を下げる。

＊ 木べらの面が上を向くように持ち、底を軽くこすりながらふっくらとしたただ円形を描いて混ぜます。

4 ボウルを氷水からあげ、3と同様に10秒混ぜる。

5 3〜4をくり返し、28℃に近づける。

＊ 42〜45℃からはじめて、木べらで混ぜながら割合早く温度を下げていくと、カカオバターのよい結晶ができてきます。この結晶が十分にできると、あとは自動的に誘発されて他のカカオバターがよい結晶をつくってチョコレートが固まります。

＊ 35℃以下になるとチョコレートの粘度が高くなってくるので、気泡が入らないように少しゆっくり混ぜながらさらに温度を下げていきます。

＊ スイートチョコレートの場合は28℃ですが、参考までにミルクチョコレートは27℃、ホワイトチョコレートは26℃前後まで温度を下げます。

＊ 十分によい結晶ができたかの判断は、あくまでボウルの底にカリカリしたかたまりができるかどうかです。28℃以下に温度が下がってもかたまりができない場合もありますので、その時はさらに氷水につけてカリカリができるまで冷やします。

6 ボウルの底でカリカリとチョコレートが固まってきて、木べらに少しチョコレートのかたまりがつくようになったら、ボウルを氷水からだし、セルクルもとりだしてその上にボウルを置いて混ぜ続ける。

＊ これ以上冷えてかたまりができないようにセルクルの上で混ぜます。

7 30秒ほど混ぜてカリカリが消えなかったら、チョコレートが薄く固まるかどうかをテストする。カード（20℃以下）の先にチョコレートを少しつけ、ボウルの縁にトンとあてて余分なチョコレートを落とし、片側のチョコレートはこすりとる。3分ほどでしっかり固まるかどうか確認する。

＊ チョコレートを多くつけると、たとえ温度調整がうまくできても固まらないことがあります。

＊ 3分間待つ間も混ぜ続けます。

8 3分以内に固まったら、ボウルの底を弱火にあて、手で触れるとしっかりと温かいくらいまで加熱する。

＊ 3分たっても固まらない場合は、チョコレートの中にまだ結晶が十分できていません。さらに氷水で冷やしてカリカリとかたまりができたら、再度7のテストをします。

9 火からおろし、ボウルの底の熱が完全にチョコレートに吸収されるまでセルクルの上で混ぜる。ボウルの底を触ってみて、温かさが消えていたら、もう一度8と同様に加熱する。これをくり返して30℃くらいまで少しずつ温度を上げていく。

＊ 3回くり返しては1℃上げる感覚で作業します。急いで温度を上げると結晶が消えて固まりません。

10 約30℃になったら、さらに1分よく混ぜて結晶を増やす。木べらでチョコレートをたらしてみて、その跡が周りのチョコレートと変わらないくらい柔らかいのがもっともいい状態。

＊この柔らかさをしっかり覚えてください。

11 トランペする。チョコレートの保温のために鍋に35℃くらいのぬるま湯を入れ、10のボウルを手前を下げて斜めにのせる。チョコレートがボウルの手前側の縁と同じ高さになるくらいの角度にする。ボウルの上に針金を渡してクリップで2ヵ所とめる。

12 プラリネフォーク（丸）にガナッシュをのせてチョコレートに半分ほど浸し、上下に小刻みに8回くらい動かしながら少しずつ引きあげ、底を針金に軽くあてて余分なチョコレートを落とす。

＊チョコレートがチョコレートを引っ張って薄くつきます。チョコレートから引きあげた状態で上下に動かしてもチョコレートは薄くなりません。またプラリネフォークをボウルの縁にトントンとあてるとガナッシュにフォークがくい込んでしまいます。

＊チョコレートは2mm弱の厚さにかけます。

＊きれいにトランペするコツは、チョコレートを10の柔らかい状態を保ちながら作業することです。

＊10個トランペしたら、かならずチョコレートを木べらで軽く混ぜます。チョコレートの温度が下がったら、まめに弱火にあてて混ぜて31℃に上げます。

＊プラリネフォークやボウルはまめにきれいにします。手ふき専用のフキンも用意しておきます。

＊針金について固まったチョコレートはトランペ用のチョコレートにはもどさないようにします。

13 たっぷりの粉糖を広げたバットに置く。表面が少し固まりかけたら、粉糖の上でプラリネフォーク（2本または3本歯）で跡をつけながら転がす。

14 固まったら1個ずつ手で持ち、軽くトンと粉糖を落とす。

15 すぐに密閉容器に入れてビニールでしっかりと包み、5℃以下の冷蔵庫で保存する。

＊柔らかいガナッシュをセンターにした場合は、トランペしてからかならず部分的にガナッシュがもれてきます。この部分を下にして密閉容器に入れます。

＊トランペ用チョコレートはパラフィン紙などの上に流して固め、再度細かく刻んで湯煎で溶かし、テンパリングして使います。

冷蔵庫からだして密閉容器に入れたまま涼しい場所に10分ほどおき、少し室温にもどした17～20℃くらいが一番の食べごろ。保存は冷蔵庫で10日間。

トゥリュフ・オ・キュラソー

ingrédients 約20個分

◆ガナッシュ
- 130g　ガナッシュ用スイートチョコレート
（ガナッシュ・ゲアキル・カカオ分54％）
- 83g　生クリーム
- 6g　オレンジキュラソー
（アルコール度数60°）
- 12g　コンパウンド・オレンジ
- 適量　スイートチョコレート
（アメール・オール・カカオ分66％）

◆トランペ
- 適量　スイートチョコレート
（アメール・オール・カカオ分66％）
- チョコレートの5％　カカオバター
- 適量　ココア

essentiel

＊ 口溶けの最後にキュラソーのオレンジの余韻の長い香りとチョコレートの香りがぴったり重なるようにしています。オレンジの香りがさわやかで、とくに食後のショコラにはおすすめしたいトゥリュフです。

ガナッシュ

1　P260「トゥリュフ・オ・カルバドス」ガナッシュと同様につくる（カルバドスの代わりにオレンジキュラソー、コンパウンド・オレンジを順に加える）。

トランペ

1　「トゥリュフ・オ・カルバドス」トランペと同様にする（粉糖の代わりにココアの上で転がす）。

食べごろや保存はP263「トゥリュフ・オ・カルバドス」と同様。

エギュイエットゥ・ドランジュ

ingrédients 約10本分

100g　オレンジピールのコンフィ

◆トランペ
　　　適量　スイートチョコレート
　　　　　　（アメール・オール・カカオ分66％）
チョコレートの5％　カカオバター

essentiel

＊ オレンジピールの味わい次第のチョコレート菓子です。オレンジの香りが負けないように、味わいの穏やかなチョコレートでトランペしたほうがいいでしょう。

1 オレンジピールのコンフィは表面のシロップを軽く洗い流し、十分に乾かしておく。

トランペ

1 P261「トゥリュフ・オ・カルバドス」トランペ1〜11と同様にする（ただしトランペ用のボウルに針金を渡す必要はない）。

2 オレンジピールを箸で1に浸し、上下に小刻みに動かしながら少しずつ引きあげる。

＊ チョコレートがチョコレートを引っ張って薄くつきます。チョコレートから引きあげた状態で上下に動かしてもチョコレートは薄くつきません。

3 パラフィン紙などにのせて固める。

4 密閉容器に入れてビニールでしっかりと包み、5℃以下の冷蔵庫で保存する。

食べごろや保存はP263「トゥリュフ・オ・カルバドス」と同様。

アマンドゥ・オ・ショコラ
Amandes au chocolat

チョコレートとココアの香りと苦味、香ばしいアーモンド。
食後の楽しいひと時の会話に夢中になりながらも……
一粒ずつつまむ手がとまらなくなるはず。

ingrédients 約160個分

300g	アーモンド（皮付き・ホウル）
60g	グラニュー糖
21g	水
1/3本	バニラ棒
6g	バター

◆トランペ
約300g使用する
約500g	スイートチョコレート （アメール・オール・カカオ分66％）
チョコレートの5%	カカオバター
適量	ココア

essentiel

＊ このアマンドゥ・オ・ショコラはとにかくそれぞれの要素を強いものにして力強く組み立てています。そのためトランペ用のチョコレートには味、香り、歯触りを強くするためにかならずカカオバターを加えます。

1　アーモンドは180℃のオーブンでしっかりしたキツネ色になるまで10〜15分ローストする。

＊ よく混ぜながらローストします。香ばしく、しっかり焼かないとおいしさは半減します。

2　アーモンドをキャラメリゼする。銅ボウルにグラニュー糖と水、縦に裂いたバニラ棒を入れて中火にかけ、木べらで混ぜて沸騰させる。大きな泡が消えてから30秒〜1分加熱し、少量を指につけて1.5cmほど広げると太めの糸が引くくらいまで煮つめる。

＊ 大量につくる場合は温度計で測って110℃まで煮つめます。

3　火をとめ、すぐに1のアーモンドを加えて木べらでよく混ぜる。次第にアーモンドについたシロップが再結晶し、さらに混ぜるとアーモンドが1粒ずつに分かれる。バニラ棒はとりだし、くっついているアーモンドがあれば1粒ずつに分ける。

4　強火にかけて煎る。鍋底をこすりながら1秒に2〜3回の速さで手早くすくいあげ、アーモンドを踊らせるように混ぜる。表面のキャラメルがかなり濃いめに赤黒くなるまで煎る。

＊ 混ぜるのではなく、手早く木べらではねあげるように煎ります。こうするとアーモンドが踊り、全面が鍋底について平均して煎ることができます。

＊ 煎り具合はアーモンドを見ても煙でよくわからないので、ボウルについた砂糖の焦げ具合でみます。8〜9分かかるのが目安。

5 火からおろし、すぐにバターを加えてよく混ぜる。

* くっついたアーモンド同士をはがれやすくするためです。

6 すぐに冷たい天板などの上に敷いたベーキングシート上にあける。パレットナイフで叩くようにして重ならないように平らにし、さらにホイッパーでほぐしながら混ぜ続ける。

7 触れるくらいまで冷めたら、もうつかないので手で1粒ずつに分ける。17～20℃まで冷ます。

トランペ

1 P261「トゥリュフ・オ・カルバドス」トランペ1～10と同様にチョコレートをテンパリングする。

2 直径21cmのボウルにキャラメリゼしたアーモンドを入れ、1のテンパリングしたチョコレートを約30g加える。

* 鍋に35℃くらいのぬるま湯を入れ、チョコレートのボウルをのせて保温しておきます。

3 木べらでボウルの底と側面をよくこすりながらアーモンドを底から返して混ぜる。木べらはボウルの中央に入れ、左に向かって木べらの面で押すように混ぜる。

* この工程は混ぜるためではなく、アーモンドをよく返して全面にチョコレートを均一にまぶすためです。

4 次第にチョコレートが固まり、アーモンドが大きなかたまりになる。さらに混ぜると、1粒ずつ分かれてくるので、完全に分かれてからさらにチョコレートが固まり少し白っぽくなるまで混ぜる。

5 2〜4を計10回くり返す。3回めと6回めのあとには冷蔵庫に3分入れる。

＊ 途中で冷やさないと温度が上がり、なかなかチョコレートが固まらなくなります。冷やしすぎてもチョコレートが早く固まりすぎ、表面がデコボコになります。

6 30gずつ計10回チョコレートをかけるのは一応の目安なので、チョコレートの厚さが2mmほどになるまでくり返す。

＊ キャラメルの味が強いので、それに負けないようにチョコレートも厚くして十分に甘みが感じられるようにします。

7 別のボウル（完全に乾いているもの）に6を移し、ココアを茶こしでたっぷりとふりかけ、木べらで同様に混ぜてきれいにまぶす。

8 表面全体がココアと同じ色になるまで、7を2〜3回を目安にくり返す。

＊ つくりおきする場合は、6まで仕込んでおきます。その日に提供する分だけをとりだし、テンパリングせずに使えるパータ・グラッセ（上がけ用チョコレート）などを2〜4と同様に1回まぶしてから、ココアをふります。ココアは微細で表面積が大きいのですぐに酸化して色があせ、味や香りも消えるので、仕上げは当日提供する分のみにします。

密閉容器やビニールに入れ、10℃以下で1〜2ヵ月保存できます。

秋から冬、クリスマス
*Les desserts de la rentrée
et des fêtes de fin d'année*

chapitre 19

心温もる菓子
Gâteau chalereux

暖炉の傍らで温もりながら、
心やすらぐ大切な人たちと過ごす楽しい時。
「今年もいい年だったね」と笑顔がこぼれます。
そんな温もりがあふれる
秋からクリスマスのころのお菓子たちです。

シュトゥルーデル　272
Strudel

シュトレン　276
Stollen

ビルヴェッカ　280
Birewecka

ビュッシュ・オ・シャンパーニュ　282
Bûche au champagne

シュトゥルーデル
Strudel

ドイツ・オーストリア由来の伝統菓子。
リンゴとパン粉をたっぷりと巻きます。

ingrédients 長さ30cm 1本分

◆パートゥ
- 140g　強力粉
- 60g　薄力粉
- 55g　全卵
- 10g　オリーブオイル
- 75g　お湯（40℃）
- 5g　酢
- 3g　塩

◆リンゴのコンポットゥ
120g 使用する
- 中1個　リンゴ（ゴールデン系）
- 130g　白ワイン
- 100g　グラニュー糖
- 10g　レモン汁

◆ガルニチュール
- 16g　クルミ

- 104g　パン粉
- 40g　バター

- 240g　リンゴ（ジョナゴールド）
- 8g　グラニュー糖
- 4g　レモン汁

- 24g　グラニュー糖
- 12g　レモン汁
- 2/3個分　レモンの皮のすりおろし
- 0.8g　シナモンパウダー

◆組立て
- 適量　溶かしバター（約40℃）
- 32g　レーズン
- 16g　松の実

◆仕上げ
- 適量　溶かしバター（約40℃）
- 適量　粉糖

パートゥ

essentiel

＊ オリーブオイルはグルテンを分解して軟化させ、パートゥを薄くのびやすくします。サラダオイルよりものびのいいパートゥができます。

1 ミキサーボウル（ケンミックス）にすべての材料を入れてフックを装着し、中速で練る。まとまったら、ボウルの内側をカードで払う。

2 さらに5分練る。ボウルについたパートゥがピンと切れるような状態になればいい。

3 さらにグルテンをしっかり引きだすため、カードでこするようにして1分混ぜる。

4 手粉（強力粉・分量外）をふったボウルに入れ、パートゥにも手粉をふり、ビニールに入れる。冷蔵庫で30～40分やすませる。これでパートゥの弾性をなくす。

＊ このやすませる時間がとても大事です。やすませ方がたりないとグルテンでオリーブオイルが十分軟化されず、パートゥが薄くのびません。また、やすませすぎるとグルテンが弱くなり、薄くのびずに切れてしまいます。いずれの場合も焼きあがりに軽いカリカリした歯触りにならず、硬くガリッとします。

リンゴのコンポットゥ

1　リンゴは皮をむいて芯をとり、厚さ2mmに切る。

2　鍋に1と白ワインを入れ、フタをして弱火で柔らかくなるまで5分煮る。

3　グラニュー糖の半量を加えてさらに30分煮る。残りのグラニュー糖を加え、さらに30分煮る。途中、煮つまりそうになったら水適量（分量外）を加える。

4　レモン汁を加え、火を少し強めにして木べらで鍋底をこすりながらさらに水分を飛ばす。木べらの跡が残るようになるまで煮つめる。120gとり分ける。

＊　十分な飴色にし、味、香りともに強くします。

＊　コンポットゥに十分に酸味がないと、全体の味わいがぼやけてしまいます。リンゴに酸味がたりない場合はかならずレモン汁を増やして調整してください。

ガルニチュール
essentiel

＊　リンゴは煮崩れしにくい品種を選びます。形と歯触りが残らないとボケた味わいになります。ここではジョナゴールド（ゴールデンデリシャスと紅玉の交配種）を使いました。

1　クルミは7mm角に刻む。

2　パン粉はバターでしっかりとキツネ色になるまで炒め、冷ましておく。

＊　パン粉はしっかりとした味のあるパンを挽いたものを使うことが大事です。

3　リンゴの皮をむき、縦半分に切って芯をとる。厚さ1cmに横にスライスし、これを縦4等分に切る。グラニュー糖とレモン汁をまぶして10分ほどおき、水分を抜く。

4　3のリンゴの水分を切り、リンゴのコンポットゥ120g、グラニュー糖、レモン汁、レモンの皮のすりおろし、シナモンパウダーと軽く混ぜ合わせる。

組立て・仕上げ
essentiel

＊　シュトゥルーデルのおいしさはガルニチュールのしっかりした味わいとともに、パートゥのカリカリッとした軽い歯触りにあります。パートゥをやすませる時間に注意し、透けるほどに薄くのばします。

1　パートゥをのばす。ベーキングシート（30×60cmを2枚用意する）に手粉をたっぷりとふり、パートゥを置く。めん棒でまず20cm角ほどにのばす。

＊　くっつきやすいので手粉はたっぷりとふります。

2　上にベーキングシートをかぶせ、パートゥの向きや表裏を変えながら20×40cmくらいになるまでのばす。

＊　ベーキングシートを2枚使うと、パートゥがくっつかず、裏返しながらのばす作業が簡単にできます。

3 キャンバス布に手粉をふる。2をめん棒に巻きとってのせ、片端に定規などを置いて重石代わりにする。めん棒でゆっくり引きのばしながら90cmほどまでのばす。

＊この方法ならば誰でも簡単にパートゥを薄くのばせます。

4 次に手で幅を35cmほどにのばす。透けて見えるくらいにのびる。

5 全体に溶かしバターをハケで十分にぬる。

6 一方の端から30cmのところにバターで炒めたパン粉を広げ、その上にリンゴのガルニチュールをのせる。刻んだクルミ、レーズン、松の実もちらす。

7 ガルニチュールがこぼれないように注意し、手前から布を持ちながら巻いていく。同時に底のほうの手粉もハケで落としながら巻く。

8 天板に移し、上から少し押さえて軽くつぶす。溶かしバターをたっぷりとぬる。

9 オーブンで焼く。途中15分ほどたったら、溶かしバターをぬる。
［電子レンジオーブン：210℃で30分］
［ガス高速オーブン：200℃で30分弱］
表面は濃いめの、底はほどよいキツネ色になるまで焼く。

10 オーブンからだし、すぐに溶かしバターをぬる。少し冷めたら、グラシエール（粉糖入れ）で粉糖をたっぷりとふる。

1本で12〜13人分。3cm幅にカットします。少し冷めたころが食べごろです。保存は2日間。冷えた場合は150℃のオーブンで約1分温め、しっかり温かくして提供を。カットしたものを温める場合はアルミホイルで包みます。

マンデル・シュトレン
Mandel Stollen

素朴でありながら、たっぷりのバターで
ふっくらと柔らか。滋味あふれます。

ingrédients

縦19cm×横8cm×高さ3cm　1本分

◆ガルニチュール
- 95g　レーズン（ドライ）
- 17g　ダークラム
- 27g　オレンジピールのコンフィ

◆パートゥ
- 3.4g　インスタントドライイースト
- 2.7g　グラニュー糖A
- 44g　牛乳（約40℃）
- 58g　フランスパン用粉A
- 17g　ローマジパン
- 48g　バター
- 10g　グラニュー糖B
- 14g　卵黄
- 0.2g　ナツメグ
- 0.2g　カルダモンパウダー
- 0.3個分　レモンの皮のすりおろし
- 3滴　バニラエッセンス
- 1g　塩
- 29g　フランスパン用粉B
- 29g　強力粉

◆マジパンフィリング
- 26g　ローマジパン
- 2.7g　ダークラム

◆仕上げ
- 68g　溶かしバター
- 80g　粉糖
- 2g　シュクル・ヴァニエ

essentiel

＊素材同士をよく混ぜなければという潜在意識から、私たちはどうしても発酵種をきれいに混ぜ込もうとしてしまいます。混ぜすぎると粉のグルテンが他の素材を包み込み、平坦な味わいになってしまいます。何度か浅めに混ぜることを心がけて焼き、最も味わいの豊かな混ぜ具合をつかんでください。

ガルニチュール

1　前日にレーズンをダークラムに浸けて一晩おく。

2　オレンジピールのコンフィは3mm角に切る。

パートゥ

1　バターは硬めのポマード状（テリがないくらい）にしておく（→P180「パートゥ・シュクレ」2～3）。

2　中種をつくる。インスタントドライイーストとグラニュー糖Aを合わせ、温めておいた牛乳を加えてホイッパーで混ぜる。30～40℃（オーブンの上など暖かいところに置くか、40℃の湯煎にあてる）で泡が浮いて5mmほど浮き上がるまで予備発酵を5～10分とる。

＊急冷させる必要はありません。

3　20℃にしたフランスパン用粉Aを加え、木べらで練り混ぜる。大体1つの塊になって、粉が見えなくなればよい。ビニール袋をかぶせ、オーブンの上などの30℃くらいの暖かいところで2倍以上2.5倍の大きさになるまで20～30分1次発酵させる。

＊ここで十分に発酵をとり、粉のうまみを引きだします。成形してからはあまり発酵せずに焼きますが、それはあまり柔らかくせずしっかりした歯触りを残すためです。

4 ローマジパンにバターをひとすくい加え、木べらですり込むようにして均一にする。さらに残りのバターの1/3量を3回に分けて加えて均一にし、滑らかにする。

5 4が滑らかになったら残りのバターを加え、ホイッパーで混ぜる。グラニュー糖B、卵黄、ナツメグ、カルダモンパウダー、レモンの皮のすりおろし、バニラエッセンス、塩を加えて混ぜる。

6 十分に混ざったら大きいボウルに移し替え、20℃にしたフランスパン用粉B、強力粉、3の発酵種を小さくちぎって加える。粉が全体にいきわたるようにカードで10回切り混ぜる。粉を下からすくいながら大きく切り混ぜて、粉を吸収させる。

7 粉が完全に粉が完全に見えなくなり、パートゥがしっかりまとまったところで、木べらに持ち替える。木べらの柄で円を描くようにゆっくり10回混ぜ、ボウルの内側をゴムべらで払う。さらに最初の発酵生地が小さく散るように10回混ぜる。

8 7のパートゥを冷やしたのし台の上に移す。手で軽くすりつぶすように10回混ぜ、最初の発酵生地の粉の小さい塊がたくさん見える状態で練り上げる。

＊この塊をきれいに混ぜ込んでしまうとアーモンドその他の味わいが全く隠れた、パサついた味わいになり、少しもおいしくありません。

9 8を直径16～17cm位の大きさに丸く広げる。オレンジピールのコンフィの1/4量をパートゥになすりつけるようにのせる。レーズンの1/4量をのせて少し押し込む。パートゥを四方から包み込む。さらにパートゥを手で広げ、同様にオレンジピールのコンフィとレーズンの1/4量を加え、パートゥを四方から包む。これをあと2回繰り返し、残りも全て加える。

＊4回目になるとパートゥが少しだけ切れてきます。あまりグルテンの引きが感じられないくらいです。

10 パートゥをまとめてボウルに入れ、表面のべたつきが取れるまで20℃くらいのところで20～30分休ませる。

11 手粉（強力粉・分量外）をふった台に、ガルニチュールの少ない面が表面になるように横長に置き、両端を下の方に折り込んで長方形に形を整える。まず18cm角の正方形にのばし、手前1/3はそのままの厚さを残し、残り2/3を長さ20cmにのばす。上にも手粉をふる。

＊整形の時もバターが少しもれ、パートゥがポロポロ切れますが大丈夫です。

12 向う側と手前側からそれぞれひと巻きする。巻いた部分が動かないように巻き終わりをめん棒で押さえて固定する。

13 平口金をつけた絞り袋にマジパンフィリングを入れ、25gを3列に薄く絞る。

14 向う側の巻き込んだ部分が上に乗るよう2つにたたみ、両側と上からめん棒で強く押さえて形を整える。

15 乾燥を防ぎ、型にパートゥがつかないように溶かしバター(分量外)を刷毛でたっぷり塗り、型に入れる。天板にのせて30℃のところで30分最終発酵させ、2倍弱に膨らませる。

16 オーブンで焼く。
［電子レンジオーブン：220℃で5分 → 200℃に下げて30分］
［ガス高速オーブン：200℃で5分 → 180℃に下げて25分］
＊ 表面全体にこんがりと焼き色がつくまで焼きます。

仕上げ

1 焼きあがったら熱いうちに全体に溶かしバターを裏表にたっぷりと3回塗り、粉糖をたっぷりとつける。20℃以下のところに一晩おく。

型について

イル・プルー・シュル・ラ・セーヌの店や教室では金枠を使っていますが、型が無い場合はアルミホイルで縦19cm×横8cm×高さ3cmのだ円の型を作って代用しても構いません。

1本で約15人分。提供は1cm厚さにカットして。3〜4日たったころが、ガルニチュールのうまみがでてきて一番おいしい。保存は常温で1週間。

ビルヴェッカ
Bireweck

アルザス地方に伝わるクリスマスのお菓子。
驚くほどたっぷりのドライフルーツやナッツを
その10分の1のパートゥでつなぎます。
とても深い味わい。

ingrédients

18cm×7cm 4本分

◆ガルニチュール

200g	洋梨（ドライ）
150g	プラム（ドライ）
100g	レーズン（ドライ）
6個	イチジク（ドライ・直径約4cm）
50g	オレンジピールのコンフィ
10個	ドレンチェリー
70g	クルミ
50g	アーモンドスライス
140g	キルシュ
44g	グラニュー糖
3.6g	シナモンパウダー
1.6g	アニスパウダー

◆パートゥ

3.2g	インスタントドライイースト
2g	グラニュー糖
76g	お湯（約40℃）
48g	強力粉
48g	ライ麦粉
1g	塩
12個	アーモンド（皮むき・ホウル）
適量	30°ボーメシロップ

ガルニチュール

1 前日にガルニチュールを漬け込む。プラムとレーズンはぬるま湯に30分浸けてもどし、水気を切る。洋梨とプラムは1.2cm角、イチジクは1.5cm角、オレンジピールのコンフィは3mm角、ドレンチェリーは縦4等分、クルミは1cm角にそれぞれカットする。ガルニチュールの材料すべてを手で混ぜ合わせ、室温に一晩おく。

パートゥ

1 インスタントドライイーストとグラニュー糖を合わせ、お湯を加えてホイッパーで混ぜる。30～40℃（オーブンの上など暖かいところに置くか、40℃の湯煎にあてる）で泡が浮いて5mmほど浮きあがるまで予備発酵を5～10分とる。

2 1をすぐに氷水にあてて混ぜ、5℃以下に急冷して発酵をとめる。

3 ボウルに合わせてふるった強力粉とライ麦粉、塩を入れ、2を加えて木べらの柄で練り混ぜる。まとまったら、親指以外の4本の指ですりつぶすようにしながらボウルにつかなくなるまでこねる。少し水分が多めの生地なので、かなり粘りがある。

4 生地をまとめて手粉（強力粉・分量外）をふり、ビニールに入れる。30℃のところで1.5倍の大きさになるまで1次発酵を15～20分とる。

5 大きめのボウルに移し、ガルニチュールを6回に分けて加えて手で混ぜ合わせる。ガルニチュールの1/10量のパートゥでつなぐので、はじめはなかなか混ざらないが、4本の指でパートゥを押してはにぎってガルニチュールを入れ込むようにていねいに混ぜ込んでいく。ガルニチュールが均一に混ざり、全体がネチネチした状態になってから次を加える。

6 ガルニチュールの汁気でパートゥをのばして混ぜ込んでいくので、混ぜ終わりにはかなりネチャネチャした状態になる。

7 4分割（260g）し、厚手のビニールかオーブンシート（約23cm角）上にとりだす。手に水をつけて16cm×5.5cmに成形し、バター（分量外）をぬった天板にのせる。

8 ガルニチュールは焦げやすいため、飛びでているものはスプーンの背に水をつけて周りの生地をのばして覆う。アーモンドを3個のせて生地に押し込む。

9 オーブンで焼く。
［電子レンジオーブン：180℃で50分］
［ガス高速オーブン：160℃で50分］

10 すぐに全体に30°ボーメシロップをぬる。シロップは味わいとツヤ、乾燥防止のため。

提供は厚さ1cmくらいにスライスして。保存は常温で1週間ほど。焼いた翌日がキルシュや香辛料の香りにコントラストがあり、際立っておいしい。時間の経過とともにこの印象は薄くなり、3日ほどたつと味がなじんでしまいます。

ビュッシュ・オ・シャンパーニュ
Bûche au champagne

薪の形をしたビュッシュ。
一年に一度の華やかな集いに、
シャンパンのバヴァロアズ仕立てのビュッシュで
このうえなくファンタスティックな一夜を。

ingrédients

24.5cm×8cm×高さ5.5cmトヨ型1台分

◆ビスキュイ・ア・ラ・キュイエール
- 48g　卵黄
- 44g　グラニュー糖

ムラング・オルディネール
- 80g　卵白
- 20g　グラニュー糖A
- 16g　グラニュー糖B

- 40g　薄力粉
- 40g　強力粉

- 適量　粉糖

◆ポンシュ
- 1/5個分　レモンの皮のすりおろし
- 適量　グラニュー糖

- 58g　シャンパン
- 25g　白ワイン
- 8g　グラニュー糖

◆バヴァロアズ・オ・シャンパーニュ
- 3g　粉ゼラチン
- 18g　冷水

- 144g　生クリーム

クレーム・アングレーズ
- 42g　卵黄
- 72g　グラニュー糖
- 66g　シャンパン
- 48g　白ワイン

- 15g　コンパウンド・シャンパン
- 12g　レモン汁

◆クレーム・シャンティイ・オ・ショコラ・ブラン
- 225g　生クリーム
- 12g　シャンパン
- 72g　ホワイトチョコレート
    （イヴォワール）

ビスキュイ・ア・ラ・キュイエール

1　P52「シャルロットゥ・オ・ポワール」ビスキュイ・ア・ラ・キュイエール2～6と同様にし、口径10mmの丸口金をつけた絞り袋に入れて10～11と同様にする。

ポンシュ

1　レモンの皮は表面の黄色い部分だけをすりおろす。まな板などの上でパレットナイフでグラニュー糖と少し水分がでるまですり合わせて十分に香りをだす。

2　シャンパン、白ワイン、グラニュー糖を合わせ、1を加える。

パートゥの準備

1　ビスキュイ・ア・ラ・キュイエール2枚（各18cm）を並べ、1枚を14×18cm（a＝上用）に切る。もう1枚は14×6.5cm（a'＝上用）に切る。aとa'を切って余った部分をつなぐと4×24.5cm（b＝底用）になる。残っている部分で18×2cmを2枚切る（c＝デコレーションの切り株用）。他は余り生地となる。

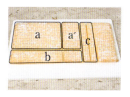

2　1の裏面にポンシュを厚みの1/3まで染み込むように打つ。

3　長さ24.5cm×幅13cmの紙にaとa'のビスキュイをのせ、紙ごとトヨ型にはめて冷凍庫で冷やしておく。他のビスキュイも冷蔵庫で冷やしておく。

バヴァロアズ・オ・シャンパーニュ
essentiel

* つくり方のポイントはP54「シャルロットゥ・オ・ポワール」バヴァロアズ・オ・ポワール参照。

1 粉ゼラチンを冷水でふやかす。

2 生クリームは8分立て（ほぼツヤが消えかけ、ホイッパーをゆっくり持ちあげるとしっかりした角が立つ）に泡立て、冷蔵庫に入れておく。

3 クレーム・アングレーズをつくる。耐熱性ガラスボウルに卵黄とグラニュー糖を入れ、グラニュー糖がほぼ溶けるまでホイッパーで十分に混ぜる。

4 シャンパンと白ワインを合わせて加熱せずに3に少しずつ加え、円を描いてよく混ぜる。

5 金網とセラミック網をガスコンロにのせ、4をごく弱火で80℃になるまで加熱する。ホイッパーを垂直に立ててボウルの底を軽くこするように混ぜる。強く泡立てると空気が入りすぎ、泡っぽい食感になることがあるので注意する。

6 80℃になったらすぐに火からおろし、1のゼラチンを加えて円を描いて混ぜる。ゼラチンを加えることによって粗熱をとり、余熱で卵黄が煮えすぎないようにする。

7 裏漉しする。

8 氷水にあて、ホイッパーで手早くボウルの底をまんべんなくこすりながら40℃まで温度を下げる。

9 氷水からはずし、コンパウンド・シャンパン、レモン汁を順に加える。

10 ふたたび氷水にあて、軽くホイッパーでボウルの底をまんべんなく手早くこすりながら18℃まで温度を下げる。

11 氷水からはずし、2の生クリームを3回に分けて加えて混ぜる。1回めはひとすくい加え、ボウルを手早く手前に回しながら、ボウルの左側を手早く小刻みにすくいあげるように混ぜる。

12 2回めは残りのうち半量を加え、ボウルの右端から底をまっすぐに通って左側の側面をすりあげるように混ぜる。ほぼ混ざったら残りを加えて同様に混ぜる。生クリームが入っていたボウルは氷水にあてて冷やしておく。

13 全体の色が均一になったら、冷やしておいたボウルに移す。ホイッパーを立てて底につけながら、円を描いて手早く10回混ぜる。

* ムラング・イタリエンヌが入らないバヴァロアズは最後まで手早く混ぜます。

14 ビスキュイを敷いたトヨ型に9分目まで流し入れ、平らにする。底用のビスキュイ(b)を表面を上にしてのせる。冷蔵庫か冷凍庫で2時間冷やし固める。

＊冷凍保存する場合はここで冷凍します。冷蔵の場合は24時間ほどで表面の粉糖が溶けて軽い歯触りがなくなります。

クレーム・シャンティイ・オ・ショコラ・ブラン

1 P287「クレーム・シャンティイ・オ・ショコラ・ブラン」と同様につくる（7分立てにした生クリームにシャンパンを加えて混ぜて10℃に調整し、ホワイトチョコレートを加える）。

仕上げ

1 プティクトーを両端に入れ、トヨ型からはずす。

2 切り株用のビスキュイ・ア・ラ・キュイエール2枚（c）を表面を下にして置く。クレーム・シャンティイ・オ・ショコラ・ブランを平口金をつけた絞り袋に入れて絞って巻き、切り株を2個つくる。1にバランスよくのせる。

3 口金のギザ刃を上にして切り株の側面に絞る。表面全体にも厚めに絞る。

4 フォークにぬるま湯をつけて、全体に筋模様をつける。

5 プティクトーにぬるま湯をつけて切り株の上面、ビュッシュの両端の余分なクレームを落としてきれいにする。クリスマスのデコレーションを飾る。

1台で7～8人分。冷蔵庫からだして10分弱おいて少しだけ室温にもどすと、クレーム・シャンティイ・オ・ショコラ・ブランの味わいが増します。保存は冷蔵庫で2日間、冷凍庫で5日間。冷凍保存した場合は冷蔵庫に移して4～5時間かけて解凍し、12時間以内に提供します。冷蔵した場合は波刃包丁にお湯を少しつけてカットし、冷凍した場合は出刃包丁で上から強く押し切ります。

ショコラのソース

ingrédients できあがり約160g分

100g	スイートチョコレート （アメール・オール・カカオ分66％）
55g	牛乳
30g	30°ボーメシロップ
2.5g	シュクル・ヴァニエ

デセールの印象を
豊かにする
デコラスィオン

essentiel

＊ デセールの味わいを邪魔しないように、おだやかな味わいのチョコレートを使います。

＊ 冷蔵庫で5日間保存できます。使う時は必要量を小さなボウルにとり、約45℃の湯煎にあててしっかり溶かし、ホイッパーで空気が入らないようにゆっくり20回ほど混ぜてなめらかにします。

1 チョコレートを細かく刻んでボウルに入れる。

2 小鍋に牛乳を入れて火にかけ、軽く沸騰させる。

3 2を1に加えてホイッパーで円を描いて混ぜる。30°ボーメシロップ、シュクル・ヴァニエも加えて同様に混ぜる。

クレーム・シャンティイ・オ・ショコラ・ブラン

ingrédients　できあがり約140g分

　39g　ホワイトチョコレート
　　　　（イヴォワール）
120g　生クリーム

essentiel

* 泡立てた生クリームにホワイトチョコレートを加えて、ミルキーで豊かな味わいを補います。このひと手間で驚くほどおいしいクレーム・シャンティイができます。

* 使う時にそのつどつくります。つくりおきや保存はできません。

* 季節のフルーツに添えるのもおすすめです。

1　ホワイトチョコレートは細かく刻んでボウルに入れ、約45℃の湯煎で溶かす。湯煎の温度が高いとチョコレートが硬くなってしまう。

2　生クリームを7分立て（まだ十分に柔らかくツヤがあり、ゆっくりホイッパーを持ちあげると軽く角が立つ）に泡立てる。ボウルを氷水からはずし、10℃に調整しておく。

3　1のホワイトチョコレートに温度計をさし、ボウルを弱火にあてて混ぜながら正確に80℃にする。

* 生クリームとホワイトチョコレートのどちらかが柔らかすぎれば生クリームが離水して口溶けが悪くなり、冷たすぎてもチョコレートが固まって舌に味がのらなくなります。混ぜた状態はなめらかでなければなりません。

4　2に3を一度に加えながら、ホイッパーで手早く円を描いて混ぜる。すべて加えたらあとはゆっくり混ぜ、ほぼ混ざってなめらかになったら、多少混ざっていないところがあってもそれ以上は混ぜない。混ぜすぎると、生クリームから離水して口溶けが悪くなる。

* ホワイトチョコレートを加えながら手早く混ぜなくてはならないので、かならず2人で作業を行ないます。

フランボワーズのクリ

ingrédients できあがり約190g分

- 100g フランボワーズピューレ
- 63g 粉糖
- 25g 水
- 20g フランボワーズ・オ・ドゥ・ヴィ
- 10g レモン汁
- 0.3g バニラエッセンス（4滴）
- 1g フランボワーズエッセンス（なければ加えなくてもいい）

essentiel

＊冷蔵庫で5日間保存できます。

1 すべての材料を混ぜる。

クレーム・アングレーズ

ingrédients できあがり約320g分

- 222g 牛乳
- 1/5本 バニラ棒
- 67g 卵黄
- 67g グラニュー糖

essentiel

＊冷蔵庫で5日間保存できます。

1 小鍋に牛乳、縦半分に裂いたバニラ棒を入れ、80℃（縁のほうがフツフツする）まで加熱する。

2 1を加熱している間に、耐熱性ガラスボウルに卵黄とグラニュー糖を入れ、グラニュー糖がほぼ溶けるまでホイッパーで十分に混ぜる。

3 2に1の1/3量を3回に分けて少しずつ加えながら、ホイッパーで円を描いてよく混ぜる。残りは手早く混ぜながら少しずつ加える。

4 金網とセラミック網をガスコンロにのせ、3をごく弱火にかける。木べらで混ぜながら80℃まで加熱してとろみをつける。気泡がなるべく入らないように、ホイッパーではなく木べらを使い、ボウルの手前と向こう側を底を軽くこすりながら往復させて混ぜる。

5 裏漉しし、氷水にあてて約5℃まで冷やす。

シガール

ingrédients 15㎝長さ7本分

◆ **パータ・チュリプ**
- 99g　バター
- 71g　粉糖
- 57g　卵白
- 36g　薄力粉
- 36g　強力粉
- 0.2g　バニラエッセンス（3滴）

essentiel

＊ パートゥは冷蔵庫で2週間保存できます。約25℃の室温に20～30分おいて混ぜやすい硬さにもどし、ホイッパーでよく混ぜてすり込みしやすい柔らかさにします。

1　直径15㎝のシャブロン（ぬき型）をつくる。アクリル製の下敷きなどに直径15㎝の円を描き、カッターで切りぬく。

2　バターを少しツヤがある柔らかめのポマード状にする（→P184「クレーム・ダマンドゥ」1）。

3　2に粉糖を5回に分けて加え、ホイッパーで円を描いて50回ずつ混ぜる。硬くなってきたら、そのつどごく弱火に1、2秒あててよく混ぜて十分な柔らかさを保つ。

4　卵白を5回に分けて加えて50回ずつ混ぜる。最後の卵白は混ざりにくいので、完全に混ざらないうちに合わせてふるった薄力粉と強力粉を3回に分けて加えていく。粉が見えなくなってから50回ずつ混ぜる。バニラエッセンスも加える。

5　1のシャブロンをベーキングシートに置く。4を40gずつパレットナイフですり込み、シャブロンをはずす。7で巻くと厚くなるので、ほんの少し透けるほど薄めにすり込む。

6　オーブンで焼く（天板も予熱しておく）。
［電子レンジオーブン：220℃で5分］
［ガス高速オーブン：200℃で5分］
全体の⅓から半分くらいに焼き色がつくまで焼く。

7　すぐにベーキングシートからはがして裏返し、熱い天板の上で菜箸などを芯にして軽く巻く。巻き終わりを下にして30秒おき、菜箸をはずす。

＊ 冷めるとすぐに硬くなって割れやすくなるので、菜箸も温めておきます。

＊ 密閉容器に乾燥剤と入れて5日間保存できます。

ビスキュイ・ア・ラ・キュイエール

ingrédients　長さ8cm×幅2.5cm 16本分

　　40g　卵黄
　　42g　グラニュー糖

ムラング・オルディネール
　　64g　卵白
　　10g　グラニュー糖A
　　12g　グラニュー糖B

　　32g　薄力粉
　　32g　強力粉

　　適量　粉糖
　　適量　グラニュー糖

essentiel

＊ ビスキュイ・ア・ラ・キュイエールはグラスやソルベの単なる添えものではありません。卵黄の味や香りの生きた温かい味わいとサックリとした歯切れは素晴らしいものです。サックリとした歯切れにするために強力粉を配合します。

＊ つくり方のポイントはP52「シャルロットゥ・オ・ポワール」ビスキュイ・ア・ラ・キュイエール参照。ただし、粉糖だけでなくグラニュー糖もふって焼き、軽快な歯触りにします。

＊ 密閉容器に入れて保存できますが、次第に新鮮な卵の味わいが薄らぐので3〜5日間にしたほうがいいでしょう。冷凍保存も1週間でき、ビニールに入れて室温で解凍します。

1　紙に8cm間隔に線を描く。この上にベーキングシートをのせる。

2　P52「シャルロットゥ・オ・ポワール」ビスキュイ・ア・ラ・キュイエール 2〜6と同様にする。

3　口径13mmの丸口金をつけた絞り袋に入れ、1に長さ8cm、幅2.5cmに絞る。

4　グラシエール(粉糖入れ)で粉糖をたっぷりとふる。5分たったら、グラニュー糖をひとつまみずつふり、粉糖をもう一度ふる。

5　オーブンで焼く。
［電子レンジオーブン：150℃で20分］
［ガス高速オーブン：130℃で20分］
卵の優しい香りを邪魔しないように焼き色は軽めにする。天板ごと冷まし、余熱で完全に乾燥させながら冷ます。

＊ 完全に乾燥させたさっくりした歯触りも、中が少しソフトな状態も、おいしさはお好みです。

本書で使っている主な素材

イル・プルー・シュル・ラ・セーヌは常に上質な素材を探し求め、直輸入しています。

本書に登場した素材名と商品名が異なる場合は、商品名をカッコ内に記しています。

	素 材 名	メーカー名 (国名)	容量	取扱い	
エッセンス・香料	バニラ棒 (バニラ・ビーンズ)	セバロム (フランス)	2本入り	★	バニラは単にバニラ香をつけるだけではなく、お菓子全体の味わいを高めるために使うもの。マダガスカル産の豊かで途切れのない香りはお菓子全体の味を高める。
	バニラエッセンス	セバロム	25g	★	マダガスカル産バニラ・ビーンズから抽出した一番搾りで、深く力強い香りがお菓子のおいしさを広げる。バニラの良し悪しでお菓子の味は変わる。
	コーヒーエッセンス	セバロム	1kg/25g	★	しっかりとした厚みのある長い香りがあり、香りに乏しいコーヒー豆やインスタントコーヒーとともに使うとおいしさが豊かになる。
	コンパウンド・オレンジ (ナチュラルコンパウンド オレンジ)	セバロム	1kg/100g	★	
	コンパウンド・ローズ (ナチュラルコンパウンド ローズ)	セバロム	1kg/100g	★	天然の素材を中心につくられたコンパウンド(ペースト状)は、味も香りもともに強く、自然な風味を表現できる。
	コンパウンド・シャンパン (ナチュラルコンパウンド シャンパン)	セバロム	1kg/100g	★	
	パートゥ・ドゥ・ピスターシュ	セバロム	1kg/50g	★	ペースト状にしたピスタチオにビターアーモンドエッセンス、グラニュー糖を加えたもの。個性的な味わい。バヴァロアズ、ムース、クレーム・オ・プール、アイスクリームなどに加える。
チョコレート	セミスイートチョコレート (クーヴェルチュール・アメリカオ)	ペック (フランス)	1kg/200g	★	カカオ分72%。カカオの香りのしっかりしたチョコレート。エクアドル、ペルー、アフリカ産のカカオをミックスして、バニラ棒で香りをつけてある。砂糖の甘みをだしたい時やリッチな味わいをだしたい時に使う。
	セミスイートチョコレート (クーヴェルチュール・ベネズエラ)	ペック	1kg	★	カカオ分70%。ベネズエラ産のカカオのみでつくられた個性ある味わい。他のスイートチョコレートと併用するといい。
	スイートチョコレート (クーヴェルチュール・アメール・オール)	ペック	1kg/200g	★	カカオ分66%。穏やかで上品な味わい、香りはまさにオール(金)の趣。
	スイートチョコレート (クーヴェルチュール・スーパーゲアキル)	ペック	1kg/200g	★	カカオ分64%。きわめて香りの強い中南米エクアドルのゲアキル産カカオを主にブレンド。香辛料にも似た芯のある個性的な香りが特徴。
	ホワイトチョコレート (イボワール)	ペック	1kg/200g	★	カカオ分31%。フランス・ヴァンデ地方の全脂粉乳を使用。ガナッシュに使っても生クリームに加えても他の素材のおいしさを引き立てる。
	ガナッシュ用スイートチョコレート (ガナッシュ・ゲアキル)	ペック	1kg/200g	★	カカオ分54%。カカオバターの少ないガナッシュ用スイートチョコレート。クーヴェルチュール同様、個性的な香りと味わいがしっかりしたガナッシュができる。
	上がけ用スイートチョコレート (パータ・グラッセ・ブリュンヌ)	ペック	5kg/200g	★	温度調節をしなくても上がけに使え、きれいに固まりツヤがでる。少量のお菓子をつくる時に便利。

	素 材 名	メーカー名 (国名)	容量	取扱い	
チョコレート	カカオバター (ブール・ドゥ・カカオ)	ペック	1kg/200g	★	カカオバター100％。良質なカカオ豆から抽出。印象的な深い味わいを持ち、溶けた時の舌触りがさっぱりとしていやみがない。クーヴェルチュールに強さや流れやすさをだし、上がけしやすいように5〜10％加える。
	パートゥ・ドゥ・カカオ (カカオ・パートゥ)	ペック	1kg/180g	★	カカオマス100％。ローストしたカカオ豆から繊維分だけをとり除いたもの。カカオの個性的な香り、渋み、酸味が特徴。甘みを抑えたい時やチョコレートの味をより強くしたい時に加える。
	ココア (カカオ・プードル)	ペック	1kg/200g	★	とくに深いロースト色で粒子が細かく、ココアの深い香りが強い。
	パイエットゥ・ショコラ	ペック	1kg/100g	★	菓子の表面につける飾り用チョコレートスプレー。味わい、香りともにしっかりしている。
ナッツ類	アーモンド 皮むき (マルコナアーモンドホール皮むき)	ユニオ (スペイン)	1kg/100g	★	
	アーモンド 皮付き (マルコナアーモンドホール皮つき)	ユニオ	1kg/100g	★	降水量の少ないスペイン・カタルーニャ地方産のマルコナ種のアーモンド。油脂分を多く含み、香り豊かで、お菓子の新鮮な味わいが長続きする。アーモンドダイスとパウダーは酸化を防ぐために日本国内で加工している。
	アーモンドスライス (マルコナアーモンドスライス)	ユニオ	1kg/100g	★	
	アーモンドダイス (16割) (アーモンドダイス)	ユニオ	1kg/100g	★	
	アーモンドパウダー (アーモンドパウダー粗挽き)	ユニオ	2kg/200g	★	
	プラリネ・ノワゼットゥ (プラリネ・ノワゼットゥ粗挽き)	ペック	1kg/200g	★	グラニュー糖をキャラメル状に焦がして、キツネ色に焼いたヘーゼルナッツを加え、ペースト状に挽いたもの。力強く香ばしい味わい。
	ココナツファイン	輸入元： 小林桂(株)	2kg/100g	☆	ココナツを2〜3㎜に刻んだもの。
	クレーム・ドゥ・マロン	ホセ・ポサダ (スペイン)	1kg	★	スペイン・ガリシア地方で栽培されたカスターニャ・サティバ種の栗をバニラと砂糖を加えてなめらかなペースト状にしたもの。糖度55度でしっかりした芳醇な味わい。
	松の実 (スペイン産松の実)	ボルヘス (スペイン)	1kg/100g	★	スペイン産の松の実は、日本で多く使われている中国産の松の実よりも細長く、油脂分が豊富なのが特徴。
	クルミ (フランス産クルミ(ブロークン))	セルノ (フランス)	1kg/100g	★	フランス・ペリゴール産クルミを砕いたもの。肉厚で渋皮が薄いのでとらずに使える。
ドライフルーツ	洋梨 (ドライ) (ドライ・ポワール)	クフィドゥー (フランス)	500g	★	南アフリカ産ウィリアム種の洋梨。
	プルーン (ドライ) (ドライ・プルーン)	クフィドゥー	500g	★	南フランス産アジャン種プルーン。

	素 材 名	メーカー名 (国名)	容量	取扱い	
ドライフルーツ	イチジク（ドライ） (ドライ・イチジク)	ハザル (トルコ)	1kg/200g	★	トルコ産レリダ種のイチジク。肉厚で、舌全体に豊かな味わいが広がる。
	アプリコット（ドライ） (ドライ・アプリコット)	ハザル	1kg/200g	★	トルコ産杏。穏やかでありながら、しっかりとした味わい。
	レーズン (サルタナ・レーズン)	ハザル	1kg/150g	★	トルコ産サルタナ種の黒レーズン。噛めば噛むほど深い味わい。
冷蔵フルーツピューレ	アプリコットピューレ (アブリコ)	ラビフリュイ (フランス)	1kg	★	
	カシスピューレ (カシス（黒すぐり）)	ラビフリュイ	1kg	★	
	フランボワーズピューレ (ラズベリー／木苺)	ラビフリュイ	1kg	★	様々な地方のフルーツを使った力強い味わいの冷蔵ピューレ。すべて10%加糖。
	ポワールピューレ (ポワール（洋梨）)	ラビフリュイ	1kg	★	
	パッションフルーツピューレ (フリュイ・ドゥ・ラ・パスィオン)	ラビフリュイ	1kg	★	
	マンゴーピューレ (マング（マンゴー）)	ラビフリュイ	1kg	★	
酒	カシスリキュール	ジョアネ (フランス)	1000ml	★	ブルゴーニュ産の豊かなミネラルに支えられたカシスを使い、昔ながらの製法で造られたリキュール。圧倒されるほどの豊かな味わい。アルコール度数16度。
	フランボワーズリキュール	ジョアネ	1000ml	★	注文ごとに自家栽培のジョルジュ・ロイド種のフランボワーズを漬けて製造するため、新鮮な味わい。アルコール度数18度。
	フレーズリキュール	ジョアネ	1000ml	★	マラデボワ種のイチゴだけを使った新鮮でしっかりとした厚みのある香りと、豊かな味わい。アルコール度数18度。
	マール酒 (フィーヌ・ドゥ・ブルゴーニュ)	テブノ (フランス)	700ml	★	一度搾った白ワインの粕を発酵、蒸留、熟成。他のアルコールや香料と併用することにより、お菓子の中心となる素材の香りに余韻を与える。アルコール度数44度。
	オレンジキュラソー (オランジュ40°)	ルゴル (フランス)	700ml/ 30ml	★	ビターオレンジの皮を漬け込んだ、深い豊かな香りを持つオレンジのリキュール。ブランデーやオレンジのリキュールはとくに香りの厚さと長さが命。他の素材に負けないしっかりとした味と香りがある。グランマルニエやコアントローと同様に使う。アルコール度数40度。
	オレンジキュラソー (オランジュ60°)	ルゴル	700ml	★	ビターオレンジの皮を漬け込んで香りを移し、2度蒸留したもの。自然で温かいオレンジの香りが、深い味わいをつくりだす。アルコール度数60度。
	フランボワーズ・ オ・ドゥ・ヴィ	ルゴル	700ml/ 30ml	★	フランボワーズを発酵させ、2度蒸留して熟成したもの。しっかりとした主張のある長く豊かな香り。アルコール度数45度。
	ポワール・オ・ドゥ・ヴィ (ポワール・ウィリアム オ・ドゥ・ヴィ)	ルゴル	700ml/ 30ml	★	ウィリアム種の洋梨を発酵させ、2度蒸留して熟成したもの。口中、そして頭中に暖かさをもってとどまることなく広がる清々しい香りは、口に含むだけで心の安らぎまで感じさせる。お菓子に使うと洋梨の優しさを際立たせられる。アルコール度数43度。

	素材名	メーカー名（国名）	容量	取扱い	
酒	キルシュ	ルゴル	700ml/30ml	★	サクランボの糖分を発酵させ、2度蒸留して熟成したもの。明るく楽しい香り。アルコール度数45度。
	ダークラム	ルゴル	700ml/30ml	★	豊かで膨らみのある樽の香りがお菓子に十分な力強さを与える。アルコール度数54度。
	カルバドス	サセベ（フランス）	750ml	★	リンゴの糖分を発酵、蒸留し、樽熟成後に瓶詰めして長期間熟成。しっかりとした存在感と、ビロード感のある舌触り、長く十分な香り、力と厚みのある味わい。アルコール度数40度。
	ホワイトラム（JB）	ザ・ラム・カンパニー（ジャマイカ）	750ml	★	明るくツンとした芯を持った香りが、お菓子に使うフルーツの新鮮な香りを支える。アルコール度数63度。
ハチミツ・糖類	ハチミツ・ラベンダー（天然はちみつ ラベンダー）	オージェ（フランス）	1kg/110g	★	南仏プロヴァンスの豊かな大地でつくられた、個性的な味わい。
	ハチミツ・菩提樹（天然はちみつ 菩提樹）	オージェ	1kg	★	
	シュクル・ヴァニエ	セバロム	500g/8g×10袋	★	バニラシュガー。グラニュー糖にバニラエッセンスを混ぜたもの。焼き菓子やフルーツにふりかけるだけでおいしさが増す。
	シュクル・クリスタル	日新製糖(株)	500g	☆	粒子の大きいグラニュー糖。
	粉末水飴	昭和産業(株)	100g	☆	粉末状で溶けやすく扱いやすい。
	粉末ブドウ糖	昭和産業(株)	100g	☆	粉末ブドウ糖。甘みを太く強いものにする。すぐに溶けるので固形よりも便利。
その他	ミルクパウダー	レジレ（フランス）	1kg	★	乳脂肪分26%のミルクパウダー（全脂粉乳）。ババロアズやパンに使用すると味に一層コクがでる。
	ジャムベース	愛国産業(株)	100g	☆	ジュレ用ペクチン。
	安定剤（安定剤（生クリーム用））	セバロム	1kg/500g100g	★	ババロアズやムースをつくる際、生クリームからの離水を防ぐために使う。
	乾燥卵白	キューピータマゴ(株)	1kg/100g	☆	卵白の気泡を強くする。
	フランスパン用粉（フランス粉）	鳥越製粉(株)	1kg	☆	フランスパンに使う中力粉。味わいが豊か。
	オリーブオイル（レストルネル・エクストラヴァージンオリーブオイル）	ヴェア（スペイン）	500ml	★	スペイン・カタルーニャ地方レリダ産のオリーブからつくられたオーガニック・エクストラ・ヴァージン・オリーブオイル。

* ★はイル・ブルー・シュル・ラ・セーヌが直輸入・販売している製菓材料。
* ☆は通販及びエピスリー・イル・ブルー・シュル・ラ・セーヌで取り扱っている直輸入以外の製菓材料。
* 上記の素材はエピスリー・イル・ブルー・シュル・ラ・セーヌ（→P300）
または通販 http://www.rakuten.co.jp/ilpleut/、製菓材料店などで販売しています。
* 業務用のお問合せ・ご注文はイル・ブルー・シュル・ラ・セーヌ企画・輸入販売部（→P301）まで。
* 本リストは2016年6月時点のラインアップです。商品は変更される場合もあります。

イル・プルー・シュル・ラ・セーヌ企画は、これまでこの日本で、よりフランス的な味わいを確立するために、さまざまな活動をしてきました。その考えはさらに発展し、人間としての共通のおいしさとは何か、日本人にとっての正しいおいしさとは何かを考えはじめています。

*

一人の菓子屋がはじめた、「セーヌ河に雨が降る」という意味のパティスリー「イル・プルー・シュル・ラ・セーヌ」が誕生してから、30年の歳月が流れました。
この30年の間に、「日本でフランスと同じ味わいのフランス菓子をかならずつくりあげる」という情熱と執念が、4つの大きな柱を生みだしました。その4つの柱から発信されるものは、すべて嘘偽りのない、心と身体のための本当の美味しさと、それを実現させるためのさまざまの事柄です。

◆ **つくる**
→ P298「パティスリー」
お客様により限りなくフランス的な味わいを届けようという強い思いが、孤高の技術と味わいをつくりあげます。

◆ **素材の開拓**
→ P300「エピスリー」 → P301「輸入販売部」
より高く美味しさを完成させる。この思いのもとに、菓子屋の視点で自らの足と舌で素材を探し、選びました。

◆ **教える**
→ P299「教室」 → P300「エピスリー」
パティスリーで培われた技術が、20年近くにわたる生徒さんとの実践の中で、より確かな技術として積みあげられてきました。

◆ **伝える**
→ P302 出版部
私たちのお菓子づくりへの思いと、考え方、技術をより正確に簡明に伝えるために、100%自分たちの考え方に基づいた本づくりをめざしています。

そして今、これら4つの柱を支えとして、私たちは日本人の食の幸福と健康をつくりだすために、さまざまな行動を起こしています。

孤高の美味しさ

私どもの自慢は、大のお菓子嫌いの男性も虜にする孤高の美味しさです

パティスリー
イル・プルー・シュル・ラ・セーヌ

La Pâtisserie IL PLEUT SUR LA SEINE

本当のフランス菓子を届けたくて

私ども「パティスリー イル・プルー・シュル・ラ・セーヌ」は、フランスとは風土も素材も異なる日本で、美味孤高の思いとともに、どこにもないフランス的な味をめざしてきました。それを可能にしたのは、自らが築きあげた独自の技術体系であり、弓田亨が足と舌で探してきた秀逸なフランス、スペインの素材です。

大切な方に贈りたい美味しさ

季節ごとにお菓子の顔ぶれは大きく変わります。さまざまな焼き菓子やプティ・ショコラの美味しさは、かならずやお客様の思いを、より確かに大事な方にお伝えできるものです。

ここでしか味わえない
デセールを楽しめる

Salon de thé　サロン・ド・テ

イートインスペースでは、店内でしか食べられない限定のミルフィーユ、ブラン・マンジェ、グラス、ソルベなどのデザートだけでなく、キッシュ、ピザなどのトゥレトゥール（フランスのお惣菜）も楽しめます。

パティスリー イル・プルー・シュル・ラ・セーヌ

東京都渋谷区猿楽町17-16 代官山フォーラム2F 〒150-0033
TEL.03-3476-5211　FAX.03-3476-5212
営業時間 11：30～19：30　火曜休（祝日の場合は翌平日休）
◆ 焼き菓子やギフトのご注文はホームページでも
http://www.ilpleut.co.jp/

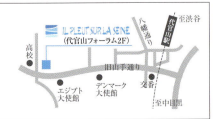

最高の技術

レストランや家庭の少量のお菓子づくりに
常に真実の技術と味わいを求めてきました

嘘と迷信のないフランス菓子・料理教室

L'école de pâtisserie et de cuisine française

パティスリーに並ぶお菓子が学べます

パティスリーの向かいで主宰。オーナー・パティスィエである弓田亨自らが教えています。この教室の特徴は、1988年の開講以来、生徒さんとの実践の中で、よりシンプルで確実な技術を築きあげてきたことです。

初心者や不器用な方が基準

日本の素材を使って本場フランスと同じ味わいをつくりだすために試行錯誤をくり返し、築きあげてきたルセットゥ（レシピ）は、独自の理論により、温度管理や混ぜ方などを具体的に数字化して記したもの。プロだけでなく初心者や不器用な方でも、意欲があれば確実にパティスリーに並ぶお菓子と同じものがつくれるようになります。

〔主な通年クラス〕＊修了者にはディプロマ（修了書）を授与

教室は実演と実習を交互に進めながら、仕上げまでの全工程を実習します。

◆ フランス菓子本科第1クール
月4回1年または月2回2年・全40回112品目。1回の授業でアントルメ2〜3台を丸ごと1人で実習。第1クール修了者はさらに上級コースで技術を磨くことができます。

◆ フランス料理
月2回1年・全20回80品目。フランスと日本の素材の違いを踏まえ、フォンやソースのつくり方からていねいに説明。手間を惜しまない本格的なフランス料理が学べます。

◆ 楽しく洋菓子科（旧：入門速成科）
月2回1年・全20回27品目。まったくの初心者でもモンブランやショートケーキなどをつくれるようになります。

〔プロにも最適な短期講習会も多数開催〕

◆ ドゥニ・リュッフェル氏による
　フランス菓子・料理技術講習会
パリ「パティスリー・ミエ」元オーナー・シェフであり、イル・プルー・シュル・ラ・セーヌの技術顧問でもあるドゥニ・リュッフェル氏を迎えてのフランス菓子・料理講習会には、全国から多くのプロのパティスィエ、料理人、製菓業界関係者が集まります。（写真下・2013年講習会より）

毎年夏に開催しているドゥニ・リュッフェル氏の講習会。

イル・プルー・シュル・ラ・セーヌ
嘘と迷信のないフランス菓子・料理教室

東京都渋谷区猿楽町17-16
代官山フォーラム2F　〒150-0033
TEL.03-3476-5196　FAX.03-3476-5197

◆ クラスの詳細はホームページにて
http://www.ilpleut.co.jp/ecole/index.html

直輸入食材・製菓材料器具の販売店

心と体がよろこぶ、本当のおいしさに出会える素材と器具の店

エピスリー　イル・プルー・シュル・ラ・セーヌ
L'épicerie IL PLEUT SUR LA SEINE

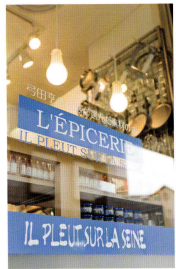

直輸入のリキュール（右上）と
ハチミツ（右下）。

2009年秋に恵比寿から代官山の教室内に移転。これまで以上にパティスリー、教室と連動し、本当においしい素材を手に取って確かめられる店として再スタートしました。
イル・プルーのお菓子作りに必要な、弓田亨が自ら探し集めた秀逸な素材の他、近年力を入れている日本の家庭料理「ごはんとおかずのルネサンス」のための関連材料としていりこ、昆布、鰹節厚削り、味噌などの素材の他、スペイン産の栄養豊かなエクストラヴァージンオリーブオイルやビネガー、フランス産のジャムや蜂蜜なども並んでいます。
イル・プルーのお菓子作り、ルネサンスごはんに精通したスタッフが、丁寧に応対いたします。ぜひ一度お立ち寄りください。

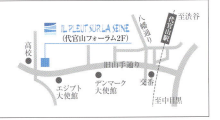

エピスリー　イル・プルー・シュル・ラ・セーヌ
東京都渋谷区猿楽町17-16 代官山フォーラム2F 〒150-0033
TEL.03-3476-5160　FAX.03-3476-5159
営業時間 11：30～19：30　火曜休（祝日の場合は翌平日休）

秀逸な素材

菓子屋がはじめた、菓子屋の視点を持った素材屋として
菓子職人の目で選びぬいた秀逸な素材を世界から直輸入しています

弓田亨が自らの足と舌で捜し求めた
真実の味わいのための輸入製菓材料販売
Matière Première

イル・プルー・シュル・ラ・セーヌの製菓材料は、
よりおいしいお菓子をつくろうとするパティスィエ、キュイズィニエのためのものです

なんとかフランスで手にするものと同じ品質、おいしさを持つ素材を使って、この日本で本当においしいフランス菓子をつくりたい。これが十数年前に、一介のパティスィエが何もないところから製菓材料の輸入をはじめた唯一の理由です。以来、フランス、スペインの各地を巡り、さまざまなお菓子、素材を食べてきました。そのなかで自分なりのフランス的な味わいを執拗に、心を緩めることなく追及してきた誇りとともに、この日本でほとんどの人が持ちえなかった「素材の良し悪し」を判断する感覚を得たと自負しています。パティスィエ人生のすべての経験と知識、執念をもって現地に足を運んで探した素材は、どれも抜きんでた味わいです。弓田亨が探しえた秀逸な素材の味わいを、一人でも多くのパティスィエに知ってほしい。そして味わいを追求するための良心の糧にしてほしいと考えています。

スペイン産アーモンド　　　リキュール　　　チョコレート

特許取得！カーヴの空気ごと輸入し、
フランスと同じおいしさをもたらした「奇跡のワイン」や、
心と身体を元気にするスペイン・フランスの食材も

またルネサンスごはんに使われているスペインの滋味豊かなオリーブオイルやヴィネガー、高温多湿の日本での味の劣化を防ぐ酸素無透過袋に入れて輸入（特許取得）した「奇跡のワイン」など、製菓材料に留まらず、"真実のおいしさ"を追求し続けています。

イル・プルー・シュル・ラ・セーヌ企画　輸入販売部
東京都渋谷区恵比寿西1-16-8 彰和ビル2F　〒150-0021
TEL.03-3476-5195　FAX.03-3476-3772
◆ 製菓材料のご注文・カタログのご請求・お問合せは上記TELまたはFAX、ホームページまで
http://www.ilpleut.co.jp/material/index.html
◆ エビスリー楽天ショップでも取り扱い中 http://www.rakuten.ne.jp/gold/ilpleut/index.html

値千金の本作りを目指す

イル・プルー・シュル・ラ・セーヌ企画
出版部

La maison d'édition

お菓子屋さんが出版社

本当のフランス菓子、料理のおいしさを知ってほしい。そんな想いから、イル・プルー・シュル・ラ・セーヌでは本当においしくつくれるプロ向けの本格フランス菓子・料理本の企画・編集・出版を手掛けています。紀伊國屋書店、丸善、ジュンク堂他、全国有名書店にて好評発売中!

◆ プロに愛されてきた
　弓田亨のフランス菓子教本

小さなレストラン、喫茶店、家庭で作る
**少量でおいしい
フランス菓子のためのルセットゥ 全6巻**
詳細なプロセスカットと説明で
フランス菓子のすべてを紹介。

第1巻 基礎編
基本の生地、クリーム他
1992年初版刊行・140頁
ISBN 978-4-901490-02-3
定価：本体 11,905円 + 税

第2巻 実践編1
フィナンシェ、ダックワーズ他、全28品
1992年初版刊行・176頁
ISBN 978-4-901490-03-0
定価：本体 11,905円 + 税

第3巻 実践編2
ミルフィーユ、シュー・ア・ラ・クレーム他、全46品
1992年初版刊行・176頁
ISBN 978-4-901490-04-7
定価：本体 11,905円 + 税

第4巻 実践編3
オペラ・キャフェ、フォレ・ノワール他、全28品
1996年初版刊行・192頁
ISBN 978-4-901490-05-4
定価：本体 12,381円 + 税

第5巻 実践編4
パリ・ブレスト、ガトー・バスク他、全37品
1997年初版刊行・176頁
ISBN 978-4-901490-06-1
定価：本体 12,381円 + 税

第6巻 実践編5
クレーム・ブリュレ、サバラン他、全32品
1998年初版刊行・144頁
ISBN 978-4-901490-07-8
定価：本体 12,381円 + 税

フランス菓子の秘密を学ぶ、
パティスィエ必読のフランス菓子解体全書。

**新版 Pâtisserie française
その imagination**
Ⅰ．日本とフランスにおける素材と技術の違い
2004年初版刊行・224頁
ISBN 978-4-901490-12-2
定価：本体 4,700円 + 税

**Pâtisserie française
その imagination final**
Ⅲ．フランス菓子その孤高の味わいの世界
2007年初版刊行・304頁
ISBN 978-4-901490-22-1
定価：本体 6,500円 + 税

**贈られるお菓子に真実の幸せを添えたい
【混ぜ方・のし方 DVD（約50分）付】**
2012年初版刊行・208頁
ISBN 978-4-901490-30-6
定価：本体 7,800円 + 税

◆ 本当においしいシフォンケーキを
　つくりたいならこの一冊!

**新シフォンケーキ 心躍るおいしさ
人気講習会から選りすぐった22のレシピ**
シフォンケーキの概念を打ち破る
イル・プルー流ルセットゥ22品。
弓田亨　深堀紀子 共著
2006年初版刊行・96頁
ISBN 978-4-901490-15-3
定価：本体 2,500円 + 税

◆ 嘘と迷信のないフランス菓子教室シリーズ

一人で学べる
イル・プルーのパウンドケーキ
おいしさ変幻自在
開店以来パティスリーで作られてきた
人気のパウンドケーキ22品。
弓田亨　椎名眞知子 共著
2007年初版刊行・120頁
ISBN978-4-901490-20-7
定価：本体2,500円＋税

一人で学べる
ザックサクッザクッ！
押しよせるおいしさのパイ
生地にバターを混ぜ込む"速成折りパイ"で
つくる29品のパイ菓子とトゥルトゥール。
弓田亨　椎名眞知子 共著
2006年初版刊行・104頁
ISBN978-4-901490-17-7
定価：本体2,500円＋税

一人で学べる
とびきりのおいしさのババロアズ
ババロアズのアントルメ18品。
弓田亨　椎名眞知子 共著
2006年初版刊行・104頁
ISBN978-4-901490-16-0
定価：本体2,500円＋税

◆ イル・プルー・シュル・ラ・セーヌの新境地。
　砂糖・みりん不使用。アク抜き・下茹で不要。
　ごはんとおかずのルネサンスプロジェクト

ごはんとおかずのルネサンス
真実のおせち料理編
弓田亨　椎名眞知子 共著
2010年初版刊行・124頁
ISBN978-4-901490-26-9
定価：本体2,800円＋税

ごはんとおかずのルネサンス
基本編
弓田亨　椎名眞知子 共著
2010年初版刊行・184頁
ISBN978-4-901490-25-2
定価：本体1,800円＋税

※この他に「ルネサンスごはん」レシピシリーズが3冊、
　弓田亨の食エッセイが2冊ございます。

◆ パリの「パティスリー・ミエ」元シェフ、
　ドゥニ・リュッフェル氏に学ぶフランス料理の神髄

アルティザン・トゥルトゥール 全3巻
ドゥニ・リュッフェル著　弓田亨監修

第1巻
フォン、ソース他
2002年初版刊行・278頁
ISBN978-4-901490-08-5
定価：本体15,000円＋税

第2巻
オードブル、パテ、テリーヌ他
2002年初版刊行・250頁
ISBN978-4-901490-09-2
定価：本体15,000円＋税

第3巻
サラダ、魚の冷製、ジュレ寄せ他
2003年初版刊行・308頁
ISBN978-4-901490-10-8
定価：本体15,000円＋税

◆ ドゥニさんと築いたイル・プルーのフランス料理

ちょっと正しく頑張れば
こんなにおいしいフランスの家庭料理
椎名眞知子 著
2009年初版刊行・160頁
定価：本体2,800円＋税

ドゥニ・リュッフェル・フランス料理
感動の味わい
笑顔を忘れた日本の素材への語りかけ
1.トゥルトゥールと郷土料理編
ドゥニ・リュッフェル　椎名眞知子 共著
2015年初版刊行・240頁
定価：本体5,000円＋税

ドゥニ・リュッフェル・フランス料理
感動の味わい
笑顔を忘れた日本の素材への語りかけ
2.伝統的な前菜、魚料理、肉料理編
ドゥニ・リュッフェル　椎名眞知子 共著
2016年初版刊行・256頁
定価：本体6,000円＋税

イル・プルー・シュル・ラ・セーヌ企画
出版部

東京都渋谷区恵比寿西1-16-8 彰和ビル2F　〒150-0021
TEL.03-3476-5214　FAX.03-3476-3772
http://www.ilpleut.co.jp/publication/index.html
Eメール　book-order@ilpleut.co.jp

全国の書店およびインターネット書店でご購入頂けます。

心燃ゆるキュイズィニエに。"時を超えたイマジナスィオン"
pour les cuisiniers enthousiastes, l'imagination qui dépasse le temps

［新装版］Les Desserts
レストラン、ビストロ、カフェのデザート

著者　弓田 亨

2016年9月1日　第1刷発行

新装版制作
編集：中村方映
撮影：前川紀子、工藤ケイイチ
デザイン・装丁：筒井英子

Special thanks（旧版制作）
編集：工藤和子、横山せつ子
調理アシスタント：渡部芽久美　丹後ひとみ　櫻井愛
　　　　　　　　　荻野桃子　齋藤望　相羽智加
製版ディレクション：稲生智

発行者：弓田 亨
発行所：株式会社イル・プルー・シュル・ラ・セーヌ企画
　　　　東京都渋谷区猿楽町17-16 代官山フォーラム 2F 〒150-0033

書籍に関するお問い合わせは出版部まで
〒150-0021
東京都渋谷区恵比寿西1-16-8 彰和ビル 2F
TEL.03-3476-5214　FAX.03-3476-3772

印刷・製本：タクトシステム株式会社

本書の内容を無断で転載・複製することを禁じます。
落丁本・乱丁本はお取替えいたします。
Copyright © 2016　Il Pleut Sur La Seine Kikaku Co.,Ltd.
Printed in Japan
ISBN 978-4-901490-35-1

本書は2007年5月小社刊『Les Desserts　レストラン、ビストロ、カフェのデザート』を加筆・再編集したものです。